개혁주의 변증학

로버트 레이몬드 著
이　　승　　구 譯

기독교문서선교회

THE JUSTIFICATION OF KNOWLEDGE

by
Robert L. Reymond
Translated by
SEUNG – GOO LEE

1989
Christian Literature Crusade
Seoul, Korea

서 문

이 책은 원래 세인트 루이스(St. Louis)에 있는 언약 신학교(Covenant Theological Seminary) 학생들을 위한 기독교 변증학 개론의 강의안으로 쓰여진 것이다. 수업을 의식하고 쓰여졌으므로 워필드(Benjamin B. Warfield), 반틸(Cornelius Van Til), 카아넬(Edward John Carnell), 쉐이퍼(Francis Schaeffer)등 여러 사람들의 글을 많이 인용하였다. 그것이 목회자 후보생들로 하여금 이들 중요한 여러 사상가들의 변증학적 체제를 소개하는 가장 적절한 방법이라고 생각했기 때문이다. 이제 이를 출판하여 더 많은 독자들에게 소개할 때에도, 이들 변증학자들이 그들의 소리를 그대로 말하게끔 하는 것이 의미있겠다고 확신한다. 따라서 독자들은 이들 변증학자들이 바르게 소개되었다고 믿어도 될 것이다. 마치 그들의 글을 직접 읽는 효과를 거둘 것이기 때문이다. 강의안으로 쓰여졌을 때 보다는 상당히 많은 인용을 제거하였지만, 상당한 부분을 그대로 유지하려고 노력했다.

"웨스트민스터 신앙고백서"와 "대소요리 문답"에 대해선 특별한 언급이 없이 그대로 사용되었다. 나는 이들 문서에 포함된 교의체제가 성경적이라고 생각한다. 장로교회 교인이 아닌 독자들은 언약 신학교가 이 웨스트민스트 신조들에 충실한 학교라는 것을 유념하면, 왜 내가 이들 문서들을 자주, 동조하는 입장에서 인용하고 있는가를 이해할 수 있게 될 것이다.

앞서 인용한 바 있는 제(諸)사상가들에게 수많은 음, 양의 빚을 지고 있음에는 틀림이 없지만, 나 자신이 그들의 무비판적인 동조자라고는 생각하지 않는다. 이 사실은 바로 이 책이 말하고자 하는 바이기도 하다. 나는 항상 성경의 가르침을 최종적인 권위로 생각하고 이에 귀 기울이려고 했으며, 내가 분석하고 있는 여러 사상가의 사상을 계시된 하나님의 진리의 빛에서 평가하려고 했다. 그리고 객관성과 진리를 위해 한 가지 요청을 한다면, 독자들은 내가 인용하고 있는 많은 성경말씀을 깊이 생각하고 연구하기 전에 나의 글을 범주화하거나 거부하지 말아 주었으면 한다. 오직 성경의 가르침에 의해서만 판단받아야 한다. 만일 이런 나의 성경 이해가 잘못된 것이라면, 나는 언제라도 기꺼이 나의 입장을 재고해 볼 것이다. 그러나 만일 내가 성경을 바로 이해하고 있음이 확실하다면, 독자들은 내가 제시하고 있는 것들에 귀기울이고, 이 책이 마치 나자신의 사적 의견 진술인 양 한쪽으로 제쳐 놓아서는 안될 것이다. 한 마디로 말해서 이 책에 강점이 있다면, 그것은 나 자신의 제안 자체에서 기인하는 것이 아니라, 신구약 성경에서 발견되는 살아계시고 참되신 유일한 하나님의 계시된 마음을 바로 반영하고 있음에 기인하는 것이리라. 따라서 독자들은 내가 제시하고 있는 성경말씀을 깊이 생각해 보아야 할 것이다. 그렇다면 나의 결론에의 동의 여부와는 상관없이, 큰 유익을 얻을 수 있으리라고 생각한다.

장로회와 개혁파 출판사(The Presbyterian and Reformed Publishing Company)의 찰스 크레익(Charles H. Craig)씨의 개혁주의 서적을 보급하는 수 년간의 끊임없는 노력에 대해 깊은 사의(謝意)를 표(表)하고 싶다. 또한 언약신학교의 준 대어(June Dare)여사께도 감사하고 싶다. 그녀는 이 책을 타이핑하면서 큰 인내와 상당한 조언을 내게 보여 주었다. 마지막으로, 내가 이 책에서 언급하고 분석한 기독교 변증신학자들에게, 내가 그들에게 힘입은 바가 크다는 것을 말하고 감사하지 않을 수 없다.

로버트 레이몬드

목 차

서문／로버트 레이몬드

제 1 장 기독교 변증학이란 무엇인가 ? ／ 7

제 2 장 우리가 변증하는 신앙／ 21

제 3 장 워필드 : 전통적 변증방법에 대한 사례 연구／ 67

제 4 장 전제주의 변증학(성경적 방법론에 대한 부연 설명) ／ 99

제 5 장 실증주의적 변증학(경험론적 변증학)／ 155

찾아보기／ 209

역자 후기／이승구

제 1 장

기독교 변증학이란 무엇인가?

기독교 변증학(Christian apologetics)이란 불신 세상 앞에서 기독교 신앙의 진리주장, 특히 살아계신 참 하나님에 대하여 배타적인 참지식을 가졌다는 주장을 성경의 가르침과 일치하는 방식으로 변호하는 지적인 노력이다. 변증학이란 말 자체는 '변호'(defense) 또는 '공식적 협의에 대한 답변'(reply to a formal charge)이란 의미를 지니는 헬라어 어근 '아포로그'(apolog)에서 파생한 것이다. 이 헬라어 어근은 동사로나, 명사, 또는 형용사 형태로 헬라어 신약성경에서 20회나 사용되고 있다(눅 12 : 11, 21 : 14, 행 19 : 33, 22 : 1, 24 : 10, 25 : 8, 16, 26 : 1, 2, 24, 롬 2 : 15, 고전 9 : 3, 고후 7 : 11, 12 : 10, 빌 1 : 7, 16, 딤후 4 : 16, 벧전 3 : 15, 롬 1 : 20, 2 : 1). 그 용례의 발전으로 이는 비공식적으로 어떤 이의 신념이나 입장을 변호하고 정당화하는 설명을 지칭하기에 이르렀다. 특히 기독교 변증학과 관련해서 알란 킬렌(R. Allan Killen)은 그 충분한 의미에서 볼 때에 기독교 변증학은 그 성격과 주장에 있어서 복음적(evangelistic)이라고 아주 옳은 관찰을 하였다.

좁은 의미에서 [변증학]이란 개개인 그리스도인들의 신앙의 변증을 의미한다. 넓은 의미에서는 기독교의 교리, 신앙, 그리고 성경에 주어진 모든 계시에 대한 공격에 대해서 답변하는 것이라고 할 수 있다. 충만한 의미에서 변증학은 회의론자들과 불신자들의 공격에 대해서 기독교 신앙과 성경에 주어진 계시를 변증하고 정당화하는 것이며, 동시에 성경에 주어진 사실들, 그 안에 있는 하나님 계시의 합리성, 그것만으로도 사람의 영적 필요를 온전히 충족시킬 수 있다는 그 충족성에 대한 적극적 복음적 진술을 발전시키는 것이다. 그러므로 변증학은 소극적이고 변호적인 것일 뿐만 아니라, 긍정적이고 적극적인 작업이기도 하다. 복음을 변증하는 데에 만이 아니라, 그것을 전달하는 데도 사용되는 것이다 ("Apologetics," *Wycliffe Bible Encyclopedia*, I, 131).

이 적대적인 세상 앞에서 자신들이 신앙을 정당화할 의무가 없다고 생각하는 그리스도인들이 있다. 이 세상에 기독교 복음의 독특한 내용(즉, 그리스도의 죽음과 부활)을 선포하기만 하면 된다는 것이다(그들은 선포 자체가 충분한 신앙의 변증이 된다고 한다). 그러나 이런 견해는 그 성경적 근거에서 유지될 수가 없다. 예수께서 자신의 메시야됨을 변증하신 것이나(마 22장), 바울이 사도권에 대해 변증한(갈 1～2장,

고전 9장, 행 22～26장) 예들에 나타나는 분명한 사실들 외에도, 다음과 같은 베드로의 전형적인 권고가 있기 때문이다. "너희 마음에 그리스도를 주로 삼아 거룩하게 하고, 너희 속에 있는 소망에 관한 이유로 묻는 자에게는 대답할 것을 항상 예비하되(being ready always to make a defense *pros apologian*) 온유와 두려움으로 하고 …"(벧전 3 : 15 ～ 16 상반절).

(1) 이 본문은 참된 신앙의 자세를 가정한다("너희 안에 있는 소망"). 즉 한편으로는 그리스도인들이 자기의식적으로 헌신하는 것이고, 또 한편으로는 그리스도인들의 소망의 이유 *(logon)* 를 묻는 불신자가 신앙인의 이 헌신을 인정함이 가정되어 있다.

(2) 또한 이 본문에는 기독교 신앙은 충분히 합리적 변증의 대상이 됨을 함의하고 있다.[1] 영감된 사도가 합리적으로 변증 가능하지도 않은 것을 변증하라고 명령하지는 않을 것이다.

(3) 또한 여기엔 신자와 불신자 사이의 대화 가능성(의사소통의 가능성)이 분명히 가정되어 있다. 그렇지 않다면 이 말은 무의미할 것이다. 이런 대화가능성의 정확한 근거에 대한 질문은 신자와 불신자 간의 '공동의 근거'(Common ground) 혹은 **'접촉점'**(point of contact = *Anknupfungspunct*)의 본질에 대한 변증학적 문제를 제기한다.

(4) 이본문의 명령은 모든 신자들로 하여금 그들의 신앙헌신의 이유를 묻는 모든 이들에게 **항상**(*every* occasion) 대답할 준비를 갖추라고 한다.

(5) 또한 본문은 이 변증을 하는 바른 태도를 지적하고 있다. 즉, 지적인 우월감을 가지고서가 아니라 "온유와 두려움으로, 그리고 선한 양심을" 가지고서 변증에 임하라는 것이다. 이처럼 신앙에 대한 그 어떤 변증이든지 한편으로는 하나님 은혜의 주권을 의식하고 또 한편으로는 하나님 앞에서 순전하게 행한다면, 변증가는 그 자신의 변증적 노력에 대한 하나님의 충만한 축복을 기대할 수 있다.

그러나 베드로의 이 권면은 그리스도인들이 "사람들을 설득하여 하나

---

1) 이성 (reason)이라고 옮겨진 희랍어는 그 어원이 합리성 또는 사상이란 개념을 함축하고 있는 '로고스'(λόγος)－이를 '말'(word) '설명'(explanation). '연설'(speech) 그 어느 것으로 표현하든지 말이다－에서 나온 '로곤'(λόγον)이란 말이다.

님 나라로 이끌어 들이는"(reason men into the Kingdom) 책임을 가지고 있음을 함의하는 것으로 이해되어서는 안된다. 하나님께서 주도권을 가지고 계신 전능한 은혜의 중생케 하시는 사역만이 사람을 하나님 나라로 들어갈 수 있도록 할 수 있다(웨스트민스터 소요리문답. 제31문 '유효적 소명에 관하여'를 참조하라). 베드로의 이 권면의 문맥은 경건한 증언으로 인하여 핍박을 당하는 그리스도인들이 때때로 그 이교적 이웃들로부터 그들이 이와같이 혹독한 조건하에서 왜 그렇게 '부자연스러운 행동'(unnatural behavior)을 하느냐는 질문을 받게되리라는 것을 명백히 하고 있다. 하나님의 섭리 중에서 이런 일이 발생하면, 그때 그들은 그들의 소망에 대한 합리적 근거를 명백히 말할 수 있어야 한다는 것이다. 이런 대답은 예수 그리스도의 구원하시는 일에서 발생한 하나님의 구속적 행위였다면 명백한 진술을 포함하게 될 것이다.

그렇다면, 신앙에 대해 이해할 수 있는 변증(an intelligent defense of the faith)을 하는 과제는 성경적 근거에서 결코 회의할 수 없는 것임이 분명하다. 기독교 신앙의 성격에 일치하려면, 그에 대한 힘있는 변증이 요구되는 것이다. 그러나 이것으로 우리는 우리의 모든 변증 방법을 모두 정당화시킬 수 있는 것은 아니다. 분명히 우리는 막 화를 내면서나 폭력으로 우리의 종교적 헌신을 변증하거나 사람들을 설득시킬 수는 없다. 또한 우리는 우리가 선포하는 복음의 그 내용과 불일치하는(그 내용과 일관성을 갖지 않는) 변증방법을 고안해 낼 수 있다고 생각해서도 안된다. 특별히 사람에게 있는 죄의 지적인 영향력(the noetic effects of sin in man)과 사람이 복음을 믿을 수 있게 되기에 앞서서 그 마음에 성령의 중생케 하시는 사역이 필요하다는 것에 대한 성경의 가르침을 벗어난 변증방법을 생각할 수는 없는 것이다. 요약해서 말하자면, 만일 개혁신앙(the Reformed faith)이 성경에서 가르치는 신앙이라면, 그 신앙을 변증하는 것도 개혁주의적 방법이어야 한다는 것이다. 변증가는 개혁주의파 변증(a Reformed apologetic)을 개혁해야 하고, 그런 변증에 의해 인도함을 받아야만 하는 것이다.

변증적 과제의 제측면(諸側面)

기독교 변증학은 기본적으로 기독교적 헌신의 타당성을 드러내려는 것이다(The basic intention of Christian apologetics is the vindication of the propriety of christian Commitment). 그러나 이를 어떻게 수행하는가 하는 것은 변증가마다 모두 다르고, 이는 주로 변증가가 변증학을 신학 전체(the disciplines of theological encyclopedia as a whole)에 대해 어떤 관계를 가지고 있다고 보고 있느냐에 따라 달리 나타나는 것이다. 대개 신학은 주경신학(혹 석의신학), 역사신학, 조직신학, 그리고 실천신학의 네 분과로 나뉘어진다. 벤자민 위필드(Benjamin B. Warfield)와 프란시스 비애티(Francis R. Beattie)는 주장하기를 변증학(apologetics)은 이와같이 다른 신학의 네 분과에 앞서며, 그것들로부터 독립된 독자적인 것이라고 하였다. 왜냐하면, 변증학은 유일하게 '아무 것도 전제하지 않는'(presupposes nothing) 학문분과(discipline)이기 때문이라는 것이다. 다른 신학분과들이 그 어떤 작업을 하여 그 결과를 얻기 이전에, 신의 존재(the existence of God), 사람의 종교적 본성(the religious of man), 계시의 사실(the fact of revelation), 기독교의 신적 기원(the divine origin of Christianity), 그리고 성경의 신뢰성(the trustworthiness of the Bible)등이 변증학에 의해서(확고히) 수립되어야만 한다는 것이다. 그렇지 않으면 조직신학자는 자신이 허상을 다루고 있음을 발견하게 된다는 것이다. 그러나, 아브라함 카이퍼(Abraham Kuyper), 헤르만 바빙크(Herman Bavinck), 발렌틴 헤프(Valentine Hepp), 그리고 루이스 벌코프(Louis Berkhof)는 이와는 반대로, 변증학은 조직신학자의 작업 뒤에 와야 한다고 주장한다. 그렇지 않고 만일 변증학이 기독교 신학의 가능성과 전제를 수립하게 된다고 하면, 기독교 변증학자는 실제로는(하나님의) 도움을 받지 않는 사람이 계시와는 상관없이 기독교의 진리를 결정할 수 있는 능력을 가지고 있다는 것을 인정하며, 따라서 기독교적 신개념과 사람의 전적 타락을 부인하는 것이 된다는 것이다. 더구나 이들 신학자들은 먼저 기독교가 말하는 하나님이 어떤 종류의 하나님인지를 규정한 후에야 그런 하나님이 존재하시는지를 지적으로 물을 수 있다고 주장한다. 이 두 가지 입장 중 후자가 원칙적으로 옳다고 여기는 코넬리우스 반틸(Cornelius Van Til)은 변증학과 조직신학이 상호 의존한다는 것을 기꺼이 인정하려고 한다. 다른 말로 하자면, 반틸에게 있어서는 변증가가 기독교의 **존재**(thatness of Christianity)와 동시에 기독교의 **내용**(whatness of Christanity)에도 관심을 가져야만 한다. 앞서서 기독교 변증학(Christian apologetics)

을 기독교 신앙의 변증노력(the effort to defend for christian faith)이라고 정의함으로써 나는 변증학이 기독교 신앙의 내용을 규정하는 학문의 뒤를 따라야 한다는 카이퍼(Kuyper)등의 입장에 동의하였다. 이것은 '변증학'이란 말의 근본적 의미와 일치하는 명백히 성서적인 과정일 뿐만 아니라(벧전 3 : 15을 참조하라, 특히 위에서 지적한 첫째 함의), 우리가 무엇을 변호하기에 앞서서 그 변호할 내용을 알아야만 한다는 점에서 합리적인 것처럼 보인다. 때로 변증학이(신학내의) 다른 학문분과에 앞설 때는 조직신학의 결과를 바로 전제해야만 한다고 반틸과 같은 논의를 하고 싶다.

그렇다면, 신앙의 변증으로서 기독교 변증학은 어떤 당면과제들을 가지고 있는가? 이 질문에 대해서는 다음과 같이 나누어 답해 볼 수 있을 것이다.

1. 특정한 반박에 대답하는 일

기독교 변증가는 예를 들어서, 소위 말하는 성경진술 간의 모순과 대립의 문제와 같은 기독교 신앙에 대한 특정한 반박과 반론에 자주 부딪히게 된다. 이 때 그는 이런 반박들에 대해서 학문적인 연구(scholarly research)와 정확한 주해에 근거해서 대답하려고 노력할 것이다. 이런 노력은 신실한 자들을 강화시키고 도울 수 있을 것이고, 더 깊이 연구하는 데 있어서의 장애물을 제기할 수 있을 것이며, 특별한 반론과 잘못된 개념, 그리고 부정확함을 밝힘으로서 반론을 무력하게 할 수 있을 것이다. 그러나 이 과제는 변증학이라는 특수한 분과에만 독특하게 돌려질 수 있는 것은 아니다(또 이것만이 넓은 의미의 변증학의 과제라고 할 수도 없다). 신학 내의 **모든** 학문분과는 이 과제 수행에 관여해야만 한다. 예를 들자면 신구약 성경의 전문가들은 성경본문과 그 가르침에 대한 파괴적인 비판과 그에 대한 적대 이론들에 대한 변증적 작업을 할 수 있을 것이다. 그 구체적인 예로 그레샴 메이첸(J. Gresham Machen)이 그리스도의 동정녀 탄생과 바울종교의 기원에 관한 대작들을 내었을 때 그는 기독교 신앙에 대한 설득력 있는 변증가였던 것이다. 또한 교회사가 (敎會史家)는 기독교 신앙의 신뢰성과 진리성(truthfulness)을 손상시키는 잘못된 역사이해(false reading of history)를 밝히고 교정할 수 있을 것이다.

그러나, 기독교 신앙에 대항하여 제기된 이런 여러 반론들과 어려움에 대한 이런 직접적 반응들은 '대화'의 시작일 뿐이다. 이 문제는 더 근본적인 문제, 즉, **궁극적 전제들**(ultimate premises)에 대한 문제로 넘어갈 것이다. 그렇게되면, 단순히 여러 반론에 답하는 것 이상의 것이 요구된다. 여기서 신앙의 변증은 독립된 학문분과로서의 **기독교 변증학** 그 나름의 본래 영역에로 들어가게 된다.

2. 기독교 신앙의 근거를 설명하는 것.

궁극적 전제와 근본적 문제의 수준에서 기독교 변증가는 '신(神)은 존재하시는가?' '그가 자신을 계시하셨는가?' '만일 계시하셨다면, 언제 어떻게 하셨는가?' '나는 왜 믿는가?' 그리고 가장 근본적인 문제로 '내가 믿는 바가 참되다는 것을 어떻게 알 수 있는가?' 등의 문제를 다룬다. 이런 문제들이 기독교 변증학 영역의 특별하고 적절한 문제들이라는 것이 인식되면, 학문분과로서 변증학은 실제로 철학적 신학의 작업, 특별히는 인식론 또는 지식론(the theory of knowledge)의 작업이 된다(C. Van Til, *The Defense of the Faith* 와 *A Christian Theory of Knowledge*, G. Clark, *A. Christian View of Men and Things*, 285 ff. 와 *Three Types of Religious Philosophy* 를 참조하라).

변증학의 이 둘째 과제에 비추어 볼 때, 앞서서 우리가 관찰한 바와 같이 변증학적 대화는 단순히 복음 내용의 선포로 그쳐지는 것은 아니다. 물론, 기독교 변증가는 그의 작업에 시종일관해서 성경에 나타난 '하나님의 전 경륜'(the whole counsel of God)의 온전한 신뢰성을 가정할 것이고, 아무런 머뭇거림 없이 성경의 통찰력을 그 모든 과정에 나타내려고 할 것이다. 분명히 그는 하나님, 죄, 그리스도의 사역, 그리고 구원 등의 사실을 자주 언급할 것이다. 결과적으로 비그리스도인들에게는 변증가가 단지 그에게 '증언하는 것'으로만 보일 것이 분명하다. 물론, 변증가는 그 일을 할 것이다. 그러나 **성경적** 신앙의 증언(a **biblical** defense of the faith)은 물론, 복음내용을 포함하지만 본질적으로는 종교의 깊은 문제들 (the deepest questions of religion)에 관심할 것이고, 기독교 신앙만이 그에 대한 합리적 대답을 제공할 수 있음을 밝히려고 할 것이다.

3. 비기독교적 사상 체계에 도전하는 것.

사도 시대 후 교회의 초기 신학자들은 변증가들(apologists)이라고 불리웠다. 그들은 기독교인들이 식인종이다, 부도덕하다는 등의 비난에 대답하려고 했기 때문이다. 그 과정에서 점차 신앙의 변증은 기독교 신앙을 적극적으로 확인하는것 비기독교적 (사상)체계에 대한 그 함의를 드러내는 일이라는 것이 분명해졌다(cf. Augustine, *The City of God*). 현대에 와서 변증관이 다른 이들보다 더 통찰력 있고 더 기독교적 일관성을 유지하는 기독교 변증가들은 비기독교적 사상체계 내(內)에 내재해 있는 비합리성(非合理性 : irrationality)을 드러내려고 할 뿐만 아니라, 그들이 근거없는 교의적 선언을 한다는 것은 말할 것도 없고 그들의 입장이 인식론적으로 부조리하다는 것에 대해 그들의 체계를 도전하려고 하였다. 코넬리우스 반틸(Cornelius Van Til)이나 고오든 클락(Gordon H. Clark)과 같은 현대의 개혁파 변증가를 필두로 하는 이 복음적 도전(this evangelical offensive)은 젊은이들로 하여금 현대사상의 조류를 익히 숙지(熟知) 하게 하였고, 인간 밖에서(ab extra)사람에게 오는 하나님의 말씀을 그 근거로 하기를 거부하는 사상체계는 그 어떤 것이든지 내적인 부적절성과 인식론적인 허무주의를 가지고 있었음을 드러냄으로써 젊은이들을 도전하는 것이다.

4. 진리에로 설득하는 것(To Persuade Men of the Truth)

이제까지 말한 것의 자연스러운 결론으로서 기독교 변증가는 사람들을 기독교적 입장의 진리에로 설득하여 인도하는 일을 그 궁극적 목적으로 해야한다는 것은 당연한 일이다. 이것은 기독교 변증학은 바른 인식론적 이론에만 관심할 뿐만 아니라, 그 근저에 있어서 **복음전도적**(evangelistic)이고 **선포적**(kerygmatic)이기도 하다는 사실을 지적한다. 비록 그는 사람의 타락성과 죄의 지적인 영향(the noetic effects of sin), 그리고 성령의 중생케 하시는 사역을 떠나서는 자신이 사람을 권유하여 진리에로 이끌어들일 수 없음을 깊이 인정하지만, 그럼에도 불구하고 기독교 변증가는 전체로서의 기독교 신앙을 사람과 그 우주를 이해하는 합리적 근거를 제공하는 일관성 있고, 정합적(整合的)이며, 중요한 일단

(一團)의 진리(body of truth)로 설득력 있게 제시하려고 할 것이다. 다른 말로 하자면, 복음의 내용이 바르게 인식된 변증 방법론(any properly conceived apologetic methodology)에 포함될 것 처럼, 기독교 변증가는 자의식적(自意識的)으로 자신의 노력을 책임있는 복음전도의 한 부분으로 여길 것이다(행 18 : 4, 28, 19 : 8 에 묘사된 바울의 활동을 참조하라 : "… 바울이 회당에서 강론하고〈dialegeto〉… 권면하니〈epeithen〉", "… 강론하며〈dialegomenos〉 권면하되〈peithon〉").

기독교 변증학이 당면한 주된 문제

기독교 변증학이 당면한 가장 중요한 문제는 **방법론**(methodology)의 문제이다. 즉, 변증가는 신앙을 변호하고, 불신자들에게 기독교 진리주장을 권면하는 그의 노력에서 특별계시로부터 추론해야 하는가(reason from special revelation), 아니면 특별계시에로 추론해 가야 하는가(reason to special revelation)? **험증적 / 역사증거적 변증학**(Evidential / historical apologetics)은 특별계시를 가정하지 않고서 신앙의 근거들을 드러내려고 한다. 즉, 특별계시의[2] 빛에서 도움을 받지 않은, 인간 이성에 적합하게 제공된, 이유들에 의해서 ① 신존재(神存在)와 / 또는 ② 기독교 계시의 사실을 수립해 보려고 하는 것이다. 이런 시도에는 일종의 자연신학(a form of natural theology)이 가정되어 있다. 이와는 반대로, **전제주의적 변증학**(presappositional apologetics)은 아무 부끄럼 없이 특별계시에서 출발하여, 그로부터 ① 세상과 사람에 대한 기독교적 이해가 인식론적으로 신앙적으로 아주 충족하다는 것과 ② 그에 대한 반대가 불가능하다는 것을 논의한다. 이 근본적이고 중요한 문제에 대한 우리의 반응 양상은 다음과 같은 기독교 변증학의 특별한 관심거리들에서 두드러지게 나타나게 된다.

---

2) 특별계시(special revelation)란 말로서 나는 주로 영감된 하나님의 명제적 자기 계시(God's inspired propositional self-revelation)를 뜻한다. 험증주의자(혹, 증거주의자, evidentialist)와 전제주의자 모두 불신자들에게 접근함에 있어서 성경을 사용할 것이다. 이것은 참된 이야기이다. 그러나 험증주의자는 신약성경의 문서를 일차적으로는 1세기의 신뢰할만한 인간적 문서로 여긴다.

1. 일반계시와 특별계시의 본질과 기능은 무엇인가?
2. 죄의 인식론적 영향력(the noetic effects of sin)은 하나님을 아는 사람의 능력에 어떤 의미나 중요성을 지니는가?
3. 신앙의 특성(the character of faith)은 무엇인가?
5. 기독교는 어떤 종류의 확실성을 제공하는가?
6. 신존재에 관한 논증[유신논증]의 가치는 무엇인가?
7. 기독교적 증거(Christian evidence)의 가치는 무엇인가?
8. 이해 가능한 대화(intelligible conversation)를 위한 접촉점이 되는 신자와 불신자 간의 공통적 근거는 어떤 본질을 가지고 있는가?

몇 가지 중요한 변증 체계들

제일 앞서고 중요한 방법론적 문제와 관련하여 변증가가 한 결정(선택)은 일관성 있게 실제로 그가 관련하는 모든 다른 문제에 대한 그의 반응을 규정하게 된다. 사실, 방법론은 위에 언급한 문제들에 대한 반응들을 일관성 있게 주도하므로 일단 결정적인 문제가 결정되면, 변증체제들(apologetic systems)은 다음과 같은 세 가지 그룹으로 나뉘어지는 경향을 가진다.

(1) **전제주의** (presuppositionalism)또는 "이해하기 위해 믿는다"(Credo ut ittelligam). 이는 특별계시가 전 신학작업(the total theological enterprise)의 근거를 제공한다고 특별계시의 우위성을 전제하는 체제이다. 이에 속하는 변증은 다음과 같은 확신들을 그 특성으로 한다.

① 하나님께 대한 신앙은 다른 모든 것에 대한 이해에 선행한다(참고. 히 11 : 3). ② 체계를 명확히 하는 것(elucidation of the system)은 신앙에 따라 나타난다(follows faith). ③ 종교적 경험은 객관적인 하나님의 말씀과 그리스도의 사역에 근거해야만 한다. ④ 인간의 부패성은 자율적인 이성이 그 진리주장을 객관적으로 확실한 어떤 것에(만족스럽게) 근거하도록 할 수 없게 한다. 그리고 ⑤ 성령의 중생케 하시는 특별사역은 기독교 신앙과 교훈(enlightenment)에 있어서 불가피하다. 어거스틴주의자들(The Augustinian)과 철저한 개혁파의 전통(consistent Reformed tradition)이 이 그룹의 대표자들이라고 할 수 있다.

(2) 증거주의 (혹, 험증주의 :Evidentialism)또는 "나는 이해하고, 믿는다" (Intelligo et credo). 이는 어떤 형태의 자연신학이 변증학의 출발점이어야 한다고 강조하는 체제이다. 이에 속하는 변증들은 다음과 같은 특성을 갖는다. ① 종교적 지식을 찾음에 있어서 인간 이성의 능력과 신뢰성에 대한 깊은 신뢰(a genuine belief in the ability and trustworthiness of human reason in its search for religious knowledge), ② 신앙을 실증적이고 역사적으로 검증 가능한 사실들에 근거시키려는 노력, 그리고 ③ 종교적 명제들도 과학적 주장들이 거쳐야만 하는 것과 꼭 같은 검증 — 즉, 증명(demonstration) — 에 종속되어야 한다는 확신 등이 그것이다. 토마스주의적 로마 가톨릭 전통과(일관성 없는) 개혁파 험증주의적 전통, 그리고 알미니우스적 전통이 이 그룹이 대표적 견해들이라고 할 수 있다.

(3) 경험주의(Experientialism) 또는 "불합리하므로 나는 믿는다"(Credo quia absurdum est). 이는 전제주의도 아니고, 증거주의(혹, 험증주의)도 아니며, 내면적 종교경험을 신학적 구조의 근거로 여기며, 이를 강조하는 체제이다(이를 콥〈Cobb〉은 '신학적 실증주의'〈theological positivism〉라고 하였고, 반틸〈Van Til〉은 '신현대주의'〈新現代主義, new mordernism〉라고 하였으며, 클락〈Clark〉은 '비합리주의'〈irrationalism〉라고 하였고, 쉐이퍼〈schaeffer〉는 '상층〈구조〉체제들'〈upper - story systems〉이라고 하였다). 이에 속하는 이론들의 공통적인 특색은 다음과 같다. ① 계시를 실존적 만남(existential encounter)으로 보는 것, ② 주관적 종교경험을 진리의 근거로 보는 것, 따라서 진리와 의미는 내면성과 주체성이라는 용어로 정의된다. ③ 기독교 가르침의 역설적 성격에 대한 강조, 즉, 기독교 진리는 합리적 분석의 대상이 될 수 없다고 주장하는 것, 그리고 ④ 하나님의 '타자성'(他者性), 초월성(혹은 초절성) 그리고 숨기워지심(혹, 의명성, hiddennes)에 대한 강조가 그것이다. 바르트주의적 전통은 이런 입장의 대표적 견해가 된다.[3]

다른 모든 권유의 시도들에 덧붙여서 세 가지 견해들은 모두 그들의

---

3) 이런 입장에 대해서 필자는 필자의 *Introductory Studies in Contemporary Theology* 에서 다룬 바 있다. Puesbyterian and Reformed Prblishing Co.를 통해서 아직도 찾아볼 수 있는 독립된 소책자로는 다음을 들 수 있다. *Barth's Soteriology, Brunner's Dialectical Encounter*, 그리고 *Bultmanns Demythologized Kerygma.*

주장에 대한 제 4의 입장을 확신시켜 보려고 한다. 그 제 4의 입장은 "내가 믿기 위해서 이해한다"(Intelligo ut credam I understand in order that I may believe)는 말로서 가장 잘 특징지워질 수 있다. 이는 자율적 인간주의나 합리주의 외에 다른 것이라고 하기 어렵다. 이 입장에 속하는 견해들의 공통적 특징은 다음과 같다. ①세계와 인간을 이해함에 있어서 신적 계시가 본질적인 것임을 전혀 부인하는 것, ②사람의 합리성이 모든 지식을 발견할 수 있다는 인간의 합리성에 대한 깊은 확신, ③ 자율적인 이성의 요구를 충족시키는 것만을 참된 것(진리)으로 믿는 것, 그리고 ④성경적, 초자연적 기독교에 대한 거부가 그것들이다. 불행히도 사람들을 확신시키려고 할 때 많은 기독교 변증가들은 반역하는 인도주의적 사람을 특징지우고, 지지하는 것의 정당성(legitimacy)을(현명치못하게) 인정한다. 이 책의 연구로 말미암아 이런 양보가 기독교에 해로운 것이고, 궁극적으로는 기독교를 파괴시키는 것이라는 것이 드러날 수 있기를 바란다.

* * *

변증학 과목에 대한 서론으로서는 이 정도 말하는 것으로 충분할 것이다. 이제 다음 장(2장)에서는 우리가 그리스도인들로서 그것을 변증하기 위해 부름받은 바 그 신앙의 내용을 개발해 보려고 한다. 그때에 변증(학)적 과제에 대한 신앙의 함의가 드러내어질 것이다. 그리고 제 3장에서는 벤자민 워필드(Benjamin B. warfield)에 대한 비판에서 출발하여, 필자가 성경적 신앙과 가장 일치한다고 여기는 변증 방법을 진술해 볼 것이다. 그리고 이 방법에 대해 제 4장에서 좀 더 구체화시켜볼 것이다. 그 때에 코넬리우스 반틸(Cornelius Van Til)과 고오든 클락(Gordon H. Clark)의 변증 방법이 분석될 것이다. 마지막으로 제 5장에서는 또 다른 변증 방법들을 개관해 볼 것이다. 이때에 그 각 방법의 강점과 약점에 대한 시사가 주어질 것이다. 이런 식으로 이를 제출하는 것은 독자들에게 변증학에 근본적 문제에 대한 적절한 통찰력을 제공해 줄 수 있을 것이고, 그들로 하여금 그리스도를 높이는 결론에 이르도록 해 줄 수 있을 것이라고 믿는다.

제 2 장

우리가 변증하는 신앙

기독교 변증학은 근본적으로 기독교 신앙의 변증으로 정의되어 왔다. 그러나 다른 사상체계를 도전하는 것을 주로 하지만 동시에 **변증학은 그들의 신앙을 인식론적으로 정당화해 보려고도 하는 것이다.** 우리가 살펴 본 바와 같이, 이 정의는 조직신학의 작업과 기독교 진리에 체계가 주의깊게 사려되어야 한다(Carefully articulated)는 것을 전제한다. 그러므로 변증학은 그렇게 전제된 것을 변증하는 작업을 하도록 세움을 입은 것이다.[1] 그렇다면, 우리가 전제하는, 그리고 우리가 그것을 변증할 것을 목표로 하는 기독교 신앙의 내용은 무엇인가? 기독교 신앙의 주요한 (central) 역사적 사실들은 그리스도의 인격과 사역에 관한 것이라는 것은 말할 필요도 없다. '그리스도의 복음'이 선포될 때는 벌써 이 사실들이 전제되어졌다. 이는 바울이 고린도전서 15：3～4에서 다음과 같은 말로 요약한 것이다："성경대로 그리스도께서 우리 죄를 위하여 죽으시고 … 성경대로 사흘 만에 다시 살아나사." 모든 그리스도인들은 어디서나 이 진리들이 기독교 선포(kerygma)의 핵심과 중심이라고 고집한다. 결과적으로, 변증가는 기독교적 선포를 변증하는 것을 자신의 책임으로 여길 것임에 틀림이 없다. 그러나 개혁주의 변증가(The Reformed apologist)는 기독교의 '핵심'(central core)또는 '공통신앙'이라고 할만한 것만을 변증하는데 관심하는 것이 아니다. 그는 성경이 더 많은 것, 즉 삶 전체와 관련하는 진리체계로서 여겨지고 선포되어져야만 하는 유신론 전체(a total theism)를 가르친다고 확신한다. 또한 개혁파 변증가는 변증되어져야만 하는 것이 그 유기적 전체(unitary whole)안에 있는 이 체계라고 믿는다. 더 나아가 그는 이것은 결국 신앙 자체를 타협함 없이 변증될 수 있는 성서의 전 유신론(全 有神論, the total theism) 뿐이라고 믿는다. 이것은 케리그마의 역사적 사건은 하나님의 전포괄적인 목적과 유리되어 일어나지 않으며(엡 3：11), 따라서 이를 하나님의 전 경륜의 빛에서 보지 않으면

---

*) but a defense which assumes the initiative by challenging other systems of thought at the same time to justify their existence epistemologically as the Christian faith is willing to do.

1) Apologetics then is called upon to do its work - 언약신학교(Covenant Theological Seminary)의 변증학 과정(the apostolics course)은 수준 높은 과정으로 여겨져서, "조직신학"(systematics) 과정 뒤에 따라와서 그 근거를 반성하는 것이다.

이를 분명히 잘못 해석하는 것이라고 말하는 것이다. 따라서 한 사람이 개혁파 변증가(a Reformed Apologist)로서 나는 반틸과 함께, "만일 우리가 역사적 종교 (historical religion)로서 기독교를 참으로 변증하려면, 동시에 기독교가 그에 근거하는 그 유신론을 변증해야만 한다"고 믿는다(*The Defense of the Farth* p. 24).

그러나 이것으로 모든 것을 다 말한 것은 아니다. 한 사람이 개혁파 조직신학자로서 나는 벤쟈민 워필드와 함께 개혁(파)신앙 (the Reformed faith)이 기독교에 대한 가장 일관성 있는 신학적 표현(the most consistent thedogical expression of Christianity)이라고 믿는다. 개혁파의 장로교 목사로서 나는 임직을 받을 때 다음과 같은 질문을 받았다 : "그대는 이 교회의 교의적 표준인 웨스트민스터 신앙고백서와 대, 소요리 문답이 성서에서 가르쳐진 교의 체계를 구현한 것으로서 신실하게 받아들이고 채용하며, 이를 이 교회가 유지하도록 되었다는 것을 하나님 앞에서 엄숙히 선서하느뇨?"*¹ 이 질문을 받았을 때 나는 진심으로 '예'(ex animo)라고 대답하였다. 나는 이를 내가 개혁신앙이라고 믿는 바와 일치하는 방식으로 개혁신앙을 변증하겠다는 엄숙한 선언이라고 여긴다. 다른 말로 하자면 나는 개혁파 신학자, 개혁파 목사나 선생은 반드시 개혁파 변증가여야만 한다고 믿는다. 즉, 그는 그의 개혁파 신앙을 변증하는 일에 있어서 알미니안주의자가 되어서는 안되는 것이다.

그의 전 세계관과 인생관을 구현해 내는데 있어서 그는 반드시 신앙적으로, 인식론적으로 자의식적(自意識的)이려고 해야만 하는 것이다. 간단히 말해서, 신앙의 내용과 그것을 변증하는 바른 방법 모두를 규정함에 있어서 그는 **철저히 성경적**(radically biblical)이어야 하는 것이다. 그리고 그는 신앙의 내용을 타협하는 방식으로 신앙을 변증하지 않도록 주의해야만 한다. 바로 이렇기 때문에, 앞에서 시사한 바와 같이, 우리가 그것을 변증하는 것에 대해 생각하기 전에 우리의 신앙의 '내용' (what)을 살펴보는 것이 우리의 목적상 필수적인 것이라고 믿는 것이

---

*¹ (원문대조 : Do you sincerely receive and adopt the doctrinal standards of this church, the *Westminster Confession of Faith* and *Catechisms, Larger and Shorter*, as embodying the system of doctrine taught in the Holy Scriptures, to the maintenance of which this church is bound before God by solemn obligation?)

다. 물론, 개혁신앙은 이렇게 얇은 책으로서 다 다룰 수 없을 정도로 상당히 풍성하고 광범한 것이다. 그럼에도 불구하고, 그 중요한 요점들 (the cardinal points)은 여기서도 충분히 짚고 넘어갈 수 있다. 개혁신앙을 쉽게 정리하기 위해서 나는 여기서 그 내용을 6가지 제목 하에서 다룬 벌코프(Rouis Berkhof)의 『조직신학』(Systematic Theology) 에 나온 형식에 따르기로 한다.

(1) 하나님에 관한 교리(신론)
(2) 사람에 관한 교리(성경적 인간론)
(3) 그리스도에 관한 교리 (기독론)
(4) 구원에 관한 교리(구원론)
(5) 교회에 관한 교리(교회론)
(6) 마지막에 될 일들에 관한 교리(종말론)

그러나 이에 따라 간단한 개관을 해 나가기에 앞서 서언적(序言的)인 말을 해야만 하리라고 생각한다. 기독교 신앙은 무엇보다도 성서 종교 (book religion)이다. 즉, 성서 기자들의 영감된 가르침에 근거해 있어야 한다는 말이다. 만일 그런 것이 아니라면, 그것은 기독교가 아니다. 신앙의 성서적 근거를 거부하는 이들의 저작들에서는, 기독교는 단순히 그 저자들의 자기반영(a self-projection)이 될 뿐이고, 이런 일은 거듭거듭 나타났었다. 예를 들어서, 지난 세기 유럽 있었던 '예수의 생애' (Leben Jesu)운동**) 안에 있었던 다양한 '예수의 생애'에 대한 묘사를 되돌이켜 보라. 따라서 우리는 기독교가 성서 종교라는 사실을 심각하게 여겨야 한다고 주장해야 한다. 물론, 오직 이것만으로 다 끝난 이야기라고 해서는 안된다. 왜냐하면 기독교 신앙은 항상 자신이 이 시공세계(時空世界)에서 일어나는 수많은 역사적 사건들에 깊은 관심을 가진다고 고백해 왔기 때문이다. 따라서 기독교 신앙은 역사에 관심을 가진 신앙이다. 그러나 그리스도인들이 관심하는 역사는 성서에 의해서 이해되고 해석된 역사(a history as understood and interpreted by the Bible)이다. 결

**) (내용상, 역사적 예수 운동〈historical Jesus movement〉이라고 할 수도 있다)

과적으로, 만일 우리가 기독교인이 고백하는 모든 것에 대한 기독교 신앙의 내용을 알기 원한다면, 우리는 반드시 신, 구약 성경에로 가야만 하는 것이다. 물론, 지금 우리도 바로 이런 관점에서 기독교 신앙의 본질과 내용을 규정해 나갈 것이다.

신 론

사시고 참되신 유일한 하나님은 "무한하고 영원하신 신(神, Spirit)으로서, 그의 존재, 지혜, 능력, 거룩하심, 공의, 선하심, 그리고 참되심에 있어서 불변하시는 분이시다"(*Westminster Shorter Catechism*, 제 4문답 : 요 4 : 24, 욥 9 : 7～9, 시 90 : 2, 욘 1 : 17, 출 3 : 14, 시 147 : 5, 계 4 : 8, 15 : 4, 출 34 : 6～7). 이 하나님은 인격적이시고, 삼위일체이시다 - "성부, 성자, 성신, 이 삼위는 한 하나님이시며, 그 본질이 같으시고, 그 권능과 영광이 동등하시다"(소요리 문답, 제 5문답 : 창 1 : 26, 사 48 : 16, 마 3 : 16～17, 28 : 19, 고후 13 : 14, 엡 2 : 18, 4 : 4～6, 5 : 18～20, 벧전 1 : 2, 이외에 서신서에 나오는 인사말들을 참조하라). 성경은 무로부터의(ex nihilo) 이 우주의 창조를 이 삼위 하나님께 돌리고 있다. 성부 하나님은 이 창조의 원천(orginator)이시고 (고전 8 : 6, 엡 3 : 9, 히 1 : 2), 성자 하나님과 성신 하나님은 이 창조를 실현하는 주체(agents)이셨다(요 1 : 3, 엡 3 : 9, 히 1 : 2, 창 1 : 2, 시 104 : 30, 욥 26 : 13).

이 삼위일체 하나님은 자신을 보완하실 필요성을 느껴서 창조하신 것이 아니라고 성서는 가르친다(사 40 : 12～31, 행 17 : 25). 왜냐하면 그는 창조 이후에도 그 이전과 존재론적으로 동일하셨기 때문이다(시 90 : 2). 오히려, 그는 단순히 그가 원하셨기 때문에 모든 것을 창조하신 것이고(계 4 : 11), 자신을 영화롭게 하기 위한 목적을 가지고서 창조하신 것이다(사 43 : 6～7). 더 나아가, 이신론(理神論, Deism)의 신(神)과는 달리 성서의 하나님께서는 이 세상을 창조하신 후에도 "거룩하고 현명하며, 능력있게 모든 피조계와 그 모든 행위를 유지하시며 통치하시기"를 계속하시는 것이다("웨스트민스터 소요리문답" 제 11문답 : 시 145 : 17, 104 : 24, 히 1 : 3, 시 103 : 19, 마 10 : 29～30). 이같은 사실은 다음과 같은 것을 아주 분명하게 해준다. ① 성서의 하나님은 자충족적(自充足的, self-contained and self-sufficient)이시다. 피조물에는 존재론적으로 그에 상응할만한 것이 없다. ② 그는 계획과 목적을 가지신 하나님이시다 — 참으로 영원한 목적을 가지셨다(엡 3 : 11). 그가 행하시는 모든 것, 하늘과 땅에서 일어나는 모든 것은 그의 경륜에 의해 규정되며, 그에 일치하는 것이다("웨스트민스터 소요리문답" 제 7문답 : 시 115 : 3, 잠 16 : 4, 33, 21 : 1, 단 4 : 7, 25, 35, 행 2 : 23, 4 : 27 ~ 28, 롬 9 : 11 ~ 23, 11 : 2 ~ 36, 엡1 : 3 ~ 14, 벧전 1 : 20). 이것은 **모든 사실이 하나님의 계획 가운데에서 그 위치를 가짐으로서만 있을 수 있다는 것**(all facts are what they are only by virtue of the place they have in the plan of God)을 의미한다. 더 나아가, 이것은 사람은 어디로 가든지, 하나님의 계획 안에서 하나님의 '얼굴'을 뵈옵지 않을 수는 없다는 것을 의미한다.

성서에 의하면, 그 삼위일체 하나님은 자신을 계시하셨는 바, **일반적으로는**(generally)그의 창조와(시 19 : 1, 롬 1 : 20), 섭리적 돌보심을 통하여 계시하셨으며, **특별하게는**(specially) 존재론적 삼위일체의 제 2 위와 그의 말씀, 심지어 성경을 통하여 하셨다(히 1 : 1 ~ 3, 벧전 1 : 1). 더 나아가, 이 자기계시를 떠나서는 하나님을 아는 것이 불가능할 것이다.

이렇게 하나님이 알려지기 위해서는 그가 자기를 계시하셔야 하고, 그에 대한 모든 지식은 그의 자기계시에 근거한다면(마 11 : 27, 고전 2 : 11), 이 자기계시는 반드시 자기 권위를 가진 것(self-authenticating)이고, 자증적(自證的, self-attesting)이다. 즉, 하나님의 계시는 그 스스로의 타당성을 가진다는 것이다. 왜냐하면 하나님께서만이 자신에 대해 적절한 증인이시기 때문이다. "웨스트민스터 신앙고백서"는 특별히 성경을 그 계시라고 언급하면서(I／i, ii) 동일한 것을 확인하기를, ① "믿어야만 하고, 순종해야만 하는 성경의 권위는 어떤 사람이나 교회의 증언에 근거하는 것이 아니라, 그 저자이신(그리고 참 자체, 진리 자체이신) 하나님께 전적으로 근거하는 것이다. 따라서 그것은 받아들여져야만 한다. 왜냐하면 그것은 하나님의 말씀이기 때문이다(I／iv)"라고 하였다. 그리고 ② 성경은 "그 자체가 하나님의 말씀임을 충분히 자증(自證)한다(I／v). 즉, 성경은 다음과 같은 분명한 근거들에 의해 그 신적인 기원을 증언한다는 것이다." 그 내용의 천상성(the heavenliness of the matter), 그 교리의 유효성(the efficacy of the doctrine), 그 문체의 장엄성(the majesty of the style), 그 모든 부분의 상호 조화(the consent of all the parts), (모든 것을 하나님께 영광 돌리게 하는) 그 전포괄적 범위 (the scope 〈 purpose 〉 of the whole), 사람의 구원을 위한 유일한 길에 대한 그 온전한 계시(the full discovery 〈 dis closure 〉 it makes of the only way of man's salvation), 또 다른 여러 뛰어난 우월성들(the many other imcomparable excellencies), 그리고 그것의 온전성 즉, 속성(the entire perfection there of). 존 레이(John Murray)는 자증적 계시(自證的 啓示 a self‐attesting revelation)의 사실을 확인하는 것은 순환적 논의일 수도 있으나, 이경우엔 그렇지 않다고 주장한다. 오히려, 사람이 하나님의 말씀을 받아들이는 경우에 이는 합리적 피조물로 하여금 그에게 '직선적으로' 오는 신적인 권위 앞에 엎드리도록 하며, 하나님의 말씀을 규범으로 인정하도록 하는 것이다. 그리고 이는 오직 하나님의 성령님의 사역의 결과이다. 머레이는 이렇게 말한다.

그것은 마치 그 사건에 관한 여러 사실들로부터 나온 증거들보다는 피고가 자신을 위해 하는 증언을 받아들이는 재판장의 경우와 유비가 되는 듯하다. 그러나, 이런 종류의 비판에 흔들려서는 안된다. 이런 논리는 내적인 오류를 포함하고 있기 때문이다. 만일에 재판장이 모든 타당한 증거에 의한 선고보다는 피고의 증언만을 받아들인다면, 그것은 부조리이고, 정의를 바르지 못하게 시행하는 것이 되리라는 것은 충분히 인정될 수 있다. 그러나 이 두 경우는 유비적인 것이 될 수 없다. 자증(自證)이 절대적이고, 결정적인 것으로 받아들여져야만 하는 한 영역이 있는 것이다. 그것은 하나님께 대한 우리의 관계라는 영역이다. 하나님께서만이 자신을 증언하시기에 적합하시기 때문이다(*The Infallible Word*, pp. 9 ~ 10).

왜냐하면 합리주의나 경험주의에서와 같은 비성경적 기준을 적용하여 성경 계시내에서 하나님께서 자신을 계시하셨는지 아닌지를 검증할 수 있고, 검증해야만 한다고 주장하는 것은 그가 이 계시가 없이도 이미 하나님께서 계시를 할 수 있는지 없는지를, 따라서 하나님이 그 자신에게 있어서 어떤 분이신지(what God is in Himself)를 안다는 것을 함의하기 때문이다. 그리고 이는 앞서 수립한 것, 즉 사람이 하나님께 대해 어떤 지식을 가지려면 반드시 그의 자기계시를 필요로 한다는 것과 모순되는 것이다.

기독교 유신론의 하나님은 바로 이 하나님이다. 또한 모든 교육 받은 그리스도인들이 고백하는 것도 이런 하나님의 실존이다. 더구나, 교육 받은 그리스도인들은 다른 어떤 하나님의 실존을 변증하는데 관심을 가지지 않고, 오직 이 하나님의 실존에 대해서만 관심을 가진다. 반틸 (Van Til)은 이렇게 말한다 :

성신을 통하여 그리스도 안에서 하나님께서 사람들을 위해 이루신 것과 이루시는 것 전체를 가져오지 않고서 하나님의 실존, 하나님 존재의 사실을 말하는 것, 그리고 이 공허한 사실이 신자들과 불신자들 사이의 공동의 근거라고 선언하는 것은 추상(抽像)일 뿐만 아니라, 완전한 왜곡이기도 하다. 어떤 이에게 그가 어떤 하나님이시며, 무엇을 말하지 않고 그저 신(神)이 계신다고 말하는 것은 아무런 의미도 전달하지 못한다(*Jerusalem and Athens*, p. 427).

고오든 클락(Gordon Clark) 도 비슷한 투로 이렇게 말하고 있다 :

… 하나님께 대해서 물어야만 하는 질문은 그가 실제로 존재하시느냐는 것이 아니라, 그가 어떤 분이시냐(what he is)는 것이다. 물론 하나님은 존재하신다. 그러나 존재한다는 말의 뜻은 천차만별이다. 하나님이 꿈, 신기루, 또는 ' -1 '(minus one)의 평방근, 처럼 존재한다고는 말할 수 없는 것이다 (*Three Types of Religious Philosophy* p. 39).

기독교 신론에 대한 이런 설명은 비록 간단하기는 하지만, 하나님이 어떤 분이시며, 그가 무엇을 말씀하실 수 있는가를 알기 위해서는 하나님으로부터 오는 자기 증언적 자기계시(a self‐attesting self‐revelation)를 필요로 한다는 사실을 분명히 해주었으리라고 생각한다.

인간론

1. 창조와 언약

기독교 신앙은, 성경에 나와있는 대로, 하나님께서 과거 일정한 시점에 사람을 "그 지식과 의, 거룩함에 있어서 하나님의 형상대로(창조하시되) 남자와 여자로 창조하시고, 피조계를 다스리도록 하셨다"고 가르친다("소요리 문답", 제 10문, 창 1 : 26 ~ 28, 골 3 : 10, 엡 4 : 24). 그러므로 사람은 그가 하나님의 형상이라는 점에서 하나님과 같고, 그러나 피조된 유한한 존재라는 점에서는 하나님과 다르다. 이 관계를 좀 더 부가적으로 설명해 본다면, 아담과 하와는 그들이 합리성(合理性, rationality)과 의지(意志, volition)를 가진 인격이라는 점에서 하나님과 같다. 더 나아가, 삼위일체 하나님 안에 영원히 존재하는 '나'와 '너' 그리고 '그'사이의 관계(신학적으로는 the One *allos kai allos kai allos* 라 말할 수 있는 것, 철학적으로는 영원한 '하나'와 '다수'의 관계〈the eternal one and the many〉라 할 수 있는 관계)가 이 아담과 그의 아내의 '나 - 너' 관계 안에 피조물적 유비로 나타난다. 다른 말로 하자면, 신성(the God head) 안에 '질서있는 통일성 안에 인격의 복수성'(a plurality of persons in orderly unity)이 있는 것과 똑같이, 하나님에 의해 피조된 사람도 '질서 있는 통일성 안에 인격의 다양성'(a piurality of persons in orderly unity)을 가진다는 말이다. 또한 사람은 원래(신에 대한) 본유적 지식과 (하나님을 향한) 경건과 (그 이웃을 향한) 도덕적 정상성을 부여받아 창조된 것이다(골 3 : 10, 엡 4 : 24).

인식하는 피조물로서 사람은 그 사이에서 '지식작용(the knowledge transaction)이 발생하는 두 점' 중 하나의 유한한 점이다(Van Til, *The Defense of the Faith*, p. 32). 비록 유한하긴 하지만, 무한한 하나님에게서 온 명제적 계시(命題的 啓示, a propositional revelation)를 이해할 수 있는 것은 ① 하나님께서 사람을 그런 계시를 이해할 수 있는 능력을 갖추어 창조하셨기 때문이고, ② 하나님의 자기계시가 그 내용상 하나님께서 알고 계시는 진리를 왜곡하지 않고도 사람의 필요와 그 이해에 맞도록 주어졌기 때문이다. 물론, 사람의 신지식(神知識)은 결코 절대적으로 하나님을 다 드러낸 것도 아니고, 그럴 수도 없을 것이다. 사람의 유한성이 원래 부담이 되는 것은 아니다. 사람은 자유롭게 자신의 피조성을 받아들일 수 있고, 그 창조주를 기꺼이 인정할 수 있는 것이다. 그러므로 인간론에서 근본적인 것은 이런 창조주와 피조물의 차이(this Creator-creature distinction)이다.

하나님께서는 첫 사람과 대표적 언약관계에 들어가셔서, 아담에게 일정한 시험기간 동안(for the duration of a probationary period) 인격적이고 (혹, 개인적이고), 완전하며, 영속적인 순종을 요구하시고, 그 순종에 대해 생명을 요구하시고, 그 순종에 대해 생명을 약속하시고, 불순종에 대해서는 죽음의 위험을 두시었다(호 6 : 7, 창 2 : 16~17, 롬 5 : 12 ~19). 이 언약에서 아담은 인류의 언약적 대표(the federal head of his race)이었고, 따라서 그가 이 언약에서 하나님께 반응하는 바가 그로부터 보통 생육법에 의해 출생하는 모든 자들을 규정하는 것으로 결정되었다(롬 5 : 12~19). 그러므로, 인간론에서 또 한 가지 근본적인 것이 바로 이런 사람의 하나님에 대한 언약관계이다. 사람이 사람인 한(限) 그는 하나님과의 언약적 교제를 위해 피조된 종교적 존재 *(homo religiosus)* 였던 것이다.[2]

창세기 1장~2장에서 하나님께서는 결코 사람이 하나님 자신과 당신의 계획에 대해 독립적인 존재가 될 것을 의도하신 것이 아니라는 점은 아주 분명해 진다. 에덴이라는 그 완전한 환경 중에서도 아담은 사람이 하나님께 종속하며 의존함을 분명히 가르치는 내용의 계시를 받았던 것이다. 모든 것에서 사람은 삶의 의미와 옳고 그른 행동에 대한 하나님의 궁극적 권위를 인정하며 하나님의 뜻을 분별할 책임이 있는 것이다. 사람에게 대하여 하나님은 언제나 종국적 권위이시기 때문이다. 사람은 스스로에 대한 입법자일 수 없다.

2. 타락

기독교 신앙에 대한 바른 이해는 반드시 사람이 시간과 공간 안에서 원래 창조함을 받은 거룩한 상태 *(status integritatis)* 로부터 범과와 이에 따르는 비참의 상태 *(status corruptionis)* 로 타락했다는 것, 즉 사람들이 타락으로 말미암아 '죄짓지 않을 수 있는'(posse non pecarre : possible not to sin) 입

---

[2] 희랍적 이교사상의 영향력 아래서 우리는 주는 사람을 '이성적 존재'(homo sapiens)로 여긴다. 그러나 기독교의 창조교리는 사람은 무엇보다도, 하나님과의 교제를 위해 피조함을 받은 종교적 존재(homo religiosus) 임을 시사한다. 사람이 하나님으로부터 받은 그 어떤 합리적 은사도 '언약적' 또는 '교제적' 목적을 위한 것이다.

장으로부터 '죄 지을수 밖에 없는'(*non posse non pecarre* : not possible not to sin) 입장에로 떨어졌다는 것을 포함해야만 한다. 창세기 3장도 성경이고, 참다운 역사(authentic history)이다. 그런데도, 이 부분이 인류의 타락과 멸망에 대해 부여하는 하나님 말씀으로서의 권위를 부인하는 입장을 가진 이들은 이 구절들에서 원인론적 전설(aetiological legend)로부터 고대 셈계의 신화에 이르기까지 온갖 것을 찾아내면서, 바톤 페인(J. Barton Payne)교수의 말처럼, "성경의 유비를 완전히 무시하고 있다"(*The Theology of the Older Testament* , p. 216 : 호 6 : 7, 욥 31 : 33, 롬 5 : 12이하, 고후 11 : 3, 딤전 2 : 13, 14을 참조하라). 그렇지만 사실, 창세기 3장은 죄의 본성과 타락한 인간의 상태에 대한 참된 성경적 이해의 핵심을 제시해 준다고할 수 있다.

그렇다면 창세기 3장에서 일어난 것은 정확히 무엇인가? 우리의 첫 조상이 자신들에 대한 하나님의 권위를 버림으로써 사단으로 하여금 하나님의 말씀에 대항하여 선악을 알게 하는 나무에 대한 다른 해석을 하도록 허용한 것이다. 그 첫 부부가 사단의 거짓말 앞에서 침묵함으로써 그들에 대한 하나님의 분명한 권리주장에 근거하여 하나님을 기꺼이 믿지 않으려고 했을 때, 그들은 그 침묵으로써 사단으로 하여금 하나님의 말씀을 단순한 가정(hypothesis)으로 축소시키도록 만든 것이다. 물론 그것이 '종교적 전문가'(a religious expert)의 가정임은 사실이나, 이것이 분명한 자기 증언적 권위에 근거해 받아들인 것이 아닌 '가정'인 한(限)에는 실험에 의해서 그 개연성과 불가능성이 밝혀져야 하는 가정에 불과한 것이다. 이것은 하나님이 창조하신 우주 안에서 인간에 대한 권위의 중심이 '자신'에게로 옮겨졌음을 의미한다. 사람은 그 자신이 권위가 되기를 요구하며, 참된 것과 거짓된 것을 스스로 규정하기를 요구하는 것이다. 이렇게 우리의 첫 조상이 실험을 한 첫'과학자'(scientists)가 됨으로써, 그 자녀가 된 우리들은 그 이래로 한탄하게 된 것이다. 물론, 그들의 실험은 이미 그들이 선과 악을 알게 하는 나무에 대한 사단의 잘못된 거짓 해석을 암암리에 믿었다는 것을 나타내 준다. 왜냐하면, 만일 그들이 참으로 그들의 실험이 그들의 죽음과 파멸을 가져오게 되리라는 것을 믿었다는 것을 나타내 준다. 왜냐하면, 만일 그들의 죽음과 파멸을 가져오게 되리라는 것을 믿었더라면, 그들은 자신들의 행위를 주장하지 않았을 것이기 때문이다. 이 모든 것은 사람이 결코 자율적(autonomous)

일 수 없고, 오히려 바울이 말하는 대로, 하나님께 순종해서 행하지 않으면, 공중 권세 잡은 자에 따라서 행하게 된다는 것을 뜻한다(엡 2 : 2). 그러나 이것을 생각해야 하지만, 자신이 따르는 길을 결정하는 이는 바로 그 자신이라는 것도 잊어서는 안된다. 첫 사람들은 스스로 자신들에 대한 권위가 되었다. 그 이후로 그 후예들은 하나님으로부터 비슷한 자율(自律)을 주장해온 것이다.

그러므로 우리가 종종 들어온 창세기 3장에 대한 조롱, 즉 누군가가 단순히 사과 하나 따 먹은 하찮은 것 때문에 하나님이 진노하셨다고 하는 것이 얼마나 빈약한 이해인가를 알 수 있다. 사람의 범과는 그보다 훨씬 더 심각한 것이었기 때문이다. 그것은 피조물로서 그 창조주께 대한 의도적 반역의 행위였던 것이다. 그 창조주인 하나님으로부터의 자유와 자율적 입장을 주장하는 행위였다는 말이다. 예배에의 부름을 받았으면서도 그 창조주보다 피조물을 섬기고 예배한 것이다. 즉, 권위(Authority)가 문제되었었는데, 사람들은 하나님의 권위를 무시하고, 자신들의 권위를 내세운 것이다. 바로 이것이 창세기의 타락기사가 가르치고자 하는 바이다.

이 모든 것이 기독교 변증학 방법론에 대해 갖는 함의는 무엇인가? 그것이 다음과 같다는 것은 아주 자명하다. 하나님의 말씀을 받아들이기 전에 하나님 말씀의 진리주장을 다른 진리주장들(truth claims) ― 특히, 이 경우에는 사단의 진리주장 ― 에 비교하여 검증한다는 것은 배교적 근거에서만 가정될 수 있는 자기중심적 권위를 시사하는 비도덕적 행위라는 것이다. 즉, 기독교 변증학자는 적어도 실제적으로 언약파기자가 자율적인 입장에서 생각하고 말하게끔 격려하는 방법론을 거절해야만 한다. 언약파기자로 하여금 성경을 믿기 전에 성경의 진리주장의 타당성을 검증해 보도록 초청해서는 안된다는 말이다. 왜 그런가? 그들이 행하는 '검증'(test)이란 것이 문제되기 때문이다. 그들은 대개 합리주의적 진리검증(the rationalist's test of truth) 이나 경험론적 진리검증(the empiricist's test of truth)을 하려고 하는데, 이 두가지 모두가 '폐쇄된 체계 내에서의 자연적 원인의 우주'(a universe of natural causes in a closed system)와 '우연에 의해 지배되는 세계'(a world governed by Chance)를 가정하고서, 성경의 진리주장은 불가능한 것이라고 여기기 때문이다. 그렇다면 다른 방법론이 있는가? 불신자가 처음부터 자신이 하나님을 배교한 자임을 받아들이고, 성경 안에서 말씀하시는 하나님에 복종하는 그런 방법론이 있는가? 그런 방법론이 있다면, 그것은 하나님과의 '언약'을 지킨다는 것과 일치하는 성격의 방법론이 될 것이다.

코넬리우스 반틸(Cornelius Van Til)은 인간의 타락을 이와 비슷하게 이해하고 있다. 그의 마음같은 통찰력은 주의 깊게 살펴볼만한 것이 아닐 수 없다.

사람이 타락했을 때, 그것은 … 모든 점에서 하나님 없이 행해보려고 시도한 것이다. 사람은 진(眞), 선(善), 미(美)의 이상을 하나님 외의 어떤 곳에서, 직접적으로 자신 안에서든지, 아니면 그를 둘러싼 우주 안에서 찾았던 것이다(창 3 : 6). 하나님께서는 당신을 위해 우주를 해석하셨고, 또 사람도 하나님의 지시 아래서 이 우주를 해석했었다고도 할 수 있다. 그런데 이제 그는 이 우주를 하나님과 관련시키지 않고(without reference to God) 해석해 보려고 하는 것이다 …

그것의 결과로 사람은 자신에게 대해 **거짓된 지식의 이상**(a false ideal of knowledge)을 만든 것이다(창 3 : 5). 만일 그가 피조물임을 계속해서 인식하였더라면, 그는 결코 이를 행치 않았을 것이다. 사람이 전포괄적인 지식을 스스로 찾아보려고 노력하는 것은 피조성이란 이상과는 전적으로 모순되는 것이다. 그럼에도 그런 시도가 있다면, 그것은 하나님을 몰아내려는 것이고, 사람이 하나님이 되려는 것이다(*The Defense of the Faith* p. 31).

그러므로 죄의 본질은 '언약'파기(transgression of covenant)라고 할 수도 있다. 하나님의 권위를 인정하는 것이 하나님과 맺은 언약을 지키는 것이다. 따라서 하나님의 권위를 부인하고 자신의 자율(自律 : autonomy)을 주장하는 것은 하나님과의 언약을 파기하는 것이다. 성경은 아담으로부터 타락 이후에 **보통생육법에 의해 태어난 모든 사람을 본성상 언약의 파기자들**(covenant-breakers by nature)로 여기고 있다(호 6 : 7, 롬 5 : 12 ~ 19).

인류에 미친 타락의 결과를 좀 더 구체적으로 알아보려면, 다음 성경 구절들의 가르침을 잘 생각해 보는 것이 좋으리라고 생각한다. 독자들이 스스로 숙고해 보는 일을 돕기 위해서 몇가지 설명을 붙여본다.

a. 로마서 5 : 12～19

이 구절에서 바울은 아담의 죄가 '보통 생육법에 의해 그로부터 내려오는' 모든 인류에게 전가(imputation)되었다고 가르친다. 여기서의 사도의 생각을 이해하기 위해서는 이 구절들 내의 좀 복잡한 구문을 잘 파악하는 것이 필요하다.

12절 : "그러므로 … 이와같이 모든사람이 죄를 지었으므로 … "
13 ~ 14절 : "오실 자가 … (올 때까지)"(이 구절들은 '모든 사람이 죄를 지었으므로'를 설명해 준다)
15 ~ 17절 : "그러나 … 예수 그리스도는(범죄치) 아니하였다 (이 구절들은 14절의 마지막 어귀에 대한 설명이 된다. 즉, '누가 오시는가'에 대한 설명이 된다).
18 ~ 19절 : "그런즉, ~ 과 같이, 한 사람이 순종하심으로 많은 사람이 의인이 된다(the many were appointed righteous)" (이 구절들은 12절에서 시작된 사상을 반복하고 발전시키고 있다).

바울은 12절에서 '호스퍼'(hosper : ' just as ')에 의해 시사된 바와 같이 아담과 그리스도를 언약적 대표들로서 비교하기를 시작하고 있다. 그러나 어떤 주해자들의 의견과는 달리, 그는 이 비교를 12절에서 끝맺고 있는 것이 아니다(5 : 12하반절의 '카이 후토스'(kai houtos)는 '그러므로 또한'〈so also〉이라기보다는 '그리고 또한'〈and so〉이다. 그리고 ' so also '는 15, 18, 19, 21, 6 : 4, 11 : 30 ~ 31에서 설명되는 것처럼 '후토스 카이'(houtos kai)에 의해 시사된다). 오히려 그는 13 ~ 14절에서 "모든 사람이 죄를 범하였으매"의 의미를 설명하기 위해서 잠깐 그의 주된 논의를 중단한 것이다. 그래서 이 두 구절은 "아담의 타락 가운데서 우리 모두가 범죄했다"는 것을 아주 분명히 하고 있는 것이다. "아담으로부터 모세까지 아담의 범죄와 같은 죄를 짓지 아니한 자들 위에도 (즉, 유아들 위에도) 사망이 왕노릇 하였나니"라는 바울의 통찰력에 의해서 이는 아주 분명히 드러난다. 이로써 그는 하나님께서 아담의 모든 후손들을 당신님의 법을 범한 죄인들로 여기신다는 것을 시사하신 것이다. '어떤

법'을 어겼단 말인가? 분명히 모세의 율법은 아니다. 왜냐하면, 바울은 모세 시대 이전에 살던 이들을 특별히 언급하고 있기 때문이다. 문맥상 여기서 시사되었거나, 그런 해석을 가능케 하는 유일한 법은 아담에게 주신 하나님의 금령(God's prohibition to Adam)이다(창 2 : 16～17). 사람들이 아담 안에서 어긴 것은 이 법이다. 이것이 바울이 말하고자 하는 바라는 것은 15, 17, 18, 19절의 그의 언급에서 드러난다. 이 구절들에서 그는 이렇게 말하고 있는 것이다 : "한(사람)의 범죄를 인하여 많은 사람이 죽었은즉," "한 사람의 범죄를 인하여 사망이 그 한 사람으로 말미암아 왕노릇 하였은즉," "한 범죄로 많은 사람이 정죄에 이른 것 같이," 그리고 마지막으로 "한 사람의 순종치 아니함으로 많은 사람이 죄인된 것 같이" 그러므로 13～14절은 12절의 마지막 어귀, "모든 사람이 (아담 안에서) 죄를 지었으므로"의 의미를 설명하는 것이다.

그러나 14절에서도 12절의 사상을 다 설명한 것은 아니다. (왜냐하면, 그는) 14절의 마지막 말 역시 설명을 요(要)하는 것으로 보고 있는 듯하기 때문이다. 그가 아담을 '오실 자의 표상(表像, type)'이라고 묘사하셨을 때, 그는 아담과 그리스도가 모든 면에서 정확히 유비를 이룬다고 여긴 것은 아니다. 바울이 표현하고자 했던 바는 단지 대표의 원리(the principle of representation)였던 것이다. 결과적으로, 15～17절에서 그는 15절과 16절에 있는 "같지 아니하니"(not as)의 이중 용법과 15절과 17절의 "더욱 … 넘쳤으리라"(how much more)의 이중 용법에 의해서, 아담과 그리스도의 정확한 유비가 성립할 수 없음을 밝혀준 것이다. *) 결국 18절에서야 그가 12절에서 시작한 그의 원사상(原思想)에로 다시 돌아온 것이다. 18절에서 좀 다른 말로 간단히 12절의 사상을 말하고, "～같이"(so also)절(節)로 그것을 완결하고 있는 것이다. 여기서 바울이 아담과 맺으신 원언약(原言約) 하에서 하나님께서 대표의 원리에 근거하여 아담의 첫 범죄를 온 인류에게 전가된 것으로 인정하셨다는 것을 가르치고 있다는 점을 의심할 여지가 없다.

요점은 다음과 같다 : 아담으로부터 보통 생육법에 의해 출생하는 모든 자손은 아담의 첫 번 대표적 범죄(Adam's first repre sentative transgression)에 대해 책임이 있으며, 따라서 죄인으로서 하나님의 율법에 의해

---

*) (이 말의 의미는 그리스도는 아담보다 훨씬 뛰어난 역할을 한다는 것이다)

옳게 정죄된다. 기독교 변증가는 그가 정죄된 사람에게 은혜 언약 아래서의 하나님에 대한 새로운 대표를 필요로 한다는 것을 설득하려고 함을 의식해야만 한다. 이 은혜언약은 그 대표인 예수 그리스도를 통해서 선택된 자들에게는 확언된 것이다.

b. 로마서 3 : 10 ~ 18

성경의 일반적 가르침에 의하면, 아담의 첫 범죄가 전가된 모든 아들 — 그리스도를 제외한 온 인류 — 은 실제로 그리고 개인적으로 인격적 부패를 가지고 있고, 또한 개인적으로 하나님의 거룩한 법을 범한다고 한다. 아담의 후손들에게 부패가 어떻게 감염되고 전가되었는가 하는 것을 로마서 3 : 10 ~ 18보다 더 구체적으로 설명하는 성구는 없다. 인류에 대한 14중의 고발(fourteen-point indictment)을 통해서 의로운 자는 하나도 없고, 깨닫는 자도 하나도 없으며, 하나님을 찾는 자도 없고, 모두가 하나님과 그의 법에서 어그러졌으며, 모두가 타락하였고, 모든 이가 본성상 타락하였으며, 사악하고, 신성모독적이고, 파괴적이며, 안정함이 없고, 교만하다고 선언함으로써 모든 사람들이 흉악한 죄인들임을 확언하고 있는 것이다(소요리문답, 16, 17, 18을 참조하라).

c. 로마서 8 : 7 ~ 8, 에베소서 4 : 17 ~ 19

로마서 8 : 7 ~ 8은 이지(理知)와 이성(理性)에 미친 죄의 영향력(the noetic effects of sin)을 다룬다. 이지적(理知的)으로 하나님께 적대적일 뿐만 아니라(부패 depravity), 그의 생각을 하나님께 복종시킬 수도 없다 (not able to subject his thoughts to God — '무능력'〈inability〉). 또한 에베소서 4 : 17 ~ 19 에서 바울은 모든 백성들(all nations)이 "그 마음의 허망함(the futility of their mind), 그 이해의 어두워짐(being darkened in their understanding) 가운데서, 하나님의 생명에서 떠나 있으니, 이는 그들 가운데 있는 무지(ignorance) 때문이다"고 말한다.

d. 고린도전서 2 : 14

중생하지 않은 사람은 그들의 이해가 어두워졌으므로(because of his darkened understanding) 종교적 진리의 최소한의 것도 믿을 수 없고, "구원적으로 이해할 수 없다"(웨스트민스터 신앙고백서 Ⅰ/ⅵ)고 말하는 것이 혹시 너무 지나친 것이라고 생각될 때에, 고린도전서 2 : 14의 "육에 속한 사람은 (a natural 〈unregenerate〉 man) 하나님의 성령의 일을 받지 아니하나니, 저에게는 미련하게 보임이요, 또 깨닫지도 못하나니 이런 일은 영적으로라야 분변함이니라"는 바울의 주장은 타락한 사람은 영적인 것을 바로 판단하기가 전적으로 불능(不能)하다는 것을 분명히 확언해주는 듯하다. 이미 바울은 인간의 지혜로는 그 어떤 영적인 진리도 발견할 수 없다는 것을 밝혔었다 : "지혜 있는 자가 어디 있느뇨? 선비(the scribe)가 어디 있느뇨? 이 세대의 변사(the debater of this age)가 어디 있느뇨? 하나님께서 이 세상의 지혜를 미련케 하신 것이 아니뇨?" 이 수사적인 질문에 대한 그의 대답은 "이 세상이 자기 지혜로 하나님을 알지 못한다"는 것이다(1 : 20 ~ 21). 그는 심지어, 이미 우리가 살펴 보았듯이, 중생하지 않은 세상은 그 지혜로 하나님을 알 수도, 발견할 수도 없다고까지 주장하였다(2 : 14). 왜냐하면, "하나님의 사정은 하나님의 신 외에는 아무도 알지 못하기" 때문이다(2 : 11). 그러므로 만일 우리네 사람이 "하나님께서 우리에게 은혜로 주신 것들을 알려면" 신적인 조명(divine illumination)이 필요한 것이다(2 : 12).

여기서의 바울의 가르침을 중생하지 못한 사람이 성경을 읽을 때, 성경이 하나님과 사람과, 그리스도, 그리고 구원에 관해서 가르치는 바를 내용적으로 이해할 수 없다(cannet *rationally* understand)는 뜻으로 해석해서는 안될 것이다. "웨스트민스터 신앙고백서"*(The Westminster Confession of Faith)* 는 아무 주저함없이 분명히 확언하기를, "성경에 있는 모든 것은 그 자체가 모두 자명한 것이 아니며(are not alike plain in themselves), 모든 사람들에게 똑같이 분명한 것이 아니지만 (nor alike clear unto all), 구원을 위해 알려져야만 하고, 믿어져야만 하고, 관찰되어야 하는 것은 성경의 이곳 저곳에서 분명히 나타나 있어서 공부를 많이 한 사람들만이 아니고, 배우지 못한 이들이라도 정상적인 수단을 정당히 사용하면, 그것들을 충분히 이해할 수 있게 된다"고 하였다(Ⅰ/ⅶ). 이 모든 것이 참이지만, '사실들'(facts)의 의미에 대한 우리의 이해는 항상 우리의 종교적으로 정향된 '사실관'(philosophy of fact)의 지배를 받게되므로,

중생하지 못한 사람은 그의 자연적 통찰력(natural insights)에도 불구하고 성경의 초자연주의를 참된 것으로 받아들이지 않고, 하나님의 신에 의해 조명받기 전에는 그 멧시지를 믿으려 하지도 않는다고 바울은 선언한다. 우리는 여기서 모든 위대한 개혁자들이 그렇다고 선언한 것만을 되받아 말할 뿐이다. 예를 들자면, 앞서 언급한 웨스트민스터 신조 외에도 마르틴 루터(Martin Luther)는 그의 『노예 의지론』 *(Bondage of Will)* 에서 다음과 같이 말하고 있다.

성서의 명료성(perspicuity)은 이중적이다 … 그 하나는 말씀의 사역과 관련되는 외적인 명료성이고, 또 하나는 가슴 속 깊이 와 닿는 지식(the knowledge of the heart)에 관한 것이다. 이 내면적 명료성(internal petspicuity)에 관한 한(限), 성령께서 성경에 있는 것을 깨닫게 하시기 전에는·그 누구도 성서의 한 점도 볼 수 없는 것이다. 모든 사람들은 그 마음이 어두워져서, 성경 안에 있는 모든 것을 인용하고 논의한다고 해도, 그들은 그것을 이해하지도, 그 하나를 알지도 못하는 것이다. 그들은 하나님을 믿지도 않고, 그들이 하나님의 피조물임을 믿지도 않는 것이다 … 그러므로, 성경의 전체와 각 부분을 이해하기 위해서는 참으로 성령이 필요하다. 그러나, 외적인 명료성(external perspicuity)에 관한 한(限) 성령에 있는 것은 그 어느 것 하나 모호하거나 애매하지 않고, 성경 안에 있는 모든 것은 말씀을 통하여 분명한 빛에로 드러나며, 온 세상에 선포되는 것이다.

루터가 "성경에 있는 것은 그 어느것 하나 모호하거나 애매하지 않다"고 했을 때, 그는 분명히 외적인 명료성(external perspicuity)을 과장한 것이지만, 그가 성서의 내적 명료성과 외적 명료성을 구분하고, 내적 명료성은 성령의 조명에 의존한다고 확언하였을 때 그는 분명히 성서를 옳게 배운 것이다.

e. 로마서 1 : 18 ~ 32

인간의 부패성을 다루는 내용의 말 가운데서, 이 부분은 하나님 앞에서의 인간의 죄의 추함에 대한 그 분석과 자상한 묘사에 있어서 아주 뛰어난다. 또한 기독교 변증가에게는 기독교적 선포(the Christian kerygma)

에 대한 죄인들의 반응을 예상할 수 있는가, 그들과의 공동의 근거(common ground)가 있는가 하는 문제와 관련하여 이는 아주 중요한 구절이 된다.

이 구절은 아주 난해하지만, 몇 가지 거듭 반복되는 주제는 아주 분명히 나타나 있다.

(1) 하나님의 존재와 그 능력이 그 만드신 만물에 분명히 나타나 있다 : "창세로부터 그의 보이지 아니하는 것들(his invisible attributes), 곧 그의 영원하신[3]능력과 신성이 그 만드신 만물에 분명히 보여 알게 되나니"(1 : 20).

(2) 모든 사람은 본유적으로(innately)이 진리를 의식한다 : "하나님의 존재와 그 능력에 대한 지식(문자적으로는, 그것을 통해 하나님을 알 수 있게 할만한 것 : that which can be known of God)이 저희 속에 보임이라. 하나님께서 이를(이 지식을) 저희 속에 보이셨느니라"(1 : 19). 또 "하나님을 알되, 하나님으로 영화롭게도 아니하고"(1 : 21).

(3) 그러나 그 본성의 부패로 인하여, 이제는 하나님으로부터의 배교(apostasy)를 영속화 하려는 것이 사람의 본성이 되었다. 그래서 그들은 "불의(不義)로 진리를 막으며"(1 : 18),[4] "그 마음에(혹, 지식에) 하나님 두기를 싫어하는" 것이다(1 : 28). 다른 말로 하자면 본유적 신지식(his innate knowledge of God)을 억누르고, 살아계신 참 하나님이 계시다는 것 그리고 자신이 그를 안다는 것을 부인하는 것이 이제 사람의 본성이 되었다는 말이다. 물론, 사람은 그 피조된 본성으로 하여 '종교적 존재'(homo religiosus)이므로, 누군가를, 모든 무엇인가를 경배해야만 한다. 그래서 그는 모든 형상화가 가능한 종류의 우상을 섬기는 것이다 :

---

3) 바울이 '영원하신'(everlasting) 능력이라고 말하고 있지, '무한한'능력(infinite power)이라고, 즉 전능(omnipotence)이라고 말하고 있지 않음에 주목하라. 그 어떤 것도, 심지어 전체로서의 우주라도 무한한 하나님의 전능에 대한 계시는 아니다. 욥 26 : 14를 KJV 으로나 NASB 로 보라. 여기서 '영원하신'이란 '신적인'(divine) 이란 함의를 갖는다.

4) 희랍어 '카테콘'(κατέχων)은 여기서 살후 2 : 6 ~ 7 에서와 같이 "억제한다"(hold down), "억누른다"(suppress), "막는다"(hinder)를 뜻한다(즉, "소유한다는 의미에서 붙잡는다"는 뜻이 아니다). Cf. Charles Hodge. *Commentary on Romans*, p. 36.

"하나님을 알되, 하나님으로 영화롭게도 아니하며, 감사치도 아니하고, 오히려 그 생각이 허망하여지며, 미련한 마음이 어두워졌나니, 스스로 지혜있다 하나 우준하게 되어 썩어지지 아니하는 하나님의 영광을 썩어질 사람과 금수와 버러지 형상의 우상으로 바꾸었느니라"(1 : 21~ 23). [5] 사람들은 창조주 하나님을 경배의 대상으로 하는 대신에 피조물을 경배의 대상으로 만듦으로써 영원한 하나님에 대한 그들의 종교적 갈망을 충족시켜 보려고 시도하는 것이다. "저희가 하나님의 진리를 거짓 것으로 바꾸어 피조물을 조물주보다 더 경배하고 섬김이라"(1 : 25). 기독교 외의 이 세상 모든 종교는 이 특별한 종류의 인류(아담의 자손인 인류)가 하나님에게서 온 특별한 종류의 계시(일반계시)[*]에 대한 종교적 반역의 산물이라고 여기서 바울은 주장하는 것이다.

결국 사람은 그들이 가진 하나님에 관한 진리를 스스로 억제한 것이고 이런 거짓에 대한 우상숭배적 선호는 창조주의 진노를 촉발케 한 것이다(1 : 18). 종교적 영역에서의 사람의 배교와 반역은 도덕적 영역에서 그에 상응하는 벌을 받게끔 하였다. 우상숭배는, 불변하는 신적인 규범에 의해, 부도덕의 저하된 행위를 이끌어 내게끔 되는 것이다. 바울은 세 번씩이나 하나님께서 사람을 내어버려 두셨다고 한다. 첫째로는 '더러움'에, 둘째로는 '부끄러운 욕심'(dishonoring passions)에, 셋째로는 '그 상실한 마음대로' 내어버려 두셨다는 것이다(1 : 24, 26, 28). 이 세 가지 내버려둠은 결국 자연적 욕망의 노예가 된 사람을 완전한 악행(惡行)과 악한 격정에로 나아가게 하였다. "이같은 일을 행하는 자는 사형에 해당한다고 하나님의 정하심"을 다 알면서도 말이다(1 : 32).

이 모든 것을 다 생각할 때, 이 구절들은 죄악된 사람이 하나님을 싫

---

5) 그들은 '그만둔 것'이 아니고, '바꾸었다'. 그들은 창조주 대신에 피조물로 그들의 직접적 경배 대상을 대치함으로 만족한 것이다. 이로써 그들은 창조주에 대한 지식을 막고, 억제한 것이다.

[*] (이를 단순히 일반계시라고 할 수 있는지는 논의의 대상이 될 수 있다. 타락 전의 소위 '전구속적 특별계시'〈pre-redemptive special revelation〉와 이후의 '특별계시'〈redemptive special revelation〉없이 정상적인 종교가 있을 수 있는지 문제가 될 수 있기 때문이다. 로마서 1장은 일반계시만을 문제로 하지 않느냐고 말할 수 있으나, 역사 안에 있는 특별계시를 배제한 논의라고 볼 수 있을까도 생각해야 하리라. 심각한 고민의 결과로 용어를 선택해 사용해야 할 것이다.)

어하면서도 그를 완전히 저버릴 수는 없다는 것, 또 그래 본 적도 없다는 것을 가르친다. 칼빈이 사용한 어구를 들어 말하자면, 사람들은 그들 속에 '신의식'(神意識 : sensus deitatis)또는 '종교의 씨앗'(semen religionis)을 가지고 있는 것이다. 그러나 사람들이 그리스도 안에서 그리고 성경에 주신 하나님의 참 계시 앞에 엎드려 절하기를 거부하였으므로(그리고 사실 이것은 그들의 영적인 무지로 인해서 그들이 그리스도와 성경이 참으로 무엇인지를 모르기 때문이다). 그들의 신지식(神知識)은 철저히 왜곡되고, 신뢰하지 못할 것이 되었고, 하나님을 찾으려 하는 마음이 있다고 해도 하나님을 찾을 수 있는 능력이 없게 된 것이다. 성령의 정죄하시며(convicting), 구원하시며(saving), 조명하시는(illuminating) 사역을 떠나서는 그 어떤 방식으로 오는 하나님에 대한 그 어떤 진리도 그것이 오는 그 형태 안에서, 곧 억압되어버리고 만다. 부패하여 어두워진 사람들의 이해가 그들 나름의 재건작업을 하여, 사람의 의식 속에 나타나는 원진리(原眞理)가 거짓의 옷을 입고 나타나게 되었을 때는 말이다. 이는 곧 사람들이 그때 경배하는 우상 때문이며, 그것이 그 우상숭배자들을 온갖 부도덕과 영적 교만, 죄악된 자기의(自己義)에로 이끌어 가는 것이다. 그러므로, 사람은 마땅히 살아계시고 참되신 하나님을 창조주로 인정하고 섬겨야만 하는데, 그들이 섬기지 않고 (또 그렇게 할 수도 없으므로), "핑계치 못하는 것이다"(롬 1 : 20).

f. 에베소서 1 : 19 ~ 2 : 6

바울은 그리스도인들이 "믿는 우리에게 베푸신 (하나님의) 능력의 지극히 크심이 어떠한 것을" 알게 하시기를 위해 기도하고 있다. 그가 이를 표현할때, 그는 이를 "그리스도에게 작용한 능력과 비교하고 있다": ① 죽은 자들 가운데서 다시 살리시고, ② 하늘에서 자기의 오른편에 앉히사 ③ 모든 정사(政事 : rule)와 권세(權勢 : authority)와 능력(能力 : power)과 주관하는 자(dominion)와 모든 이름들 위에 ④ 아주 뛰어나게 하시되(not simply above but all above), ⑤ 이 세상 뿐 아니라, 오는 세상에서도 "그리하게 하신 그 능력과 말이다(1 : 19 ~ 21).**[5] 즉, 그리스도인들을 구원하신 것과 동일한 능력을 말하는 것이다. 죄인을 구원하는데 어떻게 이런 능력(하나님의 능력)이 필요했던가?[6] 이에 대해

선 다음과 같은 대답이 주어져 있다 : "너희의 허물과 죄로 죽었던 너희를 살리셨도다. 그때에 너희가 그 가운데서 행하여 이 세상풍속을 좇고, 공중의 권세잡은 자를 따랐으니, 곧 지금 불순종의 아들들 가운데서 역사하는 영이라. 전에는 우리도 다 그 가운데서 우리 육체의 욕심을 따라 지내며 육체와 마음의 원하는 것을 하여 다른 이들과 같이 본질상 진노의 자녀이었더니"(2 : 1 ~ 3). 그런데 이런 것에 대해서 하나님은 다음과 같이 하셨다고 바울은 선언한다 : "긍휼에 풍성하신 하나님께서 우리를 사랑하신 그 크신 사랑을 인하여, 허물로 죽은 우리를 ① 그리스도와 함께 살리셨고 … ② 또 함께 일으키사 ③ 그리스도 예수 안에서 함께 하늘에 앉히시니"(2 : 4 ~ 6).

앞서 말했던 것 외에 우리는 여기서 사람은 본질상 죽었으며(물론, 물리적으로가 아니고, 하나님을 영광스럽게 하고 영적인 진리를 이해함에 있어서 그렇다는, 즉 영적으로 죽었다는 말이다), 사단과 세상 풍습의 노예가 되었고, 그 욕망과 의지에서 불순종으로 특징지워지며, 이런 본성을 가진 사람은 하나님께로부터 진노와 화를 자초할 수 밖에 없다는 것을 배운다. 그 어떤 그리스도인이 이런 바울의 말을, 배교상태에 있는 사람들이 그 자연적 능력으로 영적인 것들을 바로 판단할 수 있다고 가르친다고 볼 수 있겠는가? 바울의 말과 가르침은 구원하고, '생명과 경건에 속한 모든 것'을 주기 위해 필요한 능력에 관한 것이 아닌가? 그러므로, (인간의 자연적 능력을 인정하려는) 그런 가르침은 분명히 잘못된 것이다 ! (cf. J. I. packer, *"Fundamentalizm"and the Word of God*, pp. 38 ~ 49).

**) (구문을 어떻게 읽느냐에 따라서 해석이 좀 달라질 수 있는데, 여기서 저자인 R. L. Reymond 교수는 "이 세상 뿐 아니라, 오는 세상에서"를 따로 독립시켜, 우리말 개역에서와 같이 이것이 이름들을 수식하는 말로 보고 있지 않다. 원문의 구문을 어떻게 읽느냐에 따라서 이런 차이가 있을 수 있는 것이다.)

6) 우리로서는 사람 스스로가 자신을 구원해 낸다는 것이 도무지 불가능함을 이해하기 위해 "죽은 자로부터의 부활"과 같은 말을 써서 영적인 중생을 묘사해야 하지만, 하나님에게 있어서 죽은자에게 생명을 주신다는 것이 우리가 어린아이를 깨우는 것 정도의 일일 뿐임을 잊어서는 안된다(cf. 요 11 : 11 ~ 14). 그러므로, 영적인 중생이 그 동인(動因, efficient cause)으로 하나님의 전능을 필요로 한다기보다도, 그저 하나님의 능력(power of God)이 그 동인이라고 해야 하리라고 생각된다.

g. 누가복음 1：1～4.

우리가 '타락'과 관련하여 고찰해 볼 마지막 구절은 다음과 같은 누가복음서의 서언의 말이다 :

우리 중에 이루어진 사실에 대하여 처음부터 말씀의 목격자 되고 일군된 자들의, 전하여 준 그대로 내력을 저술하려고 붓을 든 사람이 많은지라. 그 모든 일을 근원부터 자세히 미루어 살핀 나도 데오빌로 각하에게 차례대로 써 보내는 것이 좋은 줄 알았노니, 이는 각하로 그 배운 바의 확실함을 알게 하려 함이로다.

이 구절에 대한 고찰이 필요한데, 이는 많은 변증가들에 의해서 사람들이 기독교 계시의 진리주장을 탐구할 권리와 신앙에 앞서서 그리스도 안에 있는 하나님의 계시의 진리를 검증할 독자적 검사를 할 권리를 합법적으로 가지고 있음을 분명히 증언하는 구절로 인용되고 있기 때문이다. 그러나 사실, 이 구절에는 이런 결론을 정당화해 줄만한 것이 아무 것도 없다. 누가는 자기에 앞서서 예수의 삶과 사역에 관한 전기적 자료를 편찬한 이들에 대해 말하는 것이 아니라, 그들이 누구든 간에(마가가 그들 중에 있었을까?) 그들은 단순히 "말씀에 대한 초기 목격자들과 사역자들이 그들에게 전해준" 것을 기록하고 있다는 것을 분명히 하고 있는 것이다. 분명히, 이는 영감받은 사도들인 예수의 제자들에 대한 언급이다. 더구나, 누가는 그가 복음서를 썼을 때에 영감받은 저자였고(딤전 5：18), "성령의 감동하심을 받은 사람이었던 것이다(벧후 1：21). 그리스도께 헌신된 신자로 그가 어떤 연구를 하였든지 간에(물론 그것이 아주 포괄적인 것이었음에는 의심의 여지가 없다) 그것을 다 모아서 문서화 함에 있어서는 최종적으로 하나님의 신의 영감의 영향력에 종속되었던 것이다. 그러므로, 누가의 서언에 있는 그 어떤 것도 누가의 이 서언의 말이 비그리스도인들에게 그가 믿어야 하기 전에 하나님의 계시의 모든 주장을 탐구할 수 있는 권리와 능력을 가졌다는 것을 정당화 해준다고 할 수 있게끔 하지 않는다. 그의 서언은 단지 영감받은 이들은 우리를 위한 그리스도의 구속행위의 역사적 정확성을 검증하여 확인하였고(have verified), 따라서 우리는 우리가 듣고 믿은 바를 '충분히'(with full certainty) 믿을 수 있다는 것을 보여준다.

이런 주해가 일반은총(the doctrine of common grace)을 부인하는 것은 아니다. 하나님께서는 여러가지 방식으로 타락한 사람들에게도 당신님의 선하심을 계속해서 보여 주신다. "하나님이 그 해를(His sun) 악인과 선인에게 비춰게 하시며, 비를 의로운 자와 불의한 자에게 내리우심이라"(마 5 : 45). "너희에게 하늘로서 비를 내리시며, 결실기를 주시는 선한 일을 하사 음식과 기쁨으로 너희 마음에 만족케 하셨느니라"(행 14 : 17). 더 나아가 ① "그 양심이 증거가 되어, 그 생각들이 서로 혹은 송사하며, 혹은 변명하여 그 마음에 새긴 율법의 행위를 나타냄"을 통하여, 그리고 ② 사람들에게 정부(human government)라는 선물을 주셔서 인간사회의 악한 요소를 억제케 하심으로(롬 13 : 1~7), 사람들이 극악한 부도덕과 잘못 행함으로 달려가려는 욕망을 억제하시는 것이다. 물론, 그는 당신님의 은혜로운 섭리 안에서 또 그 섭리를 통해서 사람들과 대면하시기를 계속하신다 : "인류의 모든 족속을 한 혈통으로 만드사 온 땅에 거하게 하시고, 저희의 연대를 정하시며, 거주의 경계를 한하셨으니, 이는 사람으로 하나님을 혹, 더듬어 찾아 발견케 하려 하심이로되, 그는 우리 각 사람에게서 멀리 떠나 계시지 아니하도다. 우리가 그를 힘입어 살며, 기동하며, 있느니라"(행 17 : 26~28). 사람의 부패에 관한 위의 결론은 중생하지 못한 사람들은 하나님께서 당신님에 관해 말씀하실 수 있는 것과 없는 것, 또 그의 구원하시는 사역과 진노 발하심에 관하여 하실 수 있는 것과 없는 것을 판단할 위치에 있지 않다고 하는 것을 명백히 해 줄 뿐이다. 그들은 각 개인들에게 당신님을 구원적으로 계시하실지, 아닐지를 결정하시는 주권적 하나님의 자비 앞에 있을 뿐이다(마 11 : 27). 하나님께서 이렇게 계시하시기 전에는 중생치 못한 이들은 계시에 직면해도 계시의 참된 진리성을 바로 분별할 수 없는 영적인 소경들일 뿐이다. 기독교 변증가가 기독교의 진리 주장을 잃어진 사람들에게 제시할 때 끊임없이 의식해야만 하는 것이 타락한 사람들의 이러한 전적 부패와 전적 무능력이다. 그는 성경이 본성상 할 수 없다고, 그리고 반역 중에서만 시도할 수 있는 것이라고, 즉 하나님 말씀 위에 선 판단자로서만 할 수 있는 것이라고 선언하는 것을 그들이 정당히 할 수 있다고 그들의 믿을 수 있는 권위를 부여해서는 안된다. 그는 자신의 증언이 유효하게 되기 위해서는 성령을 필요로 하며, 성령에 의존해야 함을 항상 의식하면서 사람들에게 직접적으로(forthrightly) 증언해야만 한다.

이 부분에 대한 주해와 관련하여 아주 유용한 논문으로 『예루살렘과 아덴』 (Jerusalem and Athens)에 실린 "기독교 변증학을 위한 중요한 성구들"(Crucial Biblical Passages for Christian Apologetics)이라는 휴즈(Hughes)의 논문이 있다(Jerusalem and Athens, pp. 131 ~ 140). 또 죄가 지성에 미치는 영향에(the noetic effects of sin)에 대한 깊이 있는 논의로 아브라함 카이퍼(Abraham Kuyper)의 『신학의 원리들』 (Principles of Sacred Theology), 104페이지부터 114페이지까지의 글을 들 수 있다. 카이퍼의 말을 간단히 요약해 보자면, 사람들이 학문을 세울 때 그 죄의 영향력 때문에 다음과 같은 것들과 가까운 것에 직면하게 된다는 것이다 : ① 거짓(falsehood), ② 의도하지 않은 실수(unintentional mistakes), ③ 자기미혹과 자기기만(self-delusion and self-deception), ④ 상상력에 환상이 들어오는 일(the intrusion of phantasy into the imagination), ⑤ (교육에서와 같은) 학자들의 정신에 미치는 다른 정신의 고의적 부정적 영향(intentional negative influence of other minds upon the mind of the scientist), ⑥ 인간의 전 심리에 미치는 신체적 연약함(physical weaknesses influencing the total human psychology), ⑦ 삶의 비조직적 관계들(the disorganized relationships of life), ⑧ 개념에 대한 삶의 다른 영역에서 얻는 잘못된 정보와 부정확함의 효과(the effect of misinformation and inaccuracies learned from one realm of life upon ideas from another domain), ⑨ 자기이해 (self-interest), ⑩ 정신적 능력의 약화와 의식의 어두워짐(the weakening of mental energies and the darkening of consciousness), ⑪ 삶의 조화의 내적인 파괴(internal disorganization of life-harmonies), ⑫ 계시된 신지식에서만 찾을 수 있고, 그로써 전체를 볼 수 있는 입각점(pou sto)[7]의 상실, 이 모든 것들이 사람의 지식의 추구를

---

7) 문자적으로, 이는 "내가 설 수 있는 〈점〉"(〈 a place 〉 where I may stand)을 뜻한다. 희랍의 수학자요 발명가 이었던 아르키메데스(287? ~ 212 B. C.)는 그의 지렛대 실험과 관련하여 "내가 설 수 있는 점만 다오, 그러면 나는 지구를 움직일 수 있다"고 공언한 바 있다. 물론, 그는 이런 요청으로써 우주 공간의 어느 한 점을 요구한 것이다. 그러나 이 책이 밝혀주는 바와 같이, 사람들은 그들이 사는 우주와 자신들을 이해하기 위해서 인식론적 '아르키메데스적 준거점'을 필요로 한다. 그러나 오직 우주 밖의 초월적으로 존재하시는 이에게서 오는 계시만이 지식에 본질적인 '입각점'을 제공해 줄 수 있다. 사람은 그의 유한한 관점을 결코 벗어날 수 없기 때문이다.

무지에로 이끌 수 있고, 실제로 그러함을 인식해야 한다고 카이퍼는 말한다. 그는 사람이 논리적으로 생각할 수 있는 능력을 잃었다고는 주장하지 않는다. 오히려 바른 추론으로써 사람들은 수 많은 오류를 고칠 수 있었다고 한다. 그러나, 사람의 주된 난점은 지식을 정당화 할 수 있고, 그로부터만 참된 예언이 가능한 초월적 입각점(pou sto), 또는 준거점으로 사용될 수 있는 참된 신지식(神知識)의 상실에 있다고 그는 주장한다.

기독론 (The Doctrine of Christ)

위에 열거한 중요한 성구들을 조심스러이 연구해 보면 사람이 큰 어려움 가운데 빠져 있다는 것이 분명히 드러날 것이다. 사람들은 '죄와 비참'(sin and misery)의 상태 가운데 있다("웨스트민스터 소요리 문답", 제 17문답). 그러므로 도움이 필요한데 — 그것도 아주 강력한 도움이 필요하다 — 이는 그들이 자신들을 돌아보시는 이를 미워하고, 그에 대해 투쟁하기 때문이다. 심지어 그들은 자신들이 도움을 필요로 한다는 것마저도 부인하려 한다. 따라서 사람은 그 스스로를 구원할 수 없으므로, 사람이 구원을 얻도록 되기 위해서는 하나님께서 주도권을 잡으셔야만 함이 분명하다. 사람이 타락에 대한 하나님의 반응은 **성령의 능력으로 이루시는 예수 그리스도를 통한 구속**(redemption through Jesus Christ by the power of the Holy spirit)이다. 이런 방식에서는 하나님께서만이 주권적일 수 있으시다(그 누구도 그 일을 할 수 없는 것이다 — 補譯). 그러면 이제 그리스도의 인격과 그의 객관적 구속 사역을 생각해 보기로 하자.

주 예수 그리스도는 하나님의 택자들의 유일한 구속자(the only Redeemer of God's elect)이시다. 그는 "하나님의 영원한 아들이시나 사람이 되셨고, 사람과 하나님의 두 성품(two distincit natures)을 영원히 가지고 그의 한 인격 안에서 영원히 그리하시는 것이다"(being the eternal Son of God, became man, and so was, and continueth to be, God and man in two distinct natures, and one person, forever)("소요리문답", 제 22문답).

본체론적(존재론적) 삼위일체의 제 2위로서, 그는 참 하나님이요, 주님이시다. 동정녀 탄생으로 성육신하심으로써 영원하신 로고스는 하나님이시기를 그만두지 아니하시고 참 사람이 되시었다. 그의 낮아진 지위와 높여지신 지위 모두에서 그리스도는 선택된 사람의 선지자요, 제사장이요, 왕이시다.

선지자로서 그리스도는 우리에게 "그의 말씀과 성신으로써 우리의 구원을 위한 하나님의 뜻을" 계시하신다("웨스트민스터 소요리문답", 제24문답). 지혜와 지식의 모든 보화가 그 안에 감추어져 있는 한 그는 이 선지자직을 위해 독특한 준비를 갖추고 계신 것이 된다(골 2 : 2 ~ 3). 그의 인식론적 주되심을 거부하는 것은 계속해서 인식론적 헛됨에 머무르려는 것이다. 여기서 '그의 말씀'이라함은 그의 지상사역을 통하여 전달된 그의 가르침의 말씀만이 아니라(요 7 : 16, 12 : 40이하, 막 13 : 31, 마 7 : 24이하), 신구약의 모든 성경 전체의 가르침을 뜻한다(벧전 1 : 10 ~ 11, 요 14 : 26, 15 : 26, 16 : 13, 갈 1 : 12, 골 3 : 16). 그는 여러번 구약의 자기 말씀의 권위를 인정하셨으며(마 5 : 17 ~ 18, 요 10 : 35), 사도들에게 성령께서 그들을 모든 진리에로 인도하실 것이라고 확신시키심으로써 신약의 그의 말씀을 미리 권위롭게 하셨다(요 16 : 13, 갈 1 : 1, 11 ~ 13). 성육신하신 하나님의 아들이 성경을 권위롭게 하셨을 때, 그가 그 자신의 말을 권위화했다는 것만이 아니라 그가 요한복음 8 : 14에서 확신하고 원칙과 일치하게 그 자신의 선언적 권위에 따라서 그리하신다는 것을 조심스럽게 생각해야만 한다. "내가 나를 위하여 증거하여도 내 증거가 참되니, 나는 내가 어디서 오며, 어디로 가는 것을 앎이니라." 여기서 관찰해야할 점은 예수께서 자신의 증언의 타당성을 자신에 대한 자신의 지식에 근거하여 주장하고 있다는 점이다. 그의 이런 호소는 히브리서 6 : 13에 나타난 말씀과 일치한다 : "하나님이 … 약속하실 때에 가리켜 맹세할 자가 자기보다 더 큰 이가 없으므로, 자기를 가리켜 맹세하여 가라사대."[8] 그러므로, 우리는 성경론(doctrine of Scripture)에서 성경 자체를 성경의 그리스도와 분리시켜서는 안된다. 말씀과 그리스도 안에서 또 이 둘을 통하여 스스로를 계시하시고 말씀하시는 이는 자기를 증언하시는 영원한 말씀(the same self-attest-

---

8) 우리 주님께서 자신의 신적인 주장을 지지하기 위해서 당신님의 사역에 호소하셨다는 것도 참되다. 그러나 그가 그의 말을 듣는 이들에게 그의 사역으로부터 그 바른 의미를 찾을 수 있는 권리를 주시지 않으셨다는 것을 주목해야만 할 것이다. 오히려, 그는 그의 말을 듣는 이들에게 그의 사역의 의미를 해석해 주셨던 것이다.

ing eternal Word)이시기 때문이다. 우리의 선지자로서 성경 안에 있는 그리스도의 말씀은 참 지식에 본질적이고, 진리의 기준으로서(요 14 : 6) 성경의 그리스도의 말씀은 궁극적인 '진리의 시금석'(the test of truth)이다(눅 16 : 31). 따라서, 성경의 신뢰성(the trustfulness of Scripture)을 의심하는 것은 성경의 그리스도를 의심하는 것이며, 성경의 그리스도를 의심하는 것은 부도덕하고, 자신의 거짓된 이상과 지식의 시금석을 계속 유지하려는 것이다. 그리스도와 그의 말씀인 성경을 믿지 못하는 것은 결국 심판의 날에 불신자로 여김을 받도록 하는 것이 된다(눅 9 : 26). 또한 그리스도의 말씀을 우리에게 권위있는 것으로 받아들이기를 거부하는 것은 결국 어느날 우리의 존재가 그 말씀으로 심판받도록 하는 결과를 내고 만다(요 12 : 48).

내가 성경을 하늘에서 뚝 떨어진 책으로, 이미·그 장, 절의 구분이 주어진 것으로 믿는 듯한 오해를 피하기 위해서, 주제를 좀 벗어나서 성경의 정경화에 대해서 좀 말하는 것이 필요하리라고 여겨진다. 분명히, 나는 오늘날 우리가 알고 있는 성경이 고대 사본들에 대한 오래고 조심스러운 편집과 보존의 산물이라는 것을 인정한다(그러나 이 말이 함의할 수 있듯이 아주 복잡한 것은 아닐 것이다).*) 그러나, 정경성(canonicity)의 전제는 ① 영감(inspiration , *"Westminster confession of faith"* Ⅰ／ⅲ), 과 ② 교회로 하여금 영감된 성경을 인정하도록 하는 섭리적 조명이라고 나는 주장한다. 초대교회는 '권위있는 구약정경'(an authenticated O.T.canon)을 물려받았고, 주어진 신약문서의 정경성을 결정하는 일에 있어서 영감이란 기준(criterion)에 의해 인도함 받았음에 틀림이 없다. 이 기준은 이미 사도성(apostolicity)(또는 마가복음서나 누가 — 사도행전, 유다서의 경우에는 사도와의 문자적인 인접성) 문제와 필수불가결하게 연관되었는데, 이는 다시 학문적 연구(scientific research), 즉 사도성의 검증에 의해서 규정되었다. 학문적 연구에 대한 이 언급은 **인간적 권위**(human authority)에로의 후퇴로 여겨져서는 안된다. 즉, 궁극적으로 말하자면, 오늘

---

*) (이런 문장은 정확한 의미전달이 특히 중요하리라고 여겨진다. 다음 원문대조를 참조하라 : "Certainly, I recognize that the Bible as we know it today is the product of a long and careful process of collecting and preserving ancient documents 〈 but perhaps not nearly as complex a process as those words might imply 〉.)

날 우리가 가진 성경이(비중생자를 포함하는)사람들의 과학적 의견의 최종 산물이라고 인식되게 해서는 안된다는 말이다. 그것은 단지 이 문제를 탐구하는 모든 이들이 인정하게 되는 것이 사실 교회의 첫 세기 동안에도 인정되었다는 것을 인정하는 것일 뿐이다.**⁾ 그런 인정이 우리를 개혁주의 사고의 최선의 것의 한계 밖에 세우는 것도 아니다. 칼빈 자신이 이 '연구'의 요소를 인정하였다. 워필드 (warfield)는 칼빈에 관해서 다음과 같이 말한다 :

그는(칼빈은) 그 마음 안에서 성령이 증언을 하는 이는 누구나 성경이 그의 생각에 제시하는 바가 언제나 신적인 것이라고 인정할 것이며, 신실하게 그것에 의존할 것이고, 성경이 말하는 모든 것을 참된 신앙으로 받아들이게 될 것이라고 말할 것이다 ― 아니, 그렇게 말한다. 의심할 바 없이 그는 이런 신앙의 행위가 논리적으로 "정경"의 결정을 함의하리라고 말할 것이다. 그러나, 그는 또한 말하기를 이런 정경의 결정은 분리가능한 행위(a separable act)이고, 학문적 증거의 타당한 근거에서 수행될 것이라고 한다.***⁾ 칼빈에게 성령의 증언이 곧 정경과 성경의 본문과 같은 학문적 문제를 규정한다고 보는 견해를 들리는 것은 칼빈의 전 태도에 대한 근본적 오해를 가져온다 (*Calvin and Augustine*, p. 102. 강조점은 필자의 부과임).

그러나, 학문적 연구에 대한 이런 인정이 우리로 정경성의 두 번째 전제 ― 즉, 교회로 하여금 어떤 문서가 영감되었는지를 그래서 정경적인 것인지를 인정하도록 하는 하나님의 섭리적 조명(God's providential illumination)이란 전제에 대해 맹목적이게끔 해서는 안된다. 의심할 바 없이, 하나님께서는 섭리적으로 교회의 노력을 감찰하셨고, 이를 인도하셔서 어떤 문서들이 사도적인 것으로, 그래서 정경적인 것으로 수납되

**⁾ (원문대조 : " It is simply to acknowledge what all who have made the effort to investigate the question recognize was in fact the case during the early centuroies of the Church ".)

***⁾ (원문대조 : " He would doubtless have said that this act of faith logically implicates the determination of the 'canon' But he would also have said · he does in effect say · that this determination of the canon is a separable act and is to be prosecuted on its own appkopriate grounds of scientific evidence ".)

도록 하셨는지에 대한 보편적인 의식에 이르도록 하셨다. 이런 말은 모두 합리적이고, 고백적이며, 성경적이다. 합리적이라 함은 하나님께서 어떤 이들을 영감하셔서 성서를 쓰도록 하신 뒤에, 어떤 문서가 영감되었는지를 결정하는 것을 단순히 유오한 사람들에게 맡기셨다고 시사하는 것이 하나님의 지혜였다는 점에서 하는 말이고, 고백적이라함에 대해서는 웨스트민스터 신앙고백, 1장 5항을 참조하라. 그리고 성경적이라함은 하나님께서 모든 피조물과 그 행위를 섭리적으로 인도하시어 당신님의 거룩하신 목적을 이루게 하신다는 사실에 비추어 하는 말이다 (시 135 : 6, 행 17 : 25~28, 롬 11 : 36). 하나님께서는 다른 모든 일에서와도 같이 이 일에도 감찰하신 것이다(Cf. Packer, *'Fundamentalism' and the Word of God*, pp. 90~91).

섭리적 조명을 정경화 과정의 한 요소로 인정하는 것이 성경의 자증적 성격과 맞지 않는다고 말하는 이가 있을까봐, 결코 그렇지 않다는 것을 말하고자 한다. 그것은 단지 이전에 내가 힘들여 말한 진리, 즉 죄인된 사람은 능력있는 (신적) 능력을 떠나서는 '그의 주님의 목소리'를 인식할 능력이 없다는 것을 확증하는 것일 뿐이다. 사람은 어디서나 그의 하나님에 대한 증거를 볼 수 있어야만 한다. 성경에 있는 하나님의 자기 계시에 못지않게 말이다. 사람이 계시를 인식할 수 없다는 사실은 계시가 없다든지, 그 계시가 자기증언적으로 불명료하다든지 하는 것을 의미하지는 않는다. 그것은 단순히 사람들이 그들의 불의로 그들에게 오는 계시적 자료를 억누르며, 하나님의 성령의 도움을 떠나서는 영적인 것들을 파악할 수 없다는 바울의 주장을 확증할 뿐이다.

나는 이점에서 영감과 섭리적 조명에 호소하는 것이 일관성 있고, 최선의 개혁주의 사상과 잘 조화된다고 믿는다. 패커(J. I. Packer)는 이렇게 말하고 있다 :

…정경성의 원리는 객관적으로는 사실이며, 주관적으로는 영감에 대한 인정이다… 여기서 말하는 것은 모든 영감된 문서들이 정경적이라는 것이 아니고, **모든 정경적 문서들이 영감되었으며, 하나님께서 당신님의 백성들로 하여금 이를 사실대로 인정하도록 하셨다는 것이다.** 뉴톤(Newton)이 중력의 법칙을 인정하고 공식화 하였다고 해서 중력의 법칙을 만들어낸 것이 아니듯이, 교회가 신약정경을 인정하고 이를 구별했다고 해서 이를 만들어낸 것이 아니다… 교

회는 자신들의 행한 것을 유대인의 성서의 가르침에 의해서 교회의 신앙과 삶을 규제하는 그 영적인 의무를 보충하는 일을 하는 것이라고 이해하였다. 즉, 사도들을 중심으로 하는, 메시야적 사실의 한 부분인 1세기 영감권(the first - century circle of inspiration)으로부터 더 이상의 가르침을 찾아 그것으로 구약을 보충하고, 해석하는 것이라고 이해하였다는 말이다. (따라서)영감의 실재를 왜곡하고, 무시하며, 성경의 주장을 하나님께서 말씀하신 것에 근거시키지 않고 다른 것에 두는 정경성에 대한 설명은 참된 신학적 상황을 제대로 표현하는 것이 아니다"(" Biblical Authority, Hermeneutics and lnerrancy," *Jerusalem and Athens*, pp. 141 ~ 143. 강조점은 필자가 덧붙인 것임. 또한 '*Fundamentalism and the Word of God*', pp. 65 ~ 67를 참조하라).

이렇게 되면, 정경성은 궁극적으로 영감의 사실, 교회가(그것을) 받아들이도록 조명되는 이 영감의 사실에 근거하게 된다는 것을 주목하라. 학문적 연구는 정경화의 역사적 과정 안에서 하나님의 주권을 섬긴다. 그러나, 이 과정의 결과 궁극적으로 규정하는 것은 하나님의 주권적 의지였다. 우리가 성경이 궁극적으로 신적 영감과 섭리적 감찰의 산물이라는 것을 상기할 때, 아주 뛰어난 (par excellence) 선지자의 말씀이라는 성경의 자증적 성격(自證的 性格)은 "사람의 학문적 연구가 정경화의 역사 안에 있는 선지자에 의해서 선지자를 섬기도록 된다는 사실에 의해서" 파괴되지 않는다.

제사장으로서, 그리스도는 영단번(once for all times)에 당신님을 희생제물로 드리셔서 신적공의를 만족시키시고, 선택된 자들을 하나님과 화목케 하셨고, 계속해서 그들을 위해 기도하신다("웨스트민스터 소요리 문답" 제 25문답. 히 9 : 28, 2 : 17, 7 : 24 ~ 25). 여기서 우리는 대속 (atonement)의 핵심에 접하게 된다. 성경은 그리스도의 죽음이, 주로 하나님에 대한 대속적 희생(*a substitutionary* sacrifice : '우리를 위한 희생')이었음을 가르친다. 사람의 죄는 하나님께 대한 범과이다. 하나님께서는 죄가 죄인에 대한 정당한 형벌의 죽음을 가져 와야 함을 요구하면서, 죄인들에 대한 거룩한 적의를 나타내신다. 그러나 선택한 자들에 대한 그의 사랑과 은혜에서 성부께서는 당신님의 아들을 죄인들에 대한 형벌을 갚도록 하기 위해 십자가의 죽음에로 내어 주셨다. 그리스도께서는 그 아버지께서 선택한 자들을 위해 기꺼이 죽으셨고, 이로써 그들에 대한 "신적 공의를 만족시키시고"그들을 하나님과 화목케 하셨다. 그 죽은지 사흘째 되던 날에 하나님께서는 그를 죽음에서 일으키셨고, 그는 얼마간 지상에 계시다가 아버지의 오른편에로 올리우셨다. 여기서 그는 성도들을 위해 기도하시며, 주권자로서 세상을 통치하시는 것이다(시 2 : 6 ~ 9, 110 : 1, 행 2 : 32 ~ 36, 고전 15 : 24 ~ 28, 빌 2 : 9 ~ 11, 히 1 : 3, 13, 10 : 12 ~ 13). 이것은 우리로 다음 요점을 생각하도록 한다.

왕으로서 그리스도는 선택된 자들을 당신님께 복종시키시고, 그들을 통치하고, 옹호하시며, 당신님이 그 백성들의 원수들을 억제하시고 정복하신다("웨스트민스터 소요리문답"제 26문답, 고전 15 : 25, 사 32 : 1). 그러므로, 왕으로서 그리스도는 그의 전능한 대권을 나타내신다. 그의 주권적 왕직의 사랑을 알지 못하는 것은 아직도 죄에 매여있고, 그래서 그 자신이 거짓되고, 비본질적 자율에 묶여 있기 때문이다.

기독교 신앙의 그리스도에 대한 이 확언들은 권위(authority), 지식(knowledge), 그리고 진리의 기준(the standard of truth)이라는 변증학적 문제와 직접적으로 관련된다는 사실을 충분히 나타내 주었으리라고 생각된다. 만일에 그 방법론의 중심에 주권적이며 자증하시는 성경의 그리스도와 그의 말씀을 두지 않는다면, 기독교 변증가는 성경의 신앙을 변증하고 선포하는 데에서 실패할 것이다.

구원론

사람의 구원문제에서 보다도 더 하나님의 주권이 분명히 드러나는 곳은 없다. 여기선 선택의 진리가 전면에 나선다. 성경은 만일 하나님께서 그의 주권적 은혜 중에서 사람을 구원하시기로 결정하지 않으셨으면, 사람이 결코 구원얻지 못할 것이라고 가르친다. 바울은 이렇게 선포하고 있다 : "우리는 십자가에 못박힌 그리스도를 전하니, 유대인에게는 거리끼는 것이요, 이방인에게는 미련한 것이로되, 오직 부르심을 입은 자들에게는 유대인이나 헬라인이나 그리스도는 하나님의 능력이요, 하나님의 지혜니라"(고전 1 : 23 ~ 24). 아버지께서 부르신 자들, 그리스도께서 그들을 위해 죽어주신 자들, 삼위일체의 제 삼위이신 성령께서 그리스도 구속의 유익을 적용시키는 자들에 대해서만 그들 안에 있는 생동하는 신앙이 못박히신 그리스도의 선포와 함께 작용한다(고전 1 : 18～21). 이 그리스도와 성령의 사역으로 신자는 성경에서 자증하는 그리스도의 권위를 받아들인다. 그러므로 기독교 변증가는 사람이 "지혜의 권하는 말"로가 아니라, "성신의 나타남(증거)과 능력으로 하여 (너희)믿음이 사람의 지혜에 있지 아니하고, 다만 하나님의 능력에 있게되는" 멧시지를 통하여서만 사람이 어두움의 나라로부터 빛의 나라로 옮기워진다는 것을 잊어서는 안된다(고전 2 : 4～5).[9] 내 생각으로는 이점에 있어서 어떤 기독교 변증가들이 무비판적으로 기독교 복음의 참된 영광을 양보하고, 논리적 논의나 실증적 인도로 사람들을 기독교 신앙의 하나님과 대면케 하거나, 그 진리주장을 확신시킬 수 있다고 할 때 적어도 묵시적으로 그것은 인간 타락 교리를 부인하는 것이라고 여겨진다(눅 16 : 31을 참조하라). 그러나 이와같은 방식으로 복음을 제시하려는 시도에 있어서, 그들은 자연인에게 양보함으로써, 아무리 의도적이지는 않다고 해도 그들이 제시하고자 하는 복음 자체를 부인하는 것이 되는 것이다.

교회와 종말

이는 간단히 다룰 수 있겠다. "택자들 모두로 구성된 보이지 아니하는 보편의 공교회는 하나로 있어 왔고, 그러하며, 또 하나로 모이게 될 것이다. 이는 그리스도를 그 머리로 하는 그의 신부요, 몸이고, 만물 안에서 모든 것을 충만케 하는 그의 충만이다("웨스트민스터 신앙고백서" 25장 1항, 엡 1 : 10, 22, 5 : 23, 27, 32, 골 1 : 18). 여기서 그리스도의 주권과 교회의 은혜로운 성격에 대한 계속적인 강조를 주목하라.

종말론도 그 나름의 방식으로 삼위일체 하나님이 역사를 주관하시며, 그 세세한 부분에 이르기까지 그가 작정한 거룩한 목적에로 인도해 가

---

9) 이점에 관해서 많은 구절들을 언급할 수 있을 것이다. 그러나 그렇게 하는 것은 우리를 주제에서 많이 벗어나도록 할 것이다. 그러나 이 문제에 깊은 관심을 가지고 있는 이는 『웨스트민스터 신앙고백서』 제 3장 제 6절, 제 8장 제 8절, 제 10장에 붙은 성구들을 살펴보는 것으로 시작하는 것이 좋을 것이다. 그 외엔 Benjamin B. Warfield 의 *The Plan of Salvation* 과 John Murray 의 *Redemption Accomplished and Applied* 가 구원론에 관한 성경적 이해를 얻으려는 신실한 노력에 있어서 빼지 못할 독서물이다.

심을 강조한다. 하나님은 사람들의 불신자에 의해서 좌절되거나, 위협을 당하거나, 무엇을 고지받으시지 않으신다. 모든 것은 그의 세우신 스케줄에 의해 되어간다(합 2 : 3, 14, 20). 민족들이 여호와와 그의 메시야의 주권적 통제를 벗어 버리려고 하면, 하늘에 앉으신 이가 웃으신다. 그는 그 오른편에 있는 왕을 세우사 철창으로 열방을 질그릇같이 부수게 하심으로 그들을 비웃으신다(시 2 : 1 ~ 9). 이것은 재림 때에 완성될 것이다. 그리스도의 재림과 관련하여 모든 그리스도인들은, 그 자세한 내용에 있어서는 좀 차이가 있지만, 모두가 죽은 자가 일어날 것이고, 산 자들이 성경에서 자증하는 그리스도 앞에 심판정에 서기 위해 변화할 것이라고 고백한다(살전 4 : 13 ~ 17, 고전 15 : 51 ~ 52, 마 25 : 31 ~ 46). 그 누구도 그 날에 그가 그렇게 할 수 있는 자격증을 내보이라든지, 그가 무슨 권위로 그리하느냐고 말할 수 없다. 모두 무릎을 꿇고, 모든 혀가 예수 그리스도는 '주'(the Lord)이시라고 고백하여 아버지 하나님께 영광을 돌리게 될 것이다(빌 2 : 10 ~ 11). 사람들 사이에서도 구별이 있을 것이다 ; 성경은 살아있던 모든 이들이 궁극적으로 구원을 얻으리라는 의미의 보편적 구원론에 대해 아무 것도 말하는 일이 없다(마 25 : 31 ~ 46). 선택된 자들은 새하늘과 새땅에서 영원히 하나님을 충만히 즐기게 될 것이다(하나님의 은혜의 영광을 높이기 위해). 이에 반해서 선택되지 못한 이들은 지옥에서 영원한 저주의 고통을 받게 될 것인데, 이것 역시도 하나님의 영광스로운 공의를 높이기 위한 것이다. 그 때에 구속된 자들은 함께 놀라운 구속의 절정을 합창하여 '오직 하나님께 영광'(Soli Deo Gloria)을 부르게 될 것이다.

사도행전에 나타난 변증적 활동

여기서 우리 앞에 다음과 같은 문제가 놓여있다 : 주해와 신학으로부터 변증 방법에 대한 몇가지 결론들을 이끌어 내었는 바, 이들 결론들은 초대 교회의 실제 변증활동과 들어 맞는가? 특히 처음 쓰여진 '교회사'라고 할 수 있는 누가의 사도행전에 나타나 있는 것과 말이다 : 사도행전을 훑어보기만 해도, 베드로, 스테반, 빌립, 그리고 바울은 족속들에 대한 그들의 선교설교에서 잃어진 사람들에게 죄를 회개하고서 사람의 구원을 위해 예수 그리스도 안에서 당신님을 계시하신 하나님 앞에 신앙으로 부복하라는 것 외에는 그 어떤 권고도 하지 않는다. 그들은 그 논의에 있어서 그 논의를 듣는 이들이 기독교적 하나님, 성경의 진리, 또는 그리스도의 죽음과 부활의 역사성을 인격적으로 받아들이기 전에 그것들에 대해 정당한 질문을 할 수 있다고 결코 인정하지 않는다. 또한 그들은 자신들의 '증거'제시 — 예를 들자면, 앉은뱅이를 고침(4 : 9～10), 비와 결실기(14 : 17), 알지 못하는 신에게 드려진 제단과 이교 시인들(17 : 23, 28) — 로 그 증거가 아마도 그들의 멧시지를 확증할 수 있다고 생각하지 않는다. 이에 대한 철저한 연구는 불가능하나, 훑어보는 식의 읽기를 통해서도 이들 선포자들은 그들의 멧시지를 논쟁의 여지가 없는 증언으로, 사람들이 믿기를 거부할 때 그 불신자와 회의주의자는 '하나님을 거짓말장이'로 만드는 내적 권위를 지닌 증언으로 여기고 있음을 확증하기에 충분하다(요일 5 : 10). 이 선포자들은 하나님께의 돌이킴과 예수 그리스도께 대한 신앙만이 사도적 증언 전체에 대한 죄인의 바른 반응이라고 주장한다.

    때때로, 우리는 어떤 기독교 변증가들이, 우리처럼 하나님의 구속 사역의 역사적 중심으로부터 시, 공간적으로 멀리 떨어져 있는 이 시대의 사람들로 하여금 그들의 주장을 보충하는 모든 증거를 생각하기 전에 성경적 권위에 근거해서만 그리스도를 믿으라고 요구하는 것은 적절치 않다고 말하는 말을 듣는다. 그러나 이것은 그릇된 말이다. 현대의 불신자는 신앙에 앞서서 하나님의 계시의 진리를 규정할 수 있는 어떤 독자적 확증의 원리를 가지고 있다는 말인가? 또한, 20세기 현대는 AD 50년경 아덴의 디오니시우스(Dionysius the Areopagite)와는 다른 상황 중에 있다는 말인가? 디오니시우스도 오늘의 우리만큼이나 바울의 선포의 진리성에 대해 검증할만한 합당한 위치에 있지 않았다. 오히려, 오늘 우리가 더 유리하고 쉽다고 할 수도 있으니, 우리는 성경 가운데서 사도적 증언의 복합된 증언을 가지고 있기 때문이다. 그러나 결국은 과거나 현재나 모든 이들이 사도적 증언의 권위에 근거해서 믿으라는 명령을 받고 있다. 유일한 차이는 디오니시우스는 바울을 대변하여 그의 말을 들었고, 우리는 바울이 쓴 서신을 읽는다는 것 뿐이다. 우리 모두는 단지 사도가 자기를 증언하시는 그리스도에 의해 그 사명을 받았다는 사실 때문에 사도에게서 나오는 멧시지를 믿어야할 의무를 가지고 있는 것이다. 만일 이것이 주장되지 않는다면, AD 50년 마르스 언덕에서 가장 어리석은 이는 그 어떤 탐구를 해 보지도 않고 그리스도를 믿었던 디오니시우스였을 것이며, 가장 현명한 이는 바울을 비웃거나, 다음 기회에 바울의 말을 다시 듣겠다고 결정한 이들이었을 것이다!

그러나 이런 말은 그 어느 것도 사도들이 그 듣는자 들을 복음의 근본적 사실을 파악할 수 있는 합리적 정신을 가진 하나님의 형상으로 된 사람 이하의 어떤 낮은 것으로 여겼다는 의미를 전달하는 것이 아니다. 바울 자신은, 비록 그가 복음을 사람에게서 받은 것도 사람에 의해 가르침을 받은 것도 아니라, 예수 그리스도 자신으로부터의 제시를 통해 받았다고 주장했음에도 불구하고, 다메섹 도상에서 비로소 처음 그리스도에 대해 들은 것은 아니었다. 그는 그 이전에 이미 기독교의 근본적 내용을 모두 다 잘 알고 있었으나, '배교적 실재관'(an apostate phoilosophy of fact)에 의해 지배받아서, 기독교의 자료도 그의 배교적 해석을 받게끔 되었던 것이다. 그가 다메섹 도상에서 그리스도로부터 받은 것은 그의 이전 배교 상태를 교정하는 자료에 대한 성령의 해석이었던 것이다. 결과적으로 그리스도인들이 그리스도의 진리 주장에 대해 증언할 때, 그는 그 진리를 사랑 안에서, 큰 동정과 인내를 가지고서 말해야만 한다. 이방인에 대해서 로마서 1장이나 고린도전서 1장에서와 같이 가혹한 정죄를 했던 바로 그 사도가 사도행전 17장에서 아레오파구스에서 연설할 때는 정중하고, 진심에서 우러나서 강한 말을 피하여 그 자신이 청중에게 걸림돌이 되지 않게끔 하고 있다(십자가가 걸림돌이 되도록 하기 위해서 말이다)는 것은 아주 의미심장하다고 생각된다. 다른 말로 하자면, 기독교 증인들이 주해적, 신학적, 역사적 고려에 근거해서 사람의 부패성과 무능력을 인정하고 또한 자신이 권위있게 말해야만 함을 알지만, 자신의 말을 듣는 이를 낮추어 보거나 존중하지 않는 잘못을 범해서는 안된다. 자신의 증언이, 그 결과와는 상관없이, 그리스도께 대한 손상이 되지 않도록 하기 위해서, 자신의 증언을 할 수 있는 한 분명하고, 따뜻하고 친절하게 하려고 해야만 하는 것이다.

이로써 우리는 기독교 신앙에 대해 개요를 끝마쳤다. 처음부터 끝까지 그것은 초자연적 신앙으로서 그 전체가 잘 통합되어 있는 것이다. 이제는 기독교 변증가가 다른 것들에서 분리된 몇 가지 사실들에 대해서가 아니다(왜냐하면, 그렇게 하는 것은 전체적 체계로서의 기독교 유신론에 대한 왜곡을 초래하고 말 것이기 때문이다). 세계관과 인생관으로서의 기독교 유신론(christian theism as a world‐and life‐view)을 변증하는 데 관심해야만 한다는 것이 분명해 졌을 것이다. 주 그리스도의 사신으로서 그는 그 왕의 말씀을 한 점이라도 축소해서는 안된다. 그는 전체를 아무 양보없이 (uncompromisingly)알고, 사랑하며 변증할 책임이 있는 것이다. 그 왕에 대한 그의 모든 변증적 노력은 그에 대한 그 왕의 전체 사신(史信 : message)과 일관성이 있어야만 하는 것이다.

*　　*　　*

이 장에서 나는 개혁파 그리스도인으로서, 그리고 내가 믿기로는 성경적 그리스도인으로서 이 모든 것을 진술하였다. 만일 내가 성경을 바르게 해석했다면, 나는 기독교 신앙이 몇 가지 '근본들'(a few fudamentals)에 집착하는 것 이상의 것임을 충분히 말했을 것이다. 참으로 기독교 신앙이란 주일(the Lordis day)에 반복하여 암송되는 신조이상외 것이다. 또한 그것은 일련의 도덕성 규칙(a cade of marality) 이상의 것이다. 그것은 실제로 세계관이요 인생관이다(world‐and‐life‐vien,a Weltanschauurg). 비록 자신을 그것을 의식하지 못한다 해도, 그리스도인들은 그 신앙과 함께 일정한 존재론(a theory of being or reality)과 인식론(a theory of knowing)을 부여받는 것이다. 이제 이것들이 기독교 변증학적 함의를 충분히 이끌어 내기 위해서 이를 좀더 구체화 시켜 보도록 하자.

기독교 존재론(A chnistian Theory of Being)

형이상학, 또는 존재론은 존재나 실재의 본성에 관련하는 학문이다. '존재'(存在, Being)란 철학상 흔히 물질적으로나 관념적으로 현실성(actuality)을 가진 것이라고 정의된다. 그러므로, 물질론자(유물론자)들은 물질(또는 운동)이 (정신 현상을 포함하는)우주와 그 안의 모든 현상의 구성적 요소라고 여기며, 이 모든 것이 물질적 동인들에 기인하는 것이라고 여기는 이들이다. 루크레티우스(Lueretius, 96 ~ 55 B. C.)와 토마스 홉스(Thomas Hobbes, 1588 ~ 1679)가 그 대표자라 하겠다. 형이상학적인 관념론자란 모든 실재가 관념 또는 정신의 본질을 가졌다고 보는 이들이다. "사유와 존재가 하나이다"라고 주장하는 헤겔(Hegel, 1770 ~ 1831)이 순수 관념론의 고전적인 예가 될 수 있다. 그래서 처음 보기에는 유물론자와 관념론자가 형이상학적으로 그 어떤 공통성도 갖고있지 않은 듯이 보인다. 그러나 조금 생각해보면, 그 모두가 다 단일론자들(monisits) 임이 드러난다. 즉, 환원주의적 과정을 통해 한 종류의 궁극적 실재(one ultimate kind of reality)가 있다고 결론짓는다는 말이다.

비록 희랍 철학자들이 물질적으로 구체화된 실체(ccorporecl reality)와 주체화되지 않은 실체(non corporeal) 모두에 대해 말하였지만, 어떤 의미에서는 모든 희랍 철학적 사유가 모두 환원론적(reductionistic)이며, 단일론적(monistic)이다. 왜냐하면, 희람 철학적 사유 그 어디서도 성서가 알고 있는 바와 같은 초월적 창조개념은 없기 때문이다. 고오든 클락(Gordon clarik)은 다음과 같이 말한다 :

아이오아 철학자들이 우주를 물질적 용어로(in tehms of bodies) 설명해 보려고 하였다는 것은 철학이 시작되는 자연스러운 방식인 듯이 보인다. 첫 철학자들이 그 어떤다른 가능성을 생각할 수 없었다는 것은 상식과 잘 조화된다. 그러나 이 개인적 심리학에 덧붙여 근본적으로 다른 형태의 견해(a radically different type of view)를 가질 수 없게 하는 문화적 고립이 있었다. 이 문화적 고립은 수 세기 동안 계속되었고, 초기 아이오니아 시대에만 제한되어 있던 것이 아니었다. 급기야 비물질적 실재라는 견해에 이른 그들의 후계자들조차도 우주의 다양성을 전능하신 인격적 하나님의 창조적 행위 때문에 생성된 것이라고는 결코 생각할 수 없었다. 이 히브리적 개념은 기독교의 전파를 통해서 그리이스 • 로마 문명사회에 처음으로 도입되었다. 물론, 희랍인들도 신들을 생각하였다. 사실, 탈레스(Thales)는 모든 것들이 신들로 가득차 있다고 말했다고 한다. 그러나 이 신들은 때때로 자연력의 인격화(의인화)라고 과학적으로, 비역사적으로 해석되는 것으로서, 다른 물환론적 인격들처럼 자연적 과정을 통해서 존재하기 된 물질적 존재를(corporeal beings)이다. 그들은 영원하지 않고, 태어난 존재들이며, 패할 수 있고, 파괴될 수 있다 전능한 하나님 개념은 영원히 희랍인들에게 낯선 것이다. 창조개념 역시 그러하다. 전능한 하나님께서 무(無)로부터 세상을 창조하셨다는 것은 그들이 거부한 테제(these)는 아니다. 이는 단지 그들이 생각지도 못한 것일 뿐이다. 창조란 오직 히브리적 사상에서만 발견할 수 있는 개념이다. 루크레티우스(Lucretius) 때에 그가 그 어떤 것도 신적 능력에서 일어날 수 없다고 했을 때, 이교 세계에 있는 그 어떤 이가 창조에 대해 들어보았다는 시사가 없다. 루크레티우스는 단지 희랍과 로마의 신들이 이 세상에서 아무런 영향력도 행사하지 못한다는 것을 뜻할 뿐이었다. 물론, 루크레티우스는 히브리적 창조개념도 반박했을 것이다. 여기서 말하는 요점은 단지 **이교인들은 결코 그런 개념을 생각치 못했다는 것이다.**
(*Thales to Dlwey*, pp. 14 ~ 15. 강조점은 필자가 부가한 것임. 또한 Van Tnl, *Commo Grace*, p 6도 참조하라). [10]

    결국, 희랍 철학자들이 영원한 이데아(exevnal ideas)를 질료(matler)에 의미를 부여하는 것으로 상정하거나(Plato), 희랍 사유를 규제하는 형상·질료의 구조를 유지하면서 순수 존재나 현실성(Pure Being or Actuality)을 그것을 향해 모든 생성(生成 : becoming)이 진행하는 것으로 상정했을 때(Aristoteles)에도, '형상'(form)과 '질료'(matter)는 모두가 영원한 것으로서(질료가 존재하기 위해서는 형상에 의존해야 하는 것과 같이 형상도 존재하기 위해서는 질료에 의존해야 하는) 상호 규제적 요소라는 것이 명백하다. 형상과 질료 모두가 서로를 규제하는 것으로 로서 같은 존재의 '연속선'위에 있는 것이다. 여기서 희랍사유에서의 단일론적 실재관(the monistic view of reality)이 나타난다. 오늘날에도 희랍의 영향때문에 존재 자체 내의 그 어떤 구별에 앞서서 '존재 일반'(being in geneval)에 대해서 언급하는 것이 일반화 되었다.
    그러나, 그리스도인들은, 마치 모든 실재가 같은 존재의 범주 위에 있고, 그런 전제를 가진 후에야 하나님과 우주를 구별할 수 있는 것처럼 존재일반에 관해서 말하지는 않을 것이다. 그리스도인들은 창조주와 피조계의 존재론적 상호상대성(the ontological correlativity)을 부인한다. 왜냐

---

10) 희랍인들의 철학적 사유가 존재를 설명할 수 있는 하나의 대안으로서 창조개념을 생각할 수 없었다는 것이 로마서 1 : 19 ~ 20을 무효화하거나, 반박하는 것은 아닙니다. 오히려 그것은 로마서 1 : 18("진리를 막는 자들")과 1 : 21 ~ 23("하나님을 알되, 하나님으로 영화롭게도 아니하며, 감사치도 아니하고, 오히려 그 생각이 허망하여지며, 미련한 마음이 어두워졌나니, 스스로 지혜있다 하나 우매하게 되어, 썩어지지 아니하는 하나님의 영광을 썩어질 사람과 금수와 버러지 형상의 우상으로 바꾸었느니라")을 확증하는 것이다.

하면, 창조주와 피조계의 구별은·기독교 실재관에서 근본적인 것이기 때문이다. 하나님은 무한하고, 영원하며, 불변하는 영이시다. 그의 이름은 "나는 나이다"(I am that I am)이다. 그는 그 어떤 의미에서도 피조된 우주에 의존하는 일이 없으시다(시 50 : 10 ~ 12, 행 17 : 25). 그러나 우주와 사람은 유한하고, 계속적으로 하나님의 유지하시는 능력에 의존해야 하는 피조물이다(히 1 : 3). 따라서, 실재를 바로 파악하는 그리스도인들은 하나님의 피조되지 않은 존재(Gods uncreated being)를 생각한 후에 모든 다른 것들의 피조성을 생각한다. 반틸(Van Til)은 이를 다음과 같이 지적하고 있다 :

> 기독교적 존재개념은 다음과 같다. 우리는 이를 실재에 대한 두 계층이론(a two layer theory of reality)이라고 말할 수 있다. 사람들이, "당신의 개념에 의하면, 무엇이 실재 혹은 존재의 본성이냐?"고 물을 때, 우리는 이 질문을 나누지 않고서는 대답할 수 없다고 말해야만 할 것이다. 즉, 우리에게 있어서는 하나님의 존재가 궁극적이다. 이에 반해서, 피조된 존재는 그것의 본성상 파생적인 것이다(*The Defevse of the Faith*, p. 46).

기독교 인식론

궁극적이고 절대적인 하나님과 파생적이고 의존적인 피조물이라는 존재의 두 수준(two levels of being)이 있는 것과 같이, 인식의 주체로 둘이 있다 ; 그 지식이 궁극적이고 절대적인 하나님과 그 지식이 파생적이고 의존적인 사람이 있는 것이다.

1. 하나님의 지식

당신 자신과 다른 모든 것들에 대한 하나님의 지식은 절대적으로 포괄적이며, 자충족적이고, 영원히 직관적(혹, 통찰적, intuited)이라고 말할 수 있다. 이것은 하나님은(항상 언제나) 모든 것을 아시므로, 아무 것도 배우시지 아니하신다는 것을 의미한다. 하나님에게서 독립한 사실은 없으므로, 하나님이 어떤 사실에 대해 배우기 위해 그것을 탐구하는 일이 없는 것이다. 하나님께서는 탐구나 논의과정, 또는 연구의 결과로 무엇을 배우시는 일이 없다. 또한 그는 모든 것을 알고 계시며, 그 어떤 것도 결코 잊지 아니하시므로, 그 무엇도 상기하실 필요가 없으신 것이다.

하나님의 지식은 존재하는 모든 것과 같은 범위를 가지고(co‑extensive) 있다. 이 우주 안에 있는 그 어떤 것도 하나님의 계획이나 의지 밖에 있지 않으므로 모든 피조된 것은 하나님의 지식의 범위 내에 있는 것이다. 당신님의 계획을 수행하시고, 모든 것을 현존하는 대로 존재케 하는 것은 하나님의 계획과 그의 뜻이다. 이것은 하나님께서 창조 이전에 피조물들의 가능적, 실재적 관계들을 이미 아셨으며, 결국 당신님의 계획으로 인하여 모든 것들이 존재케 되었음을 의미한다(삼상 2 : 3, 16 : 7, 23 : 10 ~ 13, 대상 28 : 9, 시 139 : 1 ~ 4, 147 : 4, 사 19 : 15, 40 : 27 ~ 28, 42 : 9, 렘 17 : 10, 행 2 : 23, 4 : 24 ~ 28, 롬 9 : 16, 11 : 33, 엡 1 : 11, 빌 2 : 13을 참조하라).

어디엔가 모든 것에 대한 포괄적 지식이 없으면, 그 어디에도 지식이 있을 수 없다는 것이 인식론적 공리(an epistemological axiom)이다. 왜냐하면, 모든 지식자료(all knowledge data)가 복잡하게 서로 얽혀 있기 때문이다. 유한한 인식자는 그 어떤 자료를 가지고 자신에게서 시작하여 그것을 포괄적으로(철저히) 이해해보려고 할 때, 그는 유한하므로 우주 안에 있는 다른 모든 자료는 제쳐놓고라도 그 어떤 자료의 그 자료의 모든 가능한 관계를 포괄적으로 검토할 수가 없다. 또한, 그가 자신의 유한성을 뛰어 넘어서 검토할 수있는 자료가 그가 이제까지 결론지어온 모든 것과 일치하는지, 아니면 그로 하여금 그의 전 기획을 재평가하도록 요구하는지를 확신할 길이 없다.*) 그러므로, 자신에게서 시작해서는 유한한 존재가 그 어떤 확실한 것도 알 수가 없다. 이 사실을 피할 수 있는 유일한 방법은 인식론의 전 질문을 회피하는 것 뿐이다. 그러나, 그리스도인들은 하나님에게는 포괄적이고 철저한 지식이 있으므로, 그 모든 무한한 관계를 포함한 모든 자료를 알며, 따라서 참된 지식을 가지고 계신

---

*) (원문대조 : "Furthermore, there is no way that he can be assured that the next datum he might have examined at the point at which he left off in his finiteness would have accorded with all that he had concluded to that point or would not have required him to reevaluate his entire enterprise to that point".)

하나님께서 그 참된 지식의 일부를 사람들에게 부여하실 수 있는 위치에서 그렇게 하시기를 원하셨고, 또한 실제로 성경 안에서 그런 지식을 부여하셨으므로, 사람에게 실재적이고 참된 지식이 있을 수 있음을 이해한다(물론, 이 지식이 하나님의 지식처럼 철저한〈exhaustive〉것은 아니다). 물론, 사람들은 그들의 피조물됨과 유한성을 기꺼이 받아들이도록 하며, 죄된 사람들로 새로운 목표를 향해 나아가도록 하는 그런 도움을 하나님으로부터 받도록 겸손해야만 한다. 물론, 앞에 있는 우리의 주해(exegesis)는 죄된 사람이 그 마음에 하나님의 성령의 은혜의 역사하심을 떠나서는 이런 일을 원할 수도 없으며, 할 수도 없다는 것을 분명히 밝혀 주었을 것이다. 사람들은 참되지만 피조물적인 지식에 관한 그 어떤 지식 자료를 정당화 하기 보다는 무지나 그들의 무능력을 받아들임을 더 좋아하는 것이다.

2. 사람의 지식

우리가 살펴본 바와 같이, 하나님께서는 우주를 창조하셨고, 당신님의 계획에 따라서 세상을 계속적으로 통치하신다. 따라서, 우주 안에 있는 모든 사실은 하나님의 선험적 지식(Gods prior knowledge) 덕에 있는 것이다. 그리고(이를 좀 해석한다면) 우주 안에 모든 사실은 하나님의 통일적 계획 안에 있음으로해서 의미를 가지는 것이다. 그러므로, 우주 안의 그 어떤 사실도 하나님에게서 독립하여 존재하지 않는다. **우주에는 그 어떤 비유신론적**(悲有神論的, non‐theistic) [11] 사실도 없는 것이다. 만일 우리가 성경의 기독교 유신론을 신중하게 받아들인다면, 우리게 있어서는 이 우주 안에 그 어디서도 해석되지 않은 '순수 사실'(brute fact)과 같은 것은 없을 것이다. 아주 하찮은 것 같은 사실조차도 아주 분명한 것과 마찬가지로 하나님을 그 창조자로 계시한다. 사람 자신도 신체적으로,

---

11) 내가 '반기독교적 사실'(anti‐Christian fact)이라고 하지 않았음에 주의하라. 분명히 이 세상에는 그리스도에게 반하여 서는 사실들이 있는 것이다. 그러나 그것들의 '반'(反, anti)도 그리스도와의 관련 가운데에서만 의미를 지니는 것이다. 『죄론』가운데서 이와 비슷한 연관성을 가지고서 논의하는 적그리스도에 관한 벌카우어(Berkouwer)의 논의를 참조하라, Sin, pp. 72~74.

합리적으로 하나님을 드러낸다. 만일 어떤 이가 기독교 유신론의 하나님이 어떻게 우주 안에 모든 사실을 해석하시는지, 즉 하나님께서 어떻게 그 모든 것에 의미를 두시는지에 대해서 의문스러워한다면, 나는 무엇보다 창조행위 자체를 상기시켜 이에 답하고자 할 것이다. 즉, 하나님께서는 창조적 행위로서(만일, 별의 경우라면) 이 사실을 '별'이라고 해석하신 것이고, (새의 경우에는)그것을 '새'라고 해석하신 것이다. 둘째로는, **후속하는 특별계시**(subsequent special revelation)에 근거하여 이를 답하고자 한다. 즉, 하나님께서는 빛을 창조하시고, 이를 '낮'(day)이라 부르셨으며(창 1 : 5), 궁창을 창조하시고서는 이를 '하늘'이라고 하셨고(창 1 : 8), 어떤 나무를 지으시고서는 그것을 '선과 악을 알게하는 나무'라고 하셨다(창 2 : 9, 17). 그렇다면 다음과 같이 말할 수 있게 된다 : 만일 어떤 사람이 어떤 사실을 어느정도 배운다면, 그 사실에 대한 그의 지식은, 그가 아는 한(限)에 있어서는, 그 사실에 대한 하나님의 해석과 일치하는 것이다. 만일 그 사실에 대한 그의 해석이 하나님의 해석과 전혀 일치하지 않는다면, 그의 '지식'은 거짓된 것이 되고만다. 다른말로 하자면, 성경의 하나님의 말씀이 인간 실존의 모든 영역 — 그것이 인식론적인 것이든, 형이상학적인 것이든, 가치론적인 것이든지를 막론하고 말이다 — 에서의 최종적, 궁극적 '근거'(the final and altimate court of appeal)라는 말이다.[12]

그렇다면, 하나님의 지식은 사람의 지식에 선행하며, 사람의 지식이 있기 위해서는 필연적으로 있어야만 하는 것이다. 이때 사람의 지식은 종합적 지식(synthehic knowlecdge)으로서 이차적이고, 파생적이며, 하나님의 지식은 분석적 지식(analytical lsnowledge)으로서 선행하는 필연적인 지식이 된다. 이는, 반틸이 말하고자 하는 바와 같이, '참된 인간지식은 결코 창조적으로 구성되어있지 않다. 즉 사람은 결코 하나님의 우주의 그 어떤 작은 부분도 처음으로 발견하거나, 그것을 합리화할 수 있는 것이 아니라는 뜻이다. 오히려, 하나님의 가능케 하시는 은사(God's enabling gifts)에 의해서 사람이 (종종)피조된 우주에서 하나님의 선행적 지식의 일부분을 발견할 수 있도록 허용된다고 말할 수 있다. 사람의

---

[12] 오직 이런 근거 위에서만 기독교 변증가는 기독교 신앙만이 지식을 정당화할 수 있다고 논의할 수 있고, 또 논의해야만 한다.

지식은, 그것이 참된 지식이라면, 수용적으로 재구성적(receptively reconstructive)이다. 즉, 인식하는 피조물로서 인간은 참으로 "하나님의 생각을 좇아서 생각할 수 있도록" 배울 수 있는 것이다(as man as a knowing creature learns, he is, to the degree he truly learns, "thinking God's thoughts 〈univocally〉 after Him").

비록 여기서 나는 기독교 존재론과 인식론의 개요만을 제시하였지만, 그 함의는 모든 인간의 학문들에 대해 참으로 혁명적인 것이 아닐 수 없다. 하나님의 우주 안에서의 의미 추구에서 과학자들은, 어떤 사실들을 이전에 하나님께서 해석하신대로 알 경우에만 사실을 안다고 공언할 수 있는 것이다. 그리고 무엇보다도 하나님께서는 인간의 학문들이란 것이 그것을 가지고 씨름하는 사실들의 보다 큰 계획의 일부인 피조된 사실들임을 아신다. 그러므로, 그 어떤 사실도 (하나님의 계획의 일부로서의)그 피조성이 이해되지 않는 한, 참으로 13) 이해된 것이 아니다. 더 나아가, 참으로 과학적이려면(즉, 참으로 배우려 한다면), 과학자들은 과학철학 분야에서 어떤 최종적 선언을 하기에 앞서서 무엇이 가능성의 한계인가를 배우기 위해서는 신, 구약 성경에 있는 하나님의 말씀을 참조해야 할 것이다. 그러므로, 기적의 발생을 배제하는 입장을 취할 수 없는 것이다. 간단히 말하여, 참으로 과학자로서, 그는 그의 기술과 지식으로 피조물이 아닌 창조주를 경배하고, 섬겨야할 것이다.

성경의 유신론에서 그 함의를 이끌어 낸 여기 간단히 개요한 기독교 존재론과 인식론은 그 함의에 있어서 전통적 변증방법론(traditional apologetc methodology)에 대해 '코페르니쿠스적인 변혁'인 것이다. 이제 다음 두 장에서 그 함의를 제시하려고 한다. 제 3장에서는 실제 변증적 상황과의 상호관련 중에서 그 예를 제시할 것이고, 제 4장에서는 좀더 이론적으로 전제주의적 변증학(a presuppositional methodology)을 제시해 볼 것이다.

---

13) 그것은 마땅히 알려져야 하는 것처럼 철저하게 (exhaustively)가 아니라, 최소한 피조된 것으로서 참된 것을 뜻하는 것이다.

제 3 장

워필드 : 전통적 변증방법에 대한 사례연구

1893년에 프린스톤 신학교(Princeton Theological Seminary)의 이론 및 변증 신학 교수(professor of dialactic and polemic theology, 1887부터 1921년까지)였던 벤쟈민 워필드 박사(Dr. Benjamin B. Warfield)는 "장로교와 개혁파 리뷰"(The Presbyterian and Reformed Review)에 '영감의 참 문제'(The Real problem of Inspiration)라는 제목의 논문을 게재하였다.[1] 그 당시에는 많은 신학자들과 목회자들이 성경비평(biblical criticism)의 '분명한 결과들'(the assured results)에 깊은 영향을 받아서 교회의 영감관을 버리거나, 그와 같은 것으로서 이를 재해석 할 정도였다. 성경이 하나님의 영감을 받았다고 확신하고 있던 워필드는 교회 내에서 교회가 가졌던 이전의 영감관에서 이탈해 나가는 운동에 대해 반박하는 글을 쓸 필요성을 강하게 느꼈었다. 그는 그런 태도로 관련된 모든 것을 지적하는 것이 필요하다고 느꼈던 것이다. 즉, '영감의 참된 문제'(the real problem of inspiration)가 무엇인지를 강조하는 것이 당시에 꼭 필요한 일이라고 생각한 것이다.

그가 보기에 (이 문제에 관한) 당시의 상황은 다음과 같은 것이었다 : "몇 년 동안 그 결과가 널리 퍼지고 있는 구약 비평의 한 학파가 그 결과가 받아들여졌음을 선포하기 시작했는데, 그것은 변화된 성경관이 영감관과 전체 신학의 변화를 가져오게 한 것이다"(p. 170). 교회의 영감론에 대한 '모든 적당한 비판'(all legitimate criticism)에 대해서 전혀 반대하는 것은 아니면서도 워필드는 교회의 교리가 아예 폐기되어져야 한다는 것에 대한 증거가 점증한다는 것을 못미더워 한다. 그는 교회의 영감론에 대한 그와같은 거부가 지닌 함의가 아주 의미심장하며 위험스러움을 보는 것이다. 그래서 그의 논문에서 워필드는 교회가 역사적으로 견지해 온 영감을 폐기하는 것의 함의를 하나하나 구체화 해 보려고 한다. 그 논문은 워필드의 변증학 방법에 대한 하나의 실례만을 제시해 줄 뿐만 아니라, 내가 믿기에 좀 더 성경적인 방법이라고 여겨지는 것으로 나아갈 길을 열어 준다고 생각된다.

---

1) 이 논문은, 기독교 신학에서의 성경의 특별한 위치와 신학에 대한 성경의 가치에 관한 워필드의 8편의 논문을 모아 편집한 *The Inspiration and Authority of the Bible (the presbyterian and Reformed publishing company*, 1948)에 재수록 되어 있다. 모든 인용은 이 책의 면수에 근거하여 하기로 한다.

영감에 대한 워필드의 논증

워필드는 교회의 영감론을 정확하게 기술함으로써 그의 논의를 시작하고 있다 : "교회는 처음부터 … 성경이 비록 사람들에 의해서 쓰여졌고, 따라서 인간적 기원의 흔적을 분명히 가지고 있음에도 불구하고, 성령의 영향력 아래서 하나님의 말씀으로서 하나님의 정신과 의지의 적절한 표현이라는 의미에서 하나님의 말씀이라고 주장해 왔다. 성령의 감독은 인간 저자들에 의한 단어의 선택까지에 미쳤으며(축자 영감), 그리하여 그 산물이 신적인 저작권과 조금도 모순되지 않도록 해서, 성경 저자들이 어디서나 성경에 대해 전제하고 있는 전적인 신뢰성이 있게끔 하였다(무오성)"(p. 173). [2]

이런 입장을 여러 모로 권고하면서, 워필드는 그런 것의 하나로 다음과 같은 말을 하고 있다 : "이것이 교회에 의해서 참된 교리로 주장되는 근원적 근거(the primary ground)는 그것이 성경 저자들 자신들의 교리라는 것이다. 그리고, 성경저자들이 교리적 안내자들로서 신뢰할만함을 보여주는 증거가 많이 있다는 것이다"(p. 173)(이 인용문 중에서 '근원적'〈primary〉이란 말을 주목하라). 워필드는 교회의 영감론이 그에 근거한 증거를 다음 두 가지라고 보고 있다 : "첫째는, 교회에 의해서 주장되고 가르쳐지는 영감론이 성경 저자들 자신들에 의해서 주장되고 가르쳐지는 교리라는 주해적 증거가 있다. 그리고 둘째로, 성경 저자들이 신임할만한 교리적 안내자들임을 보여 주는 여러가지 증거들이 ― 내증과 외증, 객관적 증거와 주관적 증거, 역사적 증거와 철학적 증거, 인간적 증거와 신적인 증거들이 ― 많이 있다. 만일 그들이 신뢰할만한 교리적

---

2) 여기서 다음 같은 사실이 분명히 주목되어져야만 한다. 즉, 워필드가 영감(inspiration)을 정의할때, 성경을 계시체 (a body of revelation)로 보는 오늘날의 일상적인 의미에서가 아니라, 성경의 저자들이 성경을 쓸 때에 성령의 영향을 받아서 그 결과로 나온 문서가 하나님의 생각과 뜻을 표현함에 있어서 아무 오류 없이 보존될 수 있었다는 전문적인 의미에서 정의하고 있다는 사실이 말이다. 바로 이것이 그 당시의 성경비평이 공격해 대고 있던 그런 영감론이었다. 다른 말로 하자면, 성경 비평가들은, 최소한 그들 중의 많은 이들의 성경이 '신적인 계시' (divine revelation)임을 부인한 것이 아니라 단지, 성경이 그 자세한 부분에 이르기까지 과학적으로 정확하다―무오하다―는 것을 부인했다는 말이다.

선생님들이고, 그들이 이러한 영감론을 주장하고 가르쳤다면, 이 교리는 참되고, 따라서 우리 모두에 의해서 참된 것으로 받아들여지고, 그런 것으로 우리에게 작용해야만 할 것이다"(p. 174). 이와 관련해서 워필드는 이렇게도 말한다. 만일 비평주의(주의, criticism)가 교회의 이 교리를 파괴시키려면, "그것은 반드시 이 교리가 성경의 저자들의 견해가 아니거나 성경의 저자들이 믿을만한 교리적 안내자들이 아니라는 것을 보여 주어야만 할 것이다"(p. 174). 이 두 인용문에서 우리는 워필드가 여기서 연역법적으로 사유하고 있음이 분명함을 찾아볼 수 있다. 그의 논의의 논리는 다음과 같이 재구성 될 수 있을 것이다 :

대전제 : "성경 저자들의 교리적 가르침은 신임성이 있다."(이는 많은증거 위에 근거하고 있다).
소전제 : "교회의 영감론은 성경 저자들의 교리적 가르침이다"(주해적 증거에 근거하여 판단할 때)
결   론 : "교회의 영감론은 참되다."

만일 이 삼단논법이 워필드의 입장을 공정하고 정확하게 그려내고 있는 것이라면, 그의 논의는 주해적 증거와 다른 여러 증거들로부터 귀납적으로 '성경은 일련의 영감된 문서들이다'라는 교회의 교리가 참되다는 타당성 없는 연역(invalid deduction)을[3)]해 나간 데에 근거하는 것으로 보인다. 이것이 공정하고, 정확한 구성이라는 것은 워필드가 거듭거듭해서 위에서 인용한 말과 거의 동일한 말로 "교회 교리의 진리성은 성경 저자들의 교리 교사들로서의 신임성에 대한 증거에 근거한다"는 것을 확인하고 있다는 사실에 의해서 검증될 수 있다. 다음의 인용문들을 살

---

3) 워필드의 연역을 타당성이 없다고한 것은 그가 '신임성 있다(또는 신뢰할만 하다, trustworthy)'는 말을 사용할 때, "애매성의 오류"(the fallacy of equivocation)를 범하고 있기 때문이다. 그는 '신임할만 하다'는 말이 '참되다'는 뜻이라고 가정한다. 만일 그가 '신임성 있다'는 말로써 '참되다'는 것을 뜻한 것이라면, 그는 위에 언급된 대전제에서 더나아가, 수많은 증거에 근거해서 단순히 기독교 전체의 신뢰성을 논의했어야만 했다. 그는 그것을 의미했던 것으로 보인다. 그래서 그의 논의가, 우리가 아래서 밝혀 보려고 하는 것 처럼, 자연 신학의 형태를 가진 것으로 여겨질 수 있는 것이다.

펴보라 :

축자영감 혹은 조심스럽게 확언된 '이 주제에 대한 성경 저자들의 교리'라는 넓은 근거에 근거한다(p. 179 ; 워필드가 순환논법을 사용하고 있다고 비난하기 전에, 여기서 '조심스럽게 확언된'이란 두 마디 말을 주목하면서, 그의 말을 인내를 가지고 끝까지 들어 보아야 할 것이다).

만일 비평이 만전영감 교리를 버려야만 하는 것이 불가피하게 되는 그런 발견을 하였다면, '특정한 영감론'만을 버리도록 강요받는다고 말하는 것으로는 충분치 않을 것이다. 오히려 우리는 그 '특정한 영감론'이 사도들과 주님의 영감론이며, 따라서 그것을 버리는 것은 사도들과 주님을 우리의 교리적 교사와 인도자됨에서 배제하는 것이라고 말하는 데까지 나아가야만 한다. … 참된 문제는 이렇게 분명하게 제시되므로, 그것을 용감히 직면해야 할 것이다. 우리가 직면하는 문제의 심각성을 무시하는 것으로는 아무 것도 얻어지는 것이 없다. 아주 단순하게 진술한다면 문제는 다음과 같다 : 신약의 저자들은 교리 문제에 있어서 신임할만한 인도자들인가? 아니면, 우리는 그들의 권위를 거부하고서 우리나름의 반대되는 교리를 만들 자유를 가졌는가? (p. 180; 이 인용문에서 워필드는 '신약의 저자들' 뒤에 '그리고 주님은'이란 말을 덧붙이고 있다. 물론, 우리가 예수께서 성경에 관하여 무엇을 가르치셨는지를 알 수 있는 유일한 근거는 성경 저자들의 진술이다. 그러므로 워필드가 성경저자들의 교리에 대한 안내자로서의 신실성을 핵심적 문제로 본 것은 일관성 있는 것이다).

… 성경의 만전 영감 교리의 진실성에 대한 증거는 사도들이 신실한 교리 교사들이라는 것을 보여주는 증거 뿐이다(p. 208).

성경의 말들이 아무런 오류 없이 하나님의 진리를 전달한다는 의미에서 성경이 하나님의 말씀이라는 교리의 진리성을 드러내기 위해 제시되는 증거의 양과 비중이 적다는 것을 함의하는 말이 간혹 들려오곤 한다. 그러나 사실은 그 역으로 신약 저자들이 교리의 전달자로서 신임성이 있음을 증명하는 증거들이 수 없이 많은 것이다. 그 양과 비중에 있어서 성경의 그 어떤 다른 교리를 옹호하기 위해 제기되는 그만큼의 증거들이 있는 것이다. (예를 들자면) 성육신 교리, 삼위일체 교리, 그리스도의 신성 교리, 믿음으로 말미암는 칭의 교리, 성령에 의한 중생의 교리, 몸의 부활 교리, 영원한 생명에 관한 교리 등의 진리성을 드러내기 위해 제시되는 그 만큼의 양과 비중을 지닌 증거들이 있는 것이다. … 명백히, 또는 암암리에, 자주 또는 드물게, 강조적으로 또는 암시적으로 이런 저런 방식으로 가르쳐졌으므로, 한번 성경의 뜻을 밝혀서 그것들이 성경의 저자들이 가르친 것임이 드러나기만 하면, 이 교리들은 같은 양과 비중을 지닌 증거 ― 즉, 성경 저자들의 교리 교사들로서의 신임성에 대한 증거 ― 에 의해 뒷받침 받은 것으로 서는 것이다(pp. 208~209, 강조점은 필자가 덧붙인 것임).

문제는 그들이 어떻게 교리를 가르치느냐 하는 것이 아니라, 그들이 **참으로** 그것을 가르치느냐 하는 것이다. 그리고, 그것이 한번 확인되면, 이 교리가 참이라고 말하는 증거의 비중은 어느 경우에나 같은 것이다. 그리고 그것은 성경 저자들이 교리 교사들로서 신실함을 보여주는 증거인 것이다(p. 209, 강조점은 필자가 덧붙인 것임).

성경적 영감관은 … 바로 이와 같은 양과 비중의 증거를 가지고 있다. (그러므로) 그것은 **성경의 저자들이 이 영감관에 대한 신실한 증언자들이고 교사라는 것을** 확언하는 전체 증거들을 이겨낼 수 있는 증거에 근거하지 않고서는 합리적으로 거부될 수 없는 것이다(pp. 209~210, 강조점은 덧붙여진 것임).

우리가 기독교의 전 체계(the whole christian system)를 만전영감론 위에 세웠다고 말하지 말자. 우리가 기독교의 전 체계를 천사들의 존재 교리 위에 건립할 수 없는 것처럼, 이를 만전영감론 위에 세울 수도 없다. 영감(inspiration)이 없었더라도, 기독교는 참된 것이었을 것이고, 그 모든 본질적 교리들은 교회를 세움에서 우리 주님과 그의 권위있는 대행자들의 가르침에 대한 일반적으로 신실한 보고 속에서 믿을만하게 우리에게 증언되어졌을 것이고, 그것을 사도들과 그 첫 수행자들의 글 가운데에서와 산 교회의 역사적 증언 가운데서 잘 보존되었을 것이다. (이처럼)영감은 교회가 가진 교리들 중에서 가장 근본적인 것도 아니고, 심지어 우리가 성경에 관해서 증명해야할 가장 첫째되는 것도 아닐 것이다.

그것은 성경에 관한 가장 마지막, 면류관과도 같은 사실이다. 즉, 우리가 성경이 영감되었다는 것을 증명하기 전에 먼저 그것이 참되며, 역사적으로 신빙성이 있고, 일반적으로 신임성이 있는 것임을 증명해야 하는 것이다.(p. 210, 강조점은 역시 덧붙여진 것임).*¹

우리는 이 문제에 있어서 … 마르쿠스 도즈 박사(Dr. Marcus Dods)가 영국 런던에서 있었던 개혁교회 연합회(the meeting of the Alliance of the Reformed Churches)에서 행한 그의 유명한 강연에서 제기한, "성경의 무오성이 전체 기독교 신앙의 근거"임에 대한 반론에 전적으로 동의하지는 않는다. 우리는 그와 함께 그런 오해가 어디서 나타나고 있다면 그것이 마땅히 수정되어야 하는 것이 아주 중요하다고 판단한다 … 그러나 우리는 만전 영감론이 기독교 신앙의 근거라고는 생각지 않지만, 그것이 신약 저자들에 의해서 주장되고 가르쳐졌다면, 그것은 기독교 신앙의 한 요소라고 생각한다 … 그리고 그것은 우리로 하여금 신앙의 다른 요소들을 받아들이는 것과 정확히 동일한 근거에서, 즉 **신약의 저자들을 교리에 대한 신실한 증언자들로 인정하는 근거에서 이것도 받아들이기를** 호소하는 것이다(pp. 211 ~ 212).

… 신약성경이 영감론을 가르친다는 주해적 사실에 대해서, 이 진리에 대한 증거의 양과 비중이 바로 신약의 저자들이 신임할만한 교리 교사들이라는 것에 대한 증거의 양과 비중이라는 것이 인정되어야만 한다.

---

*¹ (원문대조 : Let it not be said … we found the whole Christian system upon the doctrine of plenary inspiration. We found the whole Christian system on the doctrine of plenary inspiration as little as we found it upon the doctrine of angelic existences. Were there no such thing as inspiration, Christianity would be true, and all its essential doctrines would be credibly witnessed to us in the generally trustworthy reports of the teaching of our Lord and of His authoritative agents in founding the church, preserved in the writings of the apostles and their first followers, and in the historical witness of the living Church. Inspiration is not the most fundamental of the Church doctrines, nor even the first thing we prove about the Scriptures. It is the last and crowning fact as to the Scriptures. These we first prove authentic, historically credible, generally trustworthy, before we prove them inspired (p. 210).)

이 교리는 어떤 불명료하고 의심스러운 증거에 근거하고 있는 것이 아니다 … 오히려 신약의 저자들은 교리적 안내자로 믿는 우리의 확신에 근거한 것이고, 궁극적으로는 그 확신을 정당화하는 온갖 종류와 세력의 증거에 근거한 것이다(p . 214. 강조점은 덧붙여진 것임).

이 인용문들로 부터 우리는 워필드가 영감론의 논점을 교묘히 피하는 논리적오류(the logical fallacy of begging the question)를 범하고 있다는 비난을 피하기 위해 열심이라는 것을 분명히 알 수 있다. 또한 워필드가 영감론에 대한 그의 지지를 귀납적으로 세워보려고 한다는 것은 더 분명하다. 앞에서 시사한 바와 같이, 영감만이 아니라 그가 우리로 믿게끔 하는 기독교의 모든 교리들의 참됨에 대한 그의 신앙이 성경 저자들의 신임성에 대한 증거에 근거하고 있다는 것이 분명하다. 그의 견해는 다음 면의 도표로 잘 정리될 수 있을 것이다.**)

워필드의 변증관(Warfields Larger View of Apologetics)

이 특정한 논문 그 어디서도 워필드는 성경저자들의 신임성에 대한 증거들이라는 구체적인 문제에로 들어가지 않는다. 사실 그는 다음과 같이 분명히 선언할 뿐이다 : " … 우리의 목적은 증언 모두(the full value of the testimony)를 이끌어 내려는 것이 아니다"(p. 214). 그러나, "성경의 저자들이 신임할만한 교리적 안내자들임을 보여주는 내증, 외증, 객관적 증거, 주관적 증거, 역사적 증거, 철학적 증거, 그리고 인간적 증거와 신적 증거 — 이 모든 증거들"에 대한 워필드의 언급에서 단서를 발견하여서 우리는 다음과 같이 결론지을 수 있을 것이다. 즉, 이는 *The New Schaff-Herzog Encyclopedia of Religious Knowledge* 에 실린 '변증학' (Apologetics)이란 논문에서 워필드 자신이 제시한 변증학의 5구분 내에 포함된 모든 분과의 결과들 모두를 포함한다고 말이다. 따라서 이 구분에 대한 워필드의 말을 다시 한번 들어보는 것이 유익할 것이다 :

변증학이 이 위대한 사실들 — 하나님, 종교, 계시, 기독교, 그리고 성경이라는 사실들 — 을 우리에게 부여해 주어야 (그래야만), 우리는 더 나아가 그런식으로 우리에게 주어진 신지식을 설명하고, 이 세상에서의 그 작용의 역사를 추적하고, 그것을 조직화하며, 그것을 세상에 전파할 수 있을 것이다.

워필드 : 사례 연구

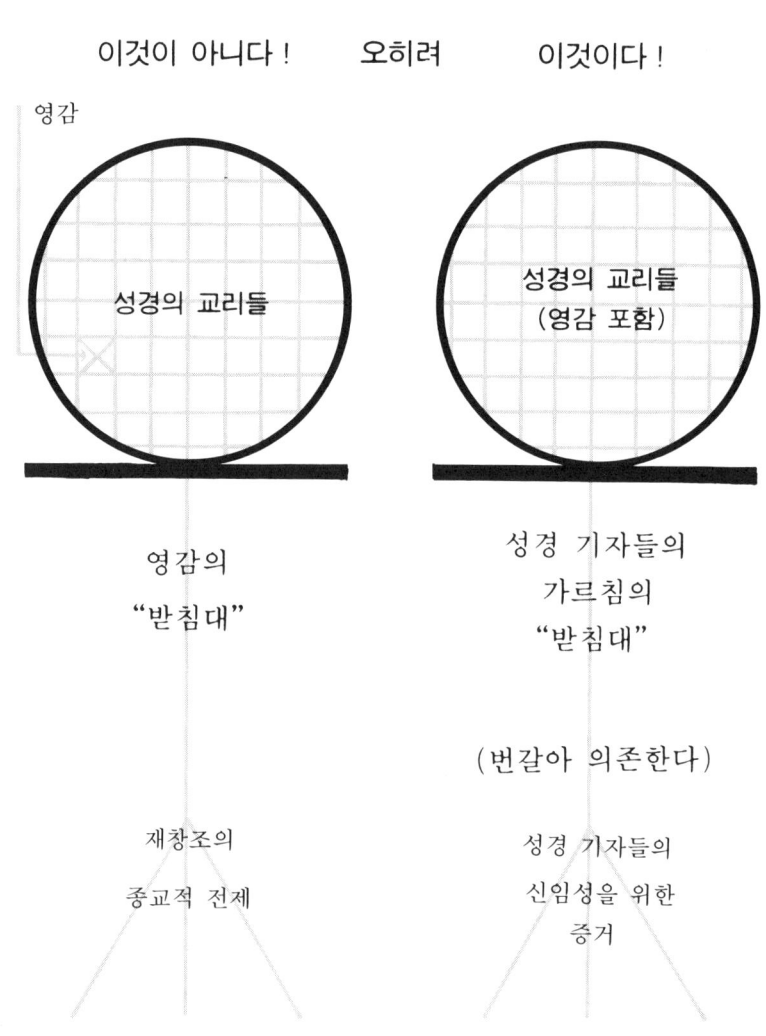

그러므로 변증학의 기본적 구분(the primary subdivisions of apologetics)은 다섯가지이다. 편의를 위해서 세번째 것을 그와 밀접히 관련된 것과 함께 취급하지 않는다면 말이다. ① 첫째는 철학적 변증학(philosophical apologetics)이라고 불리워질 수 있는 것으로서, 이는 하나님의 존재를 인격적 영이요, 창조주요, 보존자요, 만물의 통치자로 수립시키는 작업을 하는 것이다. 여기에는 반신론적 이론들(the antitheistic theories)에 대한 논의와 함께 유신론의 큰 문제에 속한다. ② 둘째로는, 심리학적 변증학(psychological apologetics)이라고 할 수 있는 것으로서, 사람의 종교적 본성과 그의 종교의식의 타당성을 수립하려고 하는 것이다. 그것은 심리학, 철학, 종교 현상학 등의 논의를 포함한다. 따라서 이는 소위 '비교 종교학' 또는 '종교사'라는 것도 포함할 수 있다. ③ 세번째 것에는 (이에 대해 워필드는 명명을 하지 않았는데, 나는 그의 묘사에 근거하여 '유신론적 변증학'〈theistical apologetics〉이라고 할 수 있다고 본다) 역사 내에서의 초자연적 요소라는 실재의 수립과 세상에 대한 하나님의 실제적 관계의 규정, 그리고 합리적 피조물들에 대한 하나님의 통치방법, 그리고 그들에게 당신님을 알리시는 방법에 대한 규정이 포함된다. 그것은 인격적인 영으로서 그가 당신님을 표현하시는 경우에만 알려질 수 있는 하나님에 대한 모든 지식의 조건으로서 **계시의 사실**을 수립하는 데서 시작된다. 그래서 신학은 그 대상이 주체의 마음대로 되는 것이 아니라, 그 역이라는 점에서 신학은 다른 학문들과 구별되는 것이다. ④ 네째로는, 역사적 변증학(historical apologetics)이라고 불리워질 수 있는 것으로, 특별한 의미에서의 계시의 종교인 기독교의 특별한 기원을 수립하려는 것이다. 그것은 흔히 '기독교의 증거들'이라고 하는 제하에 속하는 모든 것들을 포함한다. ⑤ 다섯번째로는, 성경적 변증학(bibliological apologetics)이라고 불리울 수 있는 것으로서, 죄인들의 구속을 위한 하나님의 계시의 문서로서 기독교 성경의 신뢰성을 수립하려는 것이다. 그것은 특히 성경의 신적인 기원, 그 형성에서의 신적 작용의 방법, 하나님의 구속행위에서와 계시과정에서의 성경의 위치, 영감의 본성, 방식, 그리고 그 효과와 같은 제목들과 관련된다(1, 236).

언뜻 보기에는 다섯번째 것(혹시, 네번째 것도 포함하여)만이 우리가 직면하고 있는 특정한 문제, 즉 신약성경 저자들의 교리 교사들로서의 신임성에 대한 증거라는 문제와 관련된듯이 보인다. 그러나, 성경 저자들은 이 다섯 가지 분야 모두에 대해 **적어도** 조금은 말하고 있고, 따라서 이 각 영역들로부터의 증거는 그들을 '참된 교리의 저자들'로서 제시하는 것이다. 결과적으로, 만일 우리가 논의하는 원논문에 나타난 워필드의 방법을 따르기로 한다면, 이 모든 영역의 증거가 신약 저자들의 교리 교사들로서의 신임성(trustworthiness)에 관한 것이어야만 한다고 말하는 것이다. 워필드가 비애티(Beattie)의 『변증학』 *(Apologetics)* 의 '서문' (Introductory Note)에서 카이퍼(kuyfer)의 변증방법에 대립하여 다음과 같이 말할 때, 워필드 자신도 이를 확언한 것으로 보인다(pp. 21 ~ 24).

그(카이퍼 박사)는 『거룩한 신학의 엔싸이클로페디아』 *(Encyclopedia of Sacred Theology)* 를 썼는 바, 이 책에서 그는 변증학의 위치를 다른 신학 분과와 나란히 하였다. 그러나 그가 얼마나 변증학의 위치를 종속시켰던가! 얼마나 삭감된 형태의 지위만을 인정한 것인가! (대개의 신학분류자⟨encyclopaedists⟩들이 '조직신학'⟨Systematic Theology⟩이라고 부르는 것과 거의 같은) 카이퍼의 이른 바 '교의적 그룹의 분과들'(the Dogmatological Group of disciplines)이라는 하위분과의 하위분과로 가리워져 있어서, 변증학을 찾아내려면 한참 찾아 헤매어야만 하고, 그것을 찾아내어도 그 기능이 철학에 대항하여 발전된 기독교를 변증하는 좁은 과제에로 아주 제한되어 있음을 발견하게 되는 것이다. (그러므로)기독교의 내용이 교의학(Dogmatics)과 윤리학(Ethics)에 의해서 정립적(定立的)으로 제시된 뒤에야, 변증학이 나타나게 되는 것이므로, 이는 삼중으로 복잡하게 되어 있다. 이것이 유사 — 기독교, 유사 — 종교, 그리고 유사 — 철학을 가지고 수행된다. 그래서 세 가지 반립적(反立的) 교의학 분과들이 필요하게 되는데, 그것은 각기 이단(heterodoxy), 이교(paganism) 그리고 철학(philosophy)에 대한 반박(polemics), 엘렝틱스(Elenchtics), 그리고 변증학(Apologetics)이다. 그 셋 중에 가장 보잘 것 없는 것이 기독교에 대한 철학적 모욕에 대해서만 관심하는 변증학이라는 것이다. 이제까지 기독교 자체에 대해서 이런 큰 가정에 머물러 왔음을 인정하도록 하자. 말하자면, 주석가, 역사가, 조직신학자의 사역이 모두 허공에 떠 있는 것이다. 그들의 노력이 다 끝나야만, 그들은 이마에 흐르는 땀을 닦고, 자신들이 실재를 다루었는가, 아니면 환상을 다루었는가를 묻기 위해 쉬는 것이다.

물론 카이퍼 자신이 이를 이렇게 말하고 있지는 않다. 그는 이 모든 학자들이 철저히(throughout) 신앙으로 그 작업을 수행하였다고 가정한다. 그러나 그 자신도 그들이 그 신앙을 정당화하지 않았다는 것, 그리고 어떤 이들은 그들의 과정 자체가 정당화될 수 없는 것이 아니라 해도, (아직)정당화되지는 않았다는 것을 완전히 숨길 수는 없었던 것으로 보인다. 그는 신학부(the department of theological science)를, 대부분의 신학분류가들이 그리하는 대로 주경신학과, 역사신학과, 조직신학과, 그리고 실천신학과로 나누었는데, 그는 그 나름의 아주 흥미있는 이유를 가지고서 이들을 각기 성경과 (Bibliological discipline), 교회과 (Ecclesiological discipline), 교의학과(Dogmatological discipliné), 그리고 봉사과(Diaconiological discipline)라고 불렀다. 그리고 이들 각 분과의 내용을 자세히 논의하기에 이르렀을 때, 무엇인가 처음의 것이 빠진 듯한 느낌을 나타내 보이고 있다. 그는 이렇게 말하는 것이다 : "신학의 이 네 분과를 각기 나누어 말하기 전에, 우리는 이 Encyclopedia 의 제 2부로부터 어떻게 첫 그룹의 분과에 이르게 되었는가를 간단히 개요해 보아야만 할 것이다. 논리적 순서는 첫 분과(즉, 성경과 : Bibliological discipline)가 우리는 둘째 그룹의 분과(즉 교회학 : Ecclesiology)가 시작하는 곳에 데려다 줄 것과 둘째 분과는 세째 분과의 길을 열어 주고, 세째 분과가 네째 분과를 도입시켜 주리라는 것을 요구한다. 첫 분과에 앞서는 것은 아무 것도 없다. 따라서 우리가 어떻게 이 첫 분과에 이르게 되었는가를 지시해야 할 곳은 바로 여기인 것이다. 바로 그렇다 !

카이퍼 박사로 신학의 주체(the subject of theology)가 인간의 의식(the human consciousness)이라는 것을 지적하는 데까지 나아간다. 그 의식에 그것으로 하여금 신지식(神知識, the knowledge of God)을 쫓아 추구하게끔 하는 '신의식'(神意識, *sensus divinitatis*), '종교의 씨앗' *(a semen religionis)* 이 심기워져 있다는 것이다. 그리고 죄인들에게서 중생 *(palingenesis)* 으로 말미암아 이 행동이 새롭게 되고 일깨워져서, 그 주체가 하나님의 특별계시를 받을 수 있도록 개방적이게 되는데, 이 하나님의 특별계시는 먼저 성육신에서 그 극(極)에 이르는 행위와 성경(the Scriptures)에 있는 말씀에 의해서 이루어진다는 것이다. 그리하여, 성령의 증언(the *testimonium Spiritus Sancti*)으로 그 주체가 성경에 있는 계시 (the revelation embodied in the Scriptures)를 받게 되며, 신학이 여러 학문분과를 통해서 그 내용을 풀어갈 수 있게 된다는 것이다. 그런데, 이렇게 말함으로써 카이퍼는 개요만을 제시할 뿐아니라, 실제로 — 온전한 것은 아닐찌라도 — 상당한 변증(a very considerable Apologetics)을 한 것이 아닌가 ! 즉, 신학부(theological departments)의 첫 분과(즉, 성rud과 : the Bibliological Group)에 앞서고, 그에로의 길을 준비해야 하는 변증학을 앞서 놓은 것이 아닌가 말이다. 이는 사람안에서 특별계시와는 상관없는 자연신학을 낼 수 있는 '신의 식'*(a sensus divinitatis)* 의 존재사실을 드러내야 하며, 행위와 말로 이루어진 특별계시의 실재와 그것을 받아들이도록 하는 사람들의 마음에 대한 초자연적 준비의 실재를 드러낼 수 있어야 비로소 카이퍼가 개요하는 그 신학연구에로 들어갈 수 있다고 하는 듯하다. 그러므로, 우리는 최소한 이런 것들을 처음부터 솔직히 인정해야만 한다. 그리고 이런 것들을 인정하는 것은 변증학에로 깊이 들어 가는 것이다.

사실이 그러하므로, 우리에게는 그 이상 말해야 할 것이 있다. 신학에 대한 카이퍼 박사의 분류가 매력적임에도 불구하고, 우리는 그것이 일반적 구조 *(schema)* 에 근거하여 나온 것이라고 생각 할 수 없다. 카이퍼가 하듯이 성경으로부터 분류의 원리 *(the principium divisionis)* 를 이끌어 내는 것은 잘못이라고 여겨진다. 결국, 성경이 신학의 대상(the object of theology)이 아니요, 그 원천(sources)일 뿐이므로, 신학의 분류 원리 *(the principium divisionis)* 는, 카이퍼 자신이 주장하듯이, 그 대상으로부터 도출되어야만 하는 것이다. 그런데 신학의 대상은, 카이퍼가 종종 옳게 지적한 바와 같이, 모형적 신지식 *(the ectypal knowledge of God)* 이다. 이 모형적 신지식은 우리를 위해 성경 가운데 담겨져 있고, 그로부터 이끌어져 나와야 하는 것이다 — 여기에 '주경신학'*(Exegetical Theology)* 의 자리가 있다. 그 신지식이 다양한 양과 방식으로 성경으로부터 도출되어 왔으니, 수 세기를 통한 교회의 삶과 그 점차적 접근은 기독교 세계의 삶에 미치는 효과들에서 추적되어져야만 한다 — 여기에 '역사 신학'*(Historical Theology)* 의 자리가 있다. 또 그 신지식은 조직화된 정립(定立)의 형태로 진술될 수 있다 — 그 작업이 '조직 신학'*(Systematic Theology)* 이다. 그렇게 성경에서 이끌어져 나와서, 교회의 성장 안에서 접근되고, 체계적으로 조직화된 신지식은 삶에 적용될 수 있다 — 여기에 '실천신학'*(practical Theology)* 이 있다. 그러나, 성경으로부터 그것을 도출해내기 전에 우리는 하나님이 계시다는 것을 확신 할 수 있어야 한다. 그래서 우리는 필연적으로 첫 원칙 배후에서 작업을 하는 것이다. 그리고, 그렇게 첫 원칙들 배후에서 작업할 때, 우리는 다섯 가지 본질적인 신학 분과들 가운데서 필연적으로 첫 자의를 차지하는 '변증신학'*(Apologetic Theololgy)* 의 불가결성 *(indispensability)* 을 나타내는 것이다.

워필드로부터의 이 길다란 인용은 흥미있는 논의의 주제를 불러일으킨다. 예를 들자면, 하나님과 사람의 본성에 대해서, 그리고 그들 사이의 관계에 대해서 성경이 말하는 바를 가정하지 않고서, 워필드는 어떻게 하나님의 존재사실, 사람이 하나님을 알 수 있다는 것, 자신을 세상 중에서 계시하신 하나님께서 히브리 — 기독교적 성경을 통해 그리하신다는 것을 증명하려는지, 그리고 이 모든 것을 "우리가 그에 관해 성경으로부터 가르침을 받기 전에" 증명하려는지를 묻는것은 아주 흥미로울 것이다. 만일 사람들이 이 사실들을 성경으로부터 이끌어 내기 전에 이모든 것을 할 수 있다면, 그들은 도대체 계시를 필요로 하느냐는 질문을 하는 것도 합당할 것이다. 논리적 일관성은 워필드로 하여금 이에 대해 부정적으로 답해야 하게끔 만드나, 그런 답변은 진정 기독교적인 것인가? 그리고 여기서 논리적으로 필연적인 그의 부정적 반응이 앞서 말한 그의 견해, 즉 계시가 "그가 당신님을 드러내시는 한 (限)에 있어서만 알려질 수 있는 인격적 영이신 하나님에 대한 모든 지식의 조건"이라는 견해 ("Apologetics," *The New Scheff-Herzog Encyclopedia of Religious Knowledge*, Ⅰ, 236)와 어떻게 어울릴 수 있을까? 이 문제에 관한 워필드의 생각에 조화될 수 없는 모순이 나타남에 틀림이 없다. 그러나, 우리가 카이퍼의 변증학에 대한 워필드의 논의를 인용한 목적은 여기서 워필드에게 질문을 하려는 것이 아님을 상기해야만 한다. 그것은 ① 워필드가 4가지 신학분과가 타당성을 갖기 위해서는 그 이전에 변증학이 있어야함을 말했다는 것과 ② 우리가 신약의 저자들이 신임성 있는 교리교사들이라는 것을 확신하기 전에 상당한 양의 자료를 검토해야 한다는 것을 말했음을 시사하려는 것이다. 이 모든 것 역시 우리가 이 세상에 하나님의 지식을 전파할 수 있기 전에 있는 것이다!

기독교적 확실성에 대한 워필드의 견해

워필드는 성경저자들의 신임성을 입증해 주는 자료중의 하나가 예수 그리스도 자신의 가르침이라고 주장한다 :

…영감에 대한 성경의 교리가 진리인가에 대한 증거의 양과 비중이 **성경 저자들의 교리에 대한 증언자로서의 일반적 신뢰성과 신임성에 대한 증거의 양과 비**

중에 의해서 측정되어야 한다는 것은 이 문제에 대한 과장(overstatement)이기 보다는 오히려 문제를 낮추어 말한 것(understatement)이다. 왜냐하면, 만일 우리가 도대체 그들을(성경저자들을) 신뢰한다면, 그것은 그들이 그리스도의 어떠하심에 대해 말하는 설명과 그리스도의 가르침에 대한 그들의 보고를 믿게 될 것이기 때문이다. 그러므로, 그들이 예수도 그들과 같은 성경관을 가르친 것으로 보고한다면, 우리는 이 영감교리에 대한 **신적 증언**에 직면하게 되는 것이다(pp. 212 ~ 213, 강조점은 필자의 것임).

그러나, 우리가 그리스도의 가르침에 직면했을 때 우리가 **신적증언**에 마주섰음을 어떻게 알 수 있는가? 워필드가 확언하듯이, 그것은 분명히 "(신약의 저자들이)예수의 어떠하심과 그의 가르치심을 보고하는데서"이다. 그러나, 그리스도에 관한 그들의 증언의 신임성은 그들이 성경에 관한 주님의 가르침을 보고하고 있다는 단순한 사실 이외의 다른 근거위에 수립되어야만 순환논법을 사용한다는 비난을 면할 수 있다고 워필드는 말한다. 워필드는 바로 그런 실증적, 경험적 검증(evidential verification)을 수립하기를 간절히 원하는 것이다. 그러나 이것은 그가 결코 할 수 없는 것이다! 고오든 클락(Gordon H. Clark)은 다음과 같이 선언한다 : "세속적 가정들이 (세속주의자로 하여금)사도들의 진실성을 믿지 못하도록 하는 것이다. 모든 것에 대해 독립적인 증명이 있어야 한다. 이런 세속적 과정은 결코 (사도들이)진실성에 이를 수 없는 것이다. 사실 그것은 그 어떤 것에도 타당하게 이르지 못하는 것이다"(*Three Types of Religious philosophy*, p. 118). 물론, 클락의 말은 옳다. 귀납적 논증은 기껏해야 개연성(probability)만을 시사해 줄 뿐이기 때문이다.

그러나, 워필드가 이런 '다른 근거들'위에 예수의 인격과 사역에 관한 성경 저자들의 증언이 신임성 있다는 것을, 따라서 예수가 하나님이심을 부인할 수 없다는 것을, 그리고 하나님으로서 예수는 성경을 권위 있게 하신다는 것을 수립하였다고 해보자. 그렇다면, 워필드가 왜, 그리고 **어떻게** 그 증거들에 대해 그저 '개연성 있는'(probable) 증거라고 말할 수 있을까? (여기에 신적인 '하나님의 아들'의 증언도 포함된다는 것을 기억하라) :

우리가 성경의 만전영감론을 받아들이는 것은 감정적 근거에서나, 우리가 이전에 말했던 바 그 어떤 종류의 **선험적**, 또는 일반적 근거에서 그리하는 것이 아니다. 우리는 그것이 그리스도와 사도들에 의해서, 그들의 가르침에 대한 성경의 기록 중에서 우리에게 가르쳐졌기에 이를 받아들이는 것이다. 따라서 그 진리성에 대한 증거는, 우리가 이미 지적한 바와 같이, 바로 우리에게 교리교사들로서의 그리스도와 그 사도들의 신임성을 제시하는 증거와 그 비중과 양이 같은 것이다. 물론, 이증거는 엄격히 논리적인 의미에서 '확증적'(demonstrative)인 것이 아니다. 그것은 '개연성있는'(probable) 증거일 뿐이다. 그러므로, 그것은 잘못될 수 있는 형이상학적 가능성을 내포하고 있다. 또한 우리는 이런 '개연성 있는'증거를 통해서 성경의 무오성에 대한 명백한 확실성을 얻을 수 없다. 그러나, 또한 성경의 교리와 불일치 한다고 주장되는 현상의 실재도 충분한 증거가 없이는 허용될 수 없는 것이다(pp. 218 ~ 219).

두가지 요점을 생각해 보아야 할 것 같다. 첫째로, 이 인용문에서 워필드가 주로 영감교리의 증거를 논의하고 있다는 것은 사실이다. 그는 확언하기를, 비록 이것이 개연성 있는 증거(probable evidence)가 가질 수 있는 만큼의 (그런 양과 비중의)증거를 가지지만(여기서 그가 영감을 지시하고 정당화하는 여러 증거들 중에 신적 증거〈the divine evidence〉도 포함시키고 있음을 상기하라), 그럼에도 불구하고 이는 명백하고, 반박할 수 없는 확실성을 지니지 못한 '개연성있는 증거'일 뿐이라고 한다. 그래서 그는 영감에 대한 증거가 절대적으로 증명가능한 것이 아님을 인정하는 것이다. 그러나 워필드는 **성경의 모든 교리**는 영감교리를 지지하는 것과 **동일한** 증거에 의해 지지를 받는다고 선언하지 않았던가? (pp. 208 ~ 209, 212) 그렇다면, 이는 그 어떤 성경교리도 절대적으로 확증될 수는 없고, 그것은 기껏해야 개연성 있는 증거일 뿐이라는 결론을 이끌지 않는가? 그런데, 워필드가 카이퍼(Kuyper)와 웨스트민스터 신앙고백(*the Westminster Confession of Faith*, Ⅰ/Ⅴ)을 따라서 성경의 무오성과 신적 권위에 대한 종국적이고 온전한 확신에 대해서 "우리의 마음 가운데서 말씀에 의해, 그리고 말씀과 함께 증언하시는 성령의 내적 사역"에 호소한다면, 결국 그의 의견에서는 '성신의 내적 증언'교리(the doctrine of the *testimonium Spiritus Sancti*)도, 성경의 다른 모든 교리와 같이, 단지 개연적(probable)이고, 확증적이지 않다(not demonstrable)는 것이 된다는 것을 지적하지 않을 수 없다!

둘째로, "성경의 교리와 불일치 한다고 주장되는 현상"에 대해 워필드는 어떻게 처리하는가? 우리가 그의 글을 읽을 때, 우리는 그가, 비록 일관성이 없는 것이긴 하지만, 성경은 신적인 것으로 자증하며 최소한 어떤 근거에서 의심받을 수 있는 것이 아닌, 따라서 무오한 것으로 증언한다는 단호한 전제위에서 움직여 가고 있다고 느끼지 않을 수 없다. 왜냐하면, 많은 학자들이 그와 달리 주장함에도 불구하고, 그는 그 어떤 한 가지 사실도 성경적 교리를 반박하게끔 제시되었다고는 인정하지 않기 때문이다. 그는 말한다 :

축자영감과 불일치 하다고 주장되는 많은 현상, 따라서 '비평'(criticism)이 필수적이라는 주장에 대해서 어떻게 해야 하느냐는 질문에 대해 우리는 다음과 같이 대답해야만 한다 : 그런 주장을 신약 교리의 이름으로 도전하고, 그런 주장의 신임성을 요구해야 한다. 그런 주장은 이런 도전에 대응할만한 신임성(credentials)을 가지고 있지 않다. 하나님께서 당신님의 교회에 주신 성경 안에 그 어떤 것도 오류라고 확증된 것이라곤 없는 것이다(p. 225).

그렇다면, 이들 소위 모순되는 현상(allegedly contradictory phenomena)의 정확한 본질은 무엇인가? 워필드는 그것들이 단순한 난제들 (difficulties)이라고 본다 :

… 다른 탐구영역에서 영감교리에 대해 제기되는 그 어떤 반론도 효력이 없는 것이다. 그것에 의해 명제를 수립할 수 있는 적절한 증거가 반박될 수 없는 한 그것을 받아들여야 한다는 것이 확고히 수립된 논리적 원칙이므로 이에 대한 소위 반론들은 모두 '반론'의 범주에서 '해결되어야 할 난제들'이란 범주로 옮겨가게 된다(p. 174).

그러나, 워필드에게 있어서, 그것들은 어떻게 '반론들'(refuting objections)이 아니고, 단지 '난제들'(defficulties)일 수 있을까? 앞서 나는 워필드가 그의 논문 전체에서 한 가지 전제 위에서 논의를 펴고 있다는 것을 시사한 바 있다. 워필드는 그가 자신의 영감관을 '증거들' 위에 기초하게 할 수 있다고, 다음 같은 잘못에서 벗어날 수 있다고 노력하다가 자신도 모르게 그 어떤 (소위 모순) 현상도 영감관을 부정케 할 수 없다는 자신의 주장이 우리 신앙의 첫 원칙, 즉 하나님께서 성경 가운데서 당신님을 무오하게 계시하셨다는 원칙에 대한 믿음(a faith commitment) 에 기인한 것임을 시사한 것이다.*⁾ 이렇게 전제된 '첫 원칙'을 떠나서는 워필드 자신도 비평가들과 같이 '난제들'과 '확증된 오류들'을 구별할 수 없는 것이다. 그는 그 어떤 확증된 오류가 있음에도 인정하지 않을 것이다. 그러나 하나님의 신에 의해서 조명된 그리스도인으로서 그가 그리하는 것은 옳다. 그러나 그가 그 자신의 논문 전체에서 가정하고 있는 근거에 대한 그런 종교적 믿음(a religious commitment)을 떠나서는 그 자신도 '난제들'과 '오류'를 구별할 수 없는 것이라고 나는 생각한다 (그러나, 워필드 자신은 성경적 교리를 단순히 '열쇠'(단서 : a " clue ") 라고 언급하면서, 이를 인정하려 들지 않는다. p. 225). '명백한 확실성'(apodeicfic certainty)을 주는 그 어떤 영감론도 제공하고 있지 않은 그가, 그 어떤 근거에서 선험적으로 (a priori)그 어떤 현상도 그의 영감 이론에 반(反)하여 설수 없다고 확신있게 확언할 수 있을까? (p. 225) 그러므로 그의 비평가들이 다음과 같이 질문하는 것은 정당한 것으로 보인다 : "워필드 박사, 당신은 어떻게 '난제들'과 '확증된 오류들'을 그렇게도 확실하게 구별할 수 있소? 나는 할 수 없는 그 일을 어떻게 할 수 있소 ? "

'구 프린스톤'과⁴⁾ 초기 개혁자들

이로써 워필드 사상에 대한 우리의 고찰을 마쳤다. 워필드는 오랫동안 흔히 '구 프린스톤' 변증학이라고 일컫게 된 것에 대한 대표적 옹호

---

*⁾ (원문대조 : " Warfield unwittingly suggests as much, for try as he might to ground his view of inspiration in the 'evidences, try as he might to disguise or escape it, his insistence that no phenomenon can negate his view is due to a faith commitment to the first principle of our faith, namely, that God has revealed Himself inerrantly in Scripture ".)

4) '구 프린스톤'(Old princeton)이란 1929년 이전의 프린스톤 신학교 (Princeton Theological Seminary)를 의미한다. 1929년에 이 신학교는 종교적 혼합주의를 애오하는 방향으로 행정적으로 재조직되었고, 점차 정통적 (orthodox), 또는 개혁파적 (Reformed)이기를 그치어갔다.

자였다. 우리가 살펴 본 바와 같이, '구 프린스톤' 변증학의 방법은 개인적 헌신과 믿음에 앞서서 적절한 증거 토대위에 기독교 신앙의 타당성을 위한 근거를 세워, 불신자들도 받아들일 수 있는 용어로 제시하려는 것이다. 아직까지도 미국 신학의 금자탑으로 남아 있는 3권으로된 『조직신학』(Systematic Theology)을 쓴 참으로 위대한 프린스톤 신학자인 찰스 하지(Charles Hodge)도 비슷한 견해를 표명하였다 : "이성은 계시의 신뢰성에 대한 판단자여야만 한다(Reason must judye of the credibility of a revelation, systematic theology, Ⅰ, 50) ; "그리스도인들은 이성에게 모순판단권(the judicium contradictionis), 즉 어떤 것이 가능한가 불가능한가를 결정하는 대권을 부여해야 한다"(앞의 책 p. 51); "적절한 근거에서의 진리에 대한 지적 수납"으로 정의되는 신앙에 대한 준비로서 "이성은 계시의 증거를 판단해야만 한다"(앞의 책, p. 53) ; 그리고 마지막으로, "성경은 계시를 받는 이들이 증거를 판단할 권리를 가진다고 용인한다"(앞의 책, p.54). 결국 이 모든 것은 기껏해야 개연성 있는 증거(probable evidence)가 있을 뿐이라는 결과를 내지 않는가 하는 것이 우리가 주목하는 바이다. 그것이 신앙을 위한 적절한 근거일까? 그것이 단지 옳은 '비약'을 하였다는 실존적 희망 이상의 것이 될 수 있을까? 올리버 버스웰(J. Oliver Buswell, Jr.)은 다음과 같이 주장할 것이다 : "어떤 실존하는 대상이나 상황에 대한 신앙행위는 순전히 인지적 과정들 이상의 헌신의 행위를 포함한다는 것은 귀납 논리에 익숙한 모든 이들에게 아주 자명한 것이리라. 귀납적 추론의 자료들은 결코 완전케 될 수 없는 것이기 때문이다." 또한 그는 더 나아가서 "그 위에 그 신념이 근거했다고 생각되는 자료(the sheer data) 이상의 헌신을 어느정도 포함하지 않는 신념이란 없다"고 말한다(Systematic Theology, Ⅱ, 173, 174). 그러나 이것은 성경적 신앙의 성질에 대한 상당한 왜곡(a grave misrepresentation)이 아닐 수 없다. 옳게 이해된 신앙이란 자증(自證)하는 신적계시에서 얻어지는 성신이 가르치시는 지식자료(요 6 : 45)에 대한 성신에 의한 전 영혼의 동의(spirit-wrought whole‐souled assent)이기 때문이다. 그런 신앙은 "주어진 자료 이상에 대한 믿음"(Commitment which goes beyond the sheer data)을 결단코 정죄한다. 신앙은 결코 지식과 대립적인 것이 아니라, 오히려 지식과 함께 하는 것이요(glories in knowledge), 그 믿음의 근거가 지식이라고 주장하는 것이다(히 11 : 6). 성경적 신앙은 그 어떤 종류의 '비약'도 피하고 삼가는 것이다 !

패커(J. I. packer)는 그의 『근본주의와 하나님의 말씀』 *(Fundamentalism and the word of God)* 에서 아주 옳게 관찰하여 말하였다 : "신앙의 성질은 확실한 것(to be certain)이다. 그 어떤 수준의 의혹이나 불확실성도 신앙이 아니고, 오히려 신앙을 욕되게 하는 것일 뿐이다. 그러므로, 신앙은 개연성의 추론(an inference of probability)보다 더 확실한 어떤 것에 근거해야만 한다"(p. 117). 클락 피녹(Clark Pinnock)은 "개연성 있는 논증(a probable argument)이 개연성 없는 것(an improbable one) 보다도 더 낫다"고 할 수 있었지만 *("The philosophy of Christian Evidences", Jerusalem and Athens*, p. 423), 반틸이 밝혀 준 바와 같이, 기독교 유신론의 진리를 떠나면 이 세상은 우연히 궁극적인 것이 되고, 개연성은 무의미한 것이 된다. 이 개념에 의해서, 또 이를 가지고 불신자는 그가 살고 기동하며 있음을 믿는 것이다.

우연의 궁극성에 근거한 그 어떤 '개연성에 대한 관점'도 분명히 그 어떤 방식으로라도 실재와 접촉할 수 없다. 왜냐하면, 그것은 그 어떤 특정한 사건의 개연성에 관해 아무 것도 말할 수 없으니, 모든 사건들이 다같이 우연(the belly of chance)에서 나오는 것이 되기 때문이다. 그러므로, 어떤 특정한 사건의 '개연성 있는' 논증은 개연성 없는 것만큼이나 가치가 없으니, 그 논증 모두가 그 사건과 관련해서는 무의미하기 때문이다. 이처럼 개연성개념 자체가 무의미하다면, 개연성 있는 논증이 개연성 없는 논증보다 나을 것이 없는 것이다 *(Jerusalem and Athens*, pp. 426 ~ 427).

그러나, 그 누구도 내가 워필드가 사람들로 하여금 성경의 온전한 영감과 권위를 인정케 하려고 한없이 노력했다는 것을 인정치 않는다고 결론지어서는 안될 것이다. 워필드와 하지가 맹목적인 신앙이 아닌 그 근거를 밝히려고 추구하는 신앙(a faith that seeks to elucidate its grounds), 신비주의와 투쟁하는 신앙을 반영하고 있다는 의미에서 모든 신자들은 그들에게 빚지고 있는 것이다. 더구나 나는 아주 열심히 '주님'(Master), '위대한 선생님'(the great Teacher)을 말하면서도 동시에 그의 교훈 중에 어떤 것들만을 선택하고서, 신구약 성경의 영감, 권위, 역사성, 그리고 그 계시적 성격에 관한 그의 증언은 거부해 버리는 신학자들의 큰 모순을 드러내어 주는 그들의 강력한 논리에 대해서 아주 가슴깊이 감사하고 있다. 반면, 내가 이미 말한 바와 같이, 그들의 이 노력으로 그 어떤 선한 것이 이루어진 바 없다고 — 사실, 적극적인 해(positive harm) 만이 나타났다고 느낀다. 즉, 그리스도의 증언을 포함한 모든 증거들을 오직 '개연적인' 증거로만 환원시켜 버리고, 결국 암묵리에 '자연인'의 (전적) 타락을 부인하는 방식으로 영감론에 대한 변증을 개발해낸 일에 있어서 그러하다는 것이다. 이보다는 기독교 성경이 자증적(自證的)이라고, 즉 성경은 삼위일체 하나님의 모든 권위를 가지고서 사람들에게 다가오는 자증하는 그리스도의 말씀이라는 것을 확언하는 것, 그리고 이 첫 원칙과 일관성을 유지하는 변증을 해내는 것이 얼마나 더 좋을 것인가! 그런 변증은, 내가 생각하기로는, 성경과 일치하며, 칼빈, 개혁신앙, 그리고 웨스트민스터 표준문서들과 동일 선상에 서는 변증일 것이다. 칼빈은 다음과 같이 말하고 있다 :

내가 방금 말한 것, 즉 교리에 대한 우리의 믿음은 우리가 하나님이 그 교리의 저자이시라는 온전한 확신을 가지고서야 확립된다는 것에 주목할 필요가 있다. 그러므로, 성경에 관한 최고의 증명은 모두가 하나님의 성격에서 취해진다. 선지자들과 사도들은 그들의 예리함이나 정확성(acuteness), 말하는 이로서의 자질을 자랑하지도 않았고, 근거를 제시하려고 노력하지도 않았다. 단지 온 세상이 복종케 하도록 하나님의 거룩한 이름에 호소했던 것이다. 다음에 생각해 보아야할 것은 하나님의 이름이 성급하게나, 교묘하게 가장된 것이 아님이 단순히 개연적으로가 아니라, 얼마나 확실히 나타나는가 하는 것이다. 만일 우리가 가장 효과적으로 우리의 양심과 협의하고, 양심이 불확실성의 소용돌이에 흔들리거나 조그마한 장애에 걸려 넘어지지 않게 하려면, 성경의 진리에 대한 우리의 확신은 사람의 추측이나 판단, 이론 등 보다 더 높은 원천에서 나와야 할 것이다. 즉, 성령의 은밀한 증언(the secret testimony of the Spirit)에서 와야 할 것이다. 사실, 우리가 논증하기로 한다면, 다양한 여러 증거에 의해서 만일 하늘에 하나님이 계시면, 율법, 예언들, 그리고 복음이 그에게로서 나온다는 것을 확립하기란 쉬울 것이다. 아니, 비록 똑똑하고 학문이 많은 이들, 아주 재능을 많이 가진 이들이 정반대의 입장을 취하여 그들의 천재성을 다 동원하여 논의한다고 해도, 그들이 아주 굉장한 뻔뻔스러움을 가지지 않는다면(그런 이가 어디 있겠는가?) 성경이 하나님에 의해 말하여진 것이라는, 따라서 성경이 하나님의 천상적 교리를 포함하고 있다는 분명한 증거를 성경이 나타내 보이고 있다고 고백하게 될 것이다. 좀 더 나아가서 성경책이 다른 모든 글들과 책보다 훨씬 더 낫다는 것을 보게될 것이다. 아니, 우리가 이 문제를 분명한 눈과 편견없는 판단을 가지고 본다면 (물론, 우리는 하나님의 도우심이 없이는 그리할 수 없다), 성경은 우리의 성급한 반대를 굴복시키고, 우리로 성경에 존중을 표하도록 하는 신적 엄위를 분명히 드러내게 될 것이다.

그러나, 논증을 통해서 성경에 대한 온전한 신앙을 세우려고 시도하는 것은 부자연스럽고 불합리한 것이다. 만일 내가 아주 교묘한 하나님 경멸자들과 싸우도록 부름을 입었다면, 비록 내가 큰 능력과 웅변력을 가지고 있지 않다고 해도 그들의 시끄러운 입들을 막는 일이 그리 어렵지 않으리라고 믿는다. 그리고 그들의 약점을 반박함으로써 무엇인가가 얻어질 수 있다면, 구석에서 중얼대는 그들의 자랑을, 별로 큰 수고없이, 막게 할 수 있을 것이다. 그러나, 비록 우리가 훼방자들에 반(反)해서 거룩한 하나님의 말씀을 주장할 수는 있지만, 그것으로서, 그들의 마음 속에 신앙이 요구하는 확실성을 심을 수는 없는 것이다. 세속적인 사람들은 종교는 그저 각자의 소견들에 근거하므로 자신들이 어리석게 믿지 않을 수 있다고 생각한다. 또는 아주 가벼운 근거에서 모세와 선지자들이 신적으로 영감되었음을 이성으로 증명하려고 노력하고 증명했다고 주장한다. 그러나 나는 성령의 증언은 이성보다 더 우월하다고 대답한다. 왜냐하면, 하나님께서만이 당신님 자신의 말씀에 대해 바르게 증언해 줄 수 있듯이, 이 말씀들이 사람들의 마음 속에서 온전한 신임을 얻게 되는 것도 그들이 성령의 내적 증언에 의해 인쳐졌을 때에야 비로소 이루어 지는 것이기 때문이다. 그러므로, 선지자들의 입을 통해 말씀하신 그 성령께서 우리의 마음에 파고 드셔야만 성경이 우리에게 신적으로 주어진 멧시지를 신실하게 전달함을 확신케 되는 것이다. 이를 이사야는 다음과 같은 말로 아주 분명히 표현해 주었다 : "네 위에 있는 나의 신과 네 입에 둔 나의 말이 이제부터 영영토록 네 입에서 와 네 후손의 입에서와 네 후손의 후손의 입에서 떠나지 아니하리라"(사 59 : 21). 어떤 이들은 당황스러울 것이다. 왜냐하면, 악한 자들은 아무 벌도 받지 않고 하나님의 말씀에 대해서 불평하는데, 그들은 그들을 잠잠케 할 명백한 증거를 손에 가지지 않은 것처럼 보이기 때문에 말이다. 그러나 이것은 성령께서 경건한 자들의 신앙을 확언해 주리라는 것을, 그리고 성령께서 그들의 마음을 밝혀 주시기 전에는 그들이 의혹의 바다에서 이리 저리 헤메리라는 것을 잊어버렸기 때문이다.

  그러므로, 다음과 같은 것을 확실히 해두자. 성령에 의해 내면적으로 가르침을 받은 이들은 성경을 묵묵히 따르며, 또한 스스로 그 자체에 대한 증거를 보유하고 있는 성경이 그 스스로를 낮추어 증명과 논증에 복종하는 것이 아니라, 오히려 우리가 성령의 증언에 근거하여 성경에 합당한 온전한 확신을 갖게 된다는 것을 말이다. 성령의 조명을 받는 우리들은 우리 자신의 판단이나 다른 이들의 판단에 근거해서 성경이 하나님에게서 왔다고 믿는 것이 아니라, 사람의 판단보다 우월한 방식으로 성경이 바로 하나님의 입으로 부터 사람들을 수단으로 해서 우리게 왔음을 온전히 확신케 되는 것이다. 마치 성경에 가시적(可視的)으로 나타난 신적인 이미지를 보는 것처럼 말이다. 우리는 우리가 그것에 근거하여 판단을 내릴 수 있는 증명이나 개연성을 요구하는 것이 아니라, 우리의 지성과 판단을 성경에 종속시킨다. 그것은 하도 초월적이어서 우리가 감히 판단하고 평가할 수 없기 때문이다. 그러나, 우리가 이렇게 할 때에 마치 미지의 것을 아주 동경하다가 그것을 알고 나면 그에 대해 시들해지듯이 하는 것이 아니라, 우리가 성경을 붙잡을 때에 결코 파해질 수 없는 진리를 붙잡는다는 철저한 확신을 가지기 때문에 그리하는 것이다. 또한 그 정신이 미신에 사로잡혀져 있는 가련한 사람과 같이 하는 것이 아니라, 성경 안에서 살아 움직이며, 고동치는 신적 에너지를 느끼기 때문에 그리하는 것이다. 그 신적 에너지에 의해서 우리는 성경에 이끌려, 자원하는 마음과 온전한 인식 가운데서(willingly and knowingly) 순종하되, 단순한 사람의 의지나 지식으로 하는 것보다 더 생생하고 효과적으로 그리하는 것이다. 그래서 하나님께서는 이사야의 입으로 다음과 같이 아주 적절한 말씀을 선포케 하셨다 : "너희는 나의 증인, 나의 종으로 택함을 입었나니, 이는 너희로 나를 알고 믿으며 내가 그인줄 깨닫게 하려 함이라"(시 43 : 10)

  이유를 구하도록 하지 않는 확신, 최고의 이유(혹, 이성)와 일치하는 그런 지식, 즉 그 안에서 정신이 그 어떤 이유에서 보다 더 확실하고 안전히 거하는 지식 — 그런 확신은 하늘로서 온 계시만이 제공해 줄 수 있는 확신이다. 비록 내가 표현하는 말은 그 실재를 다 드러내기에 부족하지만, 나는 모든 신자들이 그들 안에서 경험하는 그것을 말하는 것이다. 다시 이를 언급할 것이므로 이를 더 길게 말하지는 않겠지만, 일단 이것만을 말해 두기로 한다 : 참된 신앙은 성령께서 우리의 마음에 인쳐주시는 것임을 말이다. 겸손하고 배우려는 마음이 있는 독자는, 새롭게된 교회의 모든 자녀들은 "주에게서 가르침을 받으리라"는 이사야서에 있는 약속(54 : 13)에서 충분한 이유를 찾게 될 것이다. 이는 하나님께서 다른 이들과 구별하여 따로 세우신 '택자들'에게만 부여하시는 독특한 특권이다. 재빨리 하나님의 말씀을 들으려는 것 외에 그 어떤 것이 참된 교리의 시작일 수 있을까? 그래서, 하나님께서는 모세를 통해서 그의 말씀을 들을 것을 요구하신다 : "내가 오늘날 네게 명한 이 명령은… 하늘에 있는 것이 아니니, 네가 이르기를 누가 우리를 위하여 하늘에 올라가서 그 명령을 우리에게로 가지고 와서 우리에게 들려 행하게 할꼬 할 것이 아니요… 오직 그 말씀이 네게 심히 가까와서 네 입에 있으며, 네 마음에 있은 즉 네가 이를 행할 수 있느니라"(신 30 : 12, 14). 하나님께서 지성의 보화 (the treasure of intelligence)를 당신님의 자녀들을 위해 보존하시기를 기뻐하셨으므로, 인류 일반(the generality of mankind) 중엔 무지와 어리석음이 그렇게도 많다는 것이 별로 놀라운 일이 아니다. 일반적으로, 특별히 선택된 사람들까지도, 그들의 교회(그리스도의 몸)에 편입되기 전까지는 그러한 것이다. 그런데 이사야는 더 나아가서 예언적 교리(the prophetical doctrine)는 이방인들에게만 믿을 수 없는 것이 된 것이 아니라, 자신들을 하나님의 권속이라고 생각하는 유대인들에게도 믿을 수 없는 것으로 나타났음을 상기시키면서 추론해 나가고 있는 것이다 : "여호와의 팔이 뉘게 나타났느뇨?"(사 53 : 1). 믿는 사람이 너무 적다는 것 때문에 답답함을 느낄 때마다 하나님에 의해서 주어진 사람들 외에는 하나님의 신비를 다 파악할 수 있는 이가 하나도 없다는 것을 상기하도록 하자! (기독교 강요 I, viii, 4～5 ; 칼빈의 '성령의 증언'(*testimonium Spiritus Sancti*) 관에 대한 워필드의 견해에 대해서는 그의 *Calvin and Augustine*, pp. 70～103을 ; 그리고 머레이의 견해에 대해서는 *Calvin on Scriptnre and Divine Sovereignty*, pp. 43～51 ; 그리고 벌까우위(Berkouwer)의 견해에 대해서는 그의 *Holy Scripture*, pp. 39～66을 참조하라).

이와 같은 노선에 서서, 개혁교회는 『웨스트민스터 신앙고백서』*(Westminster Confession of Faith)*에서 다음과 같이 주장하였다 : (I : iv ～ v.)

성경에는 권위가 있다. 이 권위를 인하여 우리는 성경을 믿고 순종해야 하는 것이다. 성경의 권위는 어떤 사람이나 교회의 증거에 좌우하게 되는 것이 아니고, 그것의 저자이시요, 진리 자체이신 하나님께 전적으로 달려 있다. 그러므로 우리가 성경을 받들어야 하는 것은 그것이 하나님의 말씀이기 때문이다.

우리는 교회의 증거에 의하여 감화, 감동을 받아 성경을 아주 고상하고 존귀하게 여기는데까지 이끌 수가 있다. 그리고 성경 자체가 가지고 있는 내용의 신령함, 교훈의 효험, 문체의 웅장함, 모든 부분의 내용상의 일치, 내용 전체의 목표(하나님께 모든 영광을 돌려 드리는 것), 인간의 구원을 위한 유일한 것을 밝혀 주는 충분한 내용전개, 여타 많은 비교할 수 없는 좋은 것들, 그리고 성경의 전체적인 완전성 등은 성경이 하나님의 말씀이라는 것을 충분하게 입증해 주는 논증들이다. 그렇지만, 그럼에도 불구하고, 성경이 무오한 진리요, 신적 권위를 가지고 있다는 것을 우리가 충분히 납득하고 확신하게 되는 것은, 우리의 심령 속에서 말씀에 의하여 말씀을 가지고 증거하시는 성령의 내적 사역에 의해서 이다.

교회의 증언은 그것이 성경에 대해 증언할 때에 오직 믿음의 동기 (motivum credibilitatis ; 즉 성경적 권위를 받아들이는 동기)일 뿐이라는 것을 숙복하라.*) 또한 성경은 그와 함께 그 나름의 신적 논증(indicia)을 해나간다는 것을 주목하라(참조 : 기독교 강요, Ⅰ/ⅷ). 또한 성경의 진리와 권위에 대한 충분한 확증과 권유가 우리의 마음 가운데서 인정되는 것은 오직 말씀의 논증에 의해, 또 그와 함께 하는 성령의 증언을 통해서만 이루어진다는 것에 주목하라. 알란 리차드슨(Alan Richardson)은 그의 『기독교 변증학』(Christian Apologetics)에서, 성경의 진리와 권위에 대한 그리스도인들의 인정이 그들의 마음 가운데서의 성령의 작용에 기인한다는 가르침은 "모든 세기의 그리스도인들에 의해서 믿어져 온 교리에 대한 전형적인 표현(classical expression)이다"고 진술하였다. 그는 계속하여 다음과 같이 논의해 나갔다 : "그것은 전체 교회의 교리이다… 모든 시대의 교회의 주도적인 신학자들의 글에서 실제로 그에 대한 증거를 찾아볼 수 있다"(Packer, *'Fundamentalism' and the Word of God,* p. 122에서

---

*) (원문대조 : "Note that the Church's testimony is 〈only〉 a motivum credibilitatis(i, e, a motivation for accepting biblical authority) as it gives its witness to Scripture".)

재인용). 또한 우리는 다음과 같이 고백한다 : (XIV/i ~ ii).

　믿음의 은사로 말미암아 택자들은, 믿어 그들의 영혼을 구원하는 데 이를 수 있게 되는데, 그 믿음의 은사는 그들의 심령 안에서 역사하는 그리스도의 영의 역사이며, 통상적으로 말씀의 증거에 의하여 역사한다. 또한 말씀과 성례집행과 기도에 의하여 믿음의 은혜는 증가되고 강화된다.
　이 믿음으로 말미암아 말씀 안에서 친히 말씀하고 계시는 하나님의 권위를 인하여 말씀 안에 계시되어 있는 것은 무엇이나 참된 것으로 그리스도인은 믿으며, 그 말씀의 각 구절에 포함되어 있는 내용에 따라서 행동하되, 명령의 말씀에 대해서는 순종하고, 경고의 말씀에 대해서는 떨고, 금세와 내세에 대한 하나님의 약속의 말씀은 기꺼이 받아들인다. 그러나, 구원에 이르는 신앙의 주요한 행위는 은혜언약의 덕택으로, 칭의와 성화와 영생을 위하여 그리스도만을 받아들이고, 영접하고, 의존하는 것들이다.

　개혁주의의 표준 신조들은 성경의 자증적(自證的)성격을 명백히 확언한다. 워필드가 그리스도인으로서 믿는 바는 우리의 신조 가운데 있는 이 확언이다. 워필드 자신은 성경의 계시적 성격이나 신적 영감에 대해서 추호의 의심도 없었다. 우리가 아쉽게 여기는 것은 단지 그가 신학자로서 사랑하고 고백하였던 그 신앙에 그가 좀 더 충실하였더라면, 즉 그의 변증방법론에 있어서 타락한 사람들에게 진리와 권위를 규정할 수 있는 권위를 양보하고 용인하기 보다는 그의 신앙과 일치하는 변증방법(an apologetic method)을 신앙으로부터 이끌어 내었더라면 하는 것 뿐이다.

개연성 대(對) 전제

　워필드는 그의 변증방법에 의해서 '구 프린스톤'을 대변할 뿐만 아니라, 역사적으로 개신교 전통 중에서 버틀러(Butler)의 『종교의 유비』 (Analogy of Religion)의 전통에 서는 전통적인 실증적 변증학파(traditional 'evidentialist'school of apologetics)의 대표자이기도 하다. 이 방법은, 우리가 살펴본 바와 같이, 불신자들의 신앙의 반응을 일으킬 수 있을 만한 실증적 증거를 찾는 시도에서, 자연인을 '자율적인, 능력있는 사람'으로 여기고 그들에게 호소하는 것이다. 이런 접근법에 집착하는 이는 워필드와 함께 성경 저자들의 신뢰성에 대한 '수 많은 증거들'(a mass of evidence)을 모을 것이고, 그런 뒤에 자신들의 가르침을 불신자들에게 적용할 것이다. 또 어떤 이는 죽은 자들로부터의 부활에 대한 증거와 같이 예수의 신성에 관한 증거에 대하여 그리스도의 가르침의 신뢰성에 대한 증거들을 모을 것이다. 그러나, 이 증거들은 우연(chance)이 궁극적인 것인 자연인의 세계에서는 기껏해야 개연적인 것이고, 최악의 경우엔 무의미한 것일 따름이다. 더 나아가, 실증주의적 방법(혹, 경험주의적 방법 : the evidentialist method)은 암묵리에 자연인이 증거의 가치를 판단할 수 있는 자율적인 권리를 가지고 있음을 인정하는 것이다. 그러므로, 불신자가 어떤 증거가 불확실하다고 결론 짓는다면(그리고, 자연인이 어리석은 이가 아니라면, 그는 반드시 그리하게 된다), 그런 그의 반응은 그 같은 근거에서 반박될 수 있는 것도 아니고, 또한 그같은 근거에서는 그가 증거에 대해 반응하기를 거부한다고 하여 솔직하지 않다는 혐의를 받게될 수도 없는 것이다. 실증주의자(the evidentialist) 자신이 그의 주장은 기껏해야 개연적인 것일 뿐이라고 인정하는 것이기 때문이다. 그래서 이런 집근은 어떤 증기를 강력한 것으로 여기기를 거부하는 이들에게 그리스도인들이 자신들의 신앙에 대해 주장할 수 있는 최선의 근거(the best basis)는 개연적인 것일 뿐이라는 잘못된 인상을 남겨주는 것이다. 우주 안에 모든 사실이 기독교의 신실성에 대해 증거하지 않는듯이 여기는 것은 얼마나 비극적인 것인가! 그러나, 전제주의적 접근과는 전혀 상관없이 작용하는 실증주의적 접근(the evidentialist approach)은 불신자들이 실제로는 어디엔가 기독교적 주장을 완전히 반박하지는 않더라도, 그에 대한 의심을 하도록 하는 사실들이 있을 수 있다고 믿으면서, 주어진 자료를 옆으로 치워놓는 일을 하지 못하도록 할 수단을 가지지 못한 것으로 판단된다. **)

**) (원문대조 : " Yet the 'evidentialist' approach, it seems to me, operating in isolation from the presuppositionalist approach, has no available means of preventing the unbeliever from pushing the data aside, actually believing as he does so, that there could be some facts somewhere which might cast doubt upon, if not totally refute, the christian claim.")

필자가 주장하고자 하는 것은 불신자들에게 의식적으로, 부끄러움 없이 기독교 신앙의 첫 원칙, 즉 하나님께서 성자와 성령을 통해서 우주의 창조 안에서, 또 그것을 통해서 그리고, 그의 세상의 역사 안에서 말씀과 행위로, 가장 극적으로는 당신님의 아들을 통하여 자증적으로 당신님을 계시하셨다(히 1 : 1 ~ 3)는 원칙을 신중히 취급하는 **전제주의적 변증의 틀** 안에서 기독교의 증거들을 제시하는 변증방법이다.***⁾

이것이 이 우주 안에 그 어디에도 소위 '순수 사실'(brute facts), 즉 해석되지 않은 사실과 같은 것은 없다는 것을 의미한다. 하나님의 어떤 행위에 의해서 '존재하는 모든 사실'(every fact that is enjoys its existence)은 결국 하나의 해석을 부여받는 것으로써 그것은 하나님의 창조적 행위, 그의 섭리적 돌보심, 그리고 그에 따르는 특별계시에 의해서(하나님에 의해) 있게 된 것이란 해석이다. 왜냐하면 어떤 사람이 어떤 사실을 참으로 안다는 것은 그가 활용할 수 있는 모든 방법을 동원하여 발견한 주어진 사실에 대한 해석이 필연적으로 하나님의 앞선 해석(God's prior interpretation)과 일치해야만 하고, 우리는 모든 것에 대한 하나님의 해석(God's prior interpretation)을 성경에서부터 배울 수 있다는 것을 의미하기 때문이다. 그렇다면, 참 지식이란 '창조적 구성'(creative construction), 즉 우주의 생경한 사실을 인간의 과학에 의해 처음으로 해석하는 것이기 보다는, '수용적 재구성'(receptive reconstruction), 즉 하나님의 생각은 그를 따라 생각하는 것(thinking God's thoughts after Him)인 셈이다. 모든 증거들은 신자들에 의해서 불신자들에게 제시될 수 있고, 이렇게 신자들에 의해 제시된 증거들을 밀어 젖히는 불신자들은 단순히 '정직한 실수'(an honest blunder)를 범하는 것이 아니라, 지적인 범죄(intellectual immorality)와 반역(rebellion) 즉, 언약의 파기자로서 자료에

***⁾ (이 핵심적 주장의 원문은 다음과 같다. "What I would advocate is an apologetic approach to the unbeliever which presents all of its 'evidence' to the unbeliever consciously and unashamedly from within the framework of a presuppositionalist apologetic, one which takes seriously the 'first principle' of the christian faith, namely, that God has revealed Himself self-attestingly in and by the creation of the universe through the agencies of the Son and the Holy Spirit, and in the history of His World through deeds and words, and, most magnificently, through His Son"〈Heb 1 : 1 ~ 3〉.)

대한 유일한 바른 해석을 인정하지 않으려는 죄된 거부를 행하는 것이 된다. 기독교 유신론적 틀 안에서는 증거들이 명백한 확실성을 가져오게 하므로, 그것들은 증거로서의 가치 외에도 선포적(kerygmatic : proclamatory) 가치를 가진다(변증학은 반드시 선포적이고, 복음 전도적이어야만 한다는 우리의 앞의 주장을 참조하라). '증거들이' 의식적으로 기독교 전제주의적 틀(a Christian presuppositionalist framework) 안에서 제시될 때만, 우리는 단지 개연성 있는 (즉, 무의미한)자료 위에다 메시지를 수립하는 비극적인 결과를 피할 수 있는 것이다. 그렇게 될 때만, 변증가는 참으로 불신자들로 하여금 그들의 불신앙을 포기하게끔 도전할 수 있는 것이다.

이것은 순환논증이 아닌가? 전제주의적 방법론이 자증적 성경(自證的 聖經)의 권위에 호소할 때 그것이 전제주의적 방법론의 약점인가? 성경의 주장을 내세우기 위해서 성경에 호소하는 것은 명백한 오류추리(誤謬 推理, petitio principii)*가 아닌가? 그러나 우리가 앞서 살펴본 바와 같이, 전제주의적 방법은 참으로는 순환적인 것이 아니다. 오히려, 이 방법만이 하나님의 자기계시에 있어서 그의 계시가 직선적으로 사람에게 언급되는 사기확증적인 것이어야만 함을 인정하는 것이다. 피조물의 정상적인 반응은 각사람으로 하나님의 계시를 받는 것이어야 한다. 이것은 순환논증이라고 하기 어렵다. 이것은 단순히 피조성과 은혜에 의한 구원을 인정하는 것이다. 그리스도인은 하나님의 은혜로 그리스도인이 되는 것이다. 그의 신앙은 맹목적 비약(a blind leap)의 산물이 아니라, 성령의 중생케 하시는 주권적 사역에 대한 불가피한 반응이다. 그는 기독교적 범주 안에서, 그 범주로부터 사유한다. 단지 그리스도께 충실치 않으려 할 때, 그리고 그에게 주어진 은사의 어떤 부분을 거부할 때에만 이를 거부할 수 있다. 전제주의적 추론이 신비주의를 의미하지 않는 것을 분명히 이해하도록 하자. 그것은 그리스도인들이 은혜로만 받는 신앙의 첫 원리의 선택을 명백히 해명하려는 노력이 없어야 한다는 것을 뜻하지 않는다. 오히려 그것은 그가 이해하기 위해 믿는다는 것을 의미한다(히 11 : 3, "믿음으로 아나니 ⋯ "를 참조하라). 그러나 이것은 또한 그가 자신이 주장하는 지식의 정당화에 대한 참된 근거를 가짐을 의미

---

*) [petitio principii : 아직 증명되지 않은 사실을 전제로 논증하는 오류 추리]

한다.

 제 1세기의 그리스도에 대한 증언도 이와 같은 방식으로 '증거들'에 호소한다. 그들은 '개연성있는 구상'(a probability construct)을 제시하려고 노력하지 않았다. 그들은 아주 직접적으로, 그리고 권위있게 죽음에 이르게 하는 죽음의 구주와 생명에 이르게 하는 생명의 구주 사이에서 결단케 하는 분명한 자료에 사람들을 직면케 한다. 하나님께서 그들을 당신님의 것으로 아신다고 믿으면서 그들은 전문적 논리학자나 철학자로서가 아니라, 설교자와 증인들로서 나아갔다. 비록 어떤 이들은 그리스도를 걸림돌로, 또 어떤 이들은 어리석음으로 여기지만, 유효한 소명을 받은 이들에게는 하나님의 능력과 지혜가 됨을 확신하면서 말이다. 바로 여기, 즉 이 선택론에, 개혁파 그리스도인이 하나님의 말씀에 대한 자신의 증언이 의미없지 않음을 확신할 수 있는 근거가 있는 것이다. 우리는 불신자들에게 접근할 때 할 수 있는 한 사랑하는 마음과 학식을 가지고 있어야 한다. 그러나 우리는 선택된 자들은 우리의 연약한 노력에도 불구하고 주께로 올 것이며, 우리의 연약한 노력 때문에 주께서 어떤 자를 잃어버리는 것은 아니라는 것을 확신하면서 증언할 수 있다.

제 4 장

전제주의 변증학

성경적 방법론에 대한 부연 설명

신자와 불신자가 성경진리에 대해 의견이 다를 때, 그 의견의 불일치는 단순히 개별적 사실들(isolated facts)에 대한 것이 아니다. 어떤 이가 '사실적'(factual)이라고 여기는 것은 필연적으로 더 근본척인 '사실관' (실재관 : philosophy of fact), 즉 가능한 것과 불가능한 것을 결정하는 가치통제적, 종교적 전제들(value-governing, possibility-determining, religiously motivated presuppositions)에 의해 지배되는 것이기 때문이다. 따라서 다음과 같이 말하는 그레그 반센(Greg Bahnsen)은 전적으로 옳다 :

궁극적 문제들에 대한 모든 논의는 결과적으로 논쟁자들의 전제들의 수준에 귀착되게 된다. 만일 어떤 이가 일정한 결론에 이르러서, P라는 어떤 관점의 진리성을 확신하게 되었을 때, 그가 P에 대해 도전을 받게 되면 그는 이에 대한 지지논의로 Q와 R을 제공할 것이다. 그러나, 이것은, 그의 논쟁자가 곧 지적할 것처럼, 단순히 논쟁점을 Q와 R로 옮겨 버리는 것이다(즉, 이 문제를 제대로 해결한 것이 못된다 - 補譯)왜 그것들을 받아들이는가? 결국, P의 주장자는 Q와 R에대한 증명으로 S, T, U, 와 V를 또 다시 제시할 것이다 … 그러나 모든 논쟁선은 어디선가에서 끝나야만 한다. 무한히 소급해 가는 정당화 논증에 의존하는 것이라면, 우리의 결론은 결코 증명될 수 없을 것이다. 왜냐하면, 이런 상황들에서는 증명이 결코 완결되지 않기 때문이다. 그리고 불완전한 증명은 아무것도 증명하지 못한다.

결과적으로 모든 논증은 어떤 견해나 전제가 무조건적으로 받아들여지는 어떤 논리적으로 시원적인 출발점에서 끝나는 것이다.*) 변증학은 그런 궁극적 출발점 (ultimate Starting points), 또는 전제들(presuppositions)에로 그것을 추적해 가는 것이다. 그 성격상, 이런 전제들은 자명하다(self-evidencing)고 여겨진다. 그 전제들은 그 개인의 견해에서의 궁극적 권위, 더 큰 권위가 주어질 수 없는 권위인 것이다(*A Biblical Introduction to Apologetics*, pp. 33 ~ 34).

이를 인정하고서, 전제주의 변증학은 기독교 신앙의 확언과 변증의

---

*) (영문 대조 : "Eventually all argumentation terminates in some logically primitive starting point, a view or premise held as unquestionable")(p. 71).

기저에 다음과 같은 인식론적 첫 원칙(epistemological "first principle")을 세웠다 : "살아게신 한분의 참 하나님이 기독교 성경에서 당신님을 자증적으로 계시하셨다" 이 근본 전제를 아주 신중히 여기므로, 전제주의 변증학은 그 과제를 시작하기 전에 이 헌신을 유지하려 하였다. 이것은 단지 그리스도인으로서 이 방법론에 헌신한 변증가가 은혜로 이미 신앙의 범주 안에서 있기 때문만이 아니라, 그가 또한 이 첫 원칙이 그로부터 삶의 의미를 이해하고, 윤리적 규범을 수립하며, 인간의 지식추구를 정당화하는 방향으로 진전해 갈 수 있는 유일한 입각점(the only pou sto)을 제공한다고 확신하기 때문이기도 하다. 어떤 다른 인식론적 관점은 의미를 파괴하며, 윤리적 규범을 상대화하고, 지식을 정당화하는 가능성을 인간의 능력 밖에 있게 한다고 믿는 것이다(고전 1 : 20을 참조하라). 이를 증명하기 위해서, 우리는 사람들이 무엇이든지를 아는 방식과 그들이 알기 위해서 알아야만 하는 것에 대해 몇 가지를 말해야만 하겠다. 이는 철학사에 대한 짧은 논의를 필요하게끔 한다.

인식론 : 중요한 문제

대개 현대철학은 데까르트의 'Cogito ergo sum' (나는 생각한다. 그러므로 나는 존재한다)에서 기원하였다고 언급된다. 이 17세기 철학자는 진리를 얻고 확신케 되는 이 접근법으로, 진리를 얻을 수 있는 인간 이성의 능력을 크게 강조하였다. 합리주의(合理主義)로 알려진, 그리고 형식적으로 내적 요구(the internal demands)나 이성의 충동(compulsions of reason)을 존중함으로써 지식을 얻을 수 있다고 주장하는 인식론적 입장이라고 정의되는 데까르트의 견해는 위대한 합리주의자들인 스피노자(Spinoza)와 라이프니쯔(Leibniz)의 작품들에 의해 발전되었다. 스피노자(1632 ~ 1677)는 그의 미완성 논문인 "이해의 증진에 대한 논의"(Treatise on the Improvement of the Understanding)에서 지식획득의 방법에 대한 대답으로 다음과 같이 쓰고 있다 : "…지성은 그 본래적 능력으로 자신을 위한 지적 도구(intellectual instruments)를 만들 수 있다. 이로써 지성은 다른 지적 작용들(intellectual operations)을 할 수 있는 능력을 얻는다. 그리고 다시 이 지적 작용들로 부터 그 지적 탐구를 더 해나갈 수 있는 새로운 도구와 능력을 얻는다. 그래서 점차 지혜의 정상(the summit of wisdom)에 이르는 것이다."**⁾ 이성 또는 지성이 사람의 독특한 특성이라고 믿고서, 스피노자는 가르치기를 종교의 최고형은 하나님에 대한 합리적 성찰(the rational contemplation of God)이고, 인생의 최고선 (summum bonum)은 이성에 따라 사는 것이라고 하였다. 라이프니쯔 (1646 ~ 1716)는 그의 형이상학적 논고 "단자론"(單子論, Monadology, 명제 31 ~ 32)에서 우리의 추론(reasonings)은 다음 같은 두 가지 원리 위에 근거하고 있다고 선언한다 : (1) 모순되는 것이 모두가 다 참이 될 수 없다는 모순률 (the law of contradiction), 그리고 (2) "그것이 그래야만 하는 충분한 이유가 없이는 그 어떤 사실도 실재적이거나 실존적일 수 없고, 그 어떤 진술도 참일 수 없다" 는 충족이유율(the law of sufficient reason), 세상을 완전한 이성의 표현이라고 보면서 라이프니쯔는 사람과 자연계에 신적으로(合理的으로) 미리 질서지워진 조화라는 그의 새로운 이론에 근거한 관념론적 형이상학(idealistic metaphysics)을 구성하였다.

유럽의 합리론에 반발한 것이 잘 알려진 영국의 경험론자들―존 로크 (John Locke) 버클리(Berkley) 그리고 데이비드 휴(Devid Hume)이다. 단순히 말하자면, 경험론(empiricism)은 모든 지식의 기원을 경험으로 들리는 인식론이다. 막 태어난 인간 정신을 흰백지 (tabul a rosa) 로 여긴 존 로크(1632 ~ 1704)의 입장을 가장 잘 소개하는 길은 그의 『인간오성론』 *(An Essay Concerning Human understanding)* 의 한 부분을 인용하는 것이 될 것이다 : "사람의 바쁘고, 끊임없는 상상력의 거의 끊임없이 다양하게 그려내는 그 굉장한 보고는 어디서 오는 것일까? 그 모든 이성과 지식의 자료는 어디서 오는가? 이에 대해 한 마디로 대답하노니, 그것은 경험으로부터이다. 경험에 우리의 모든 지식이 근거하고, 궁극적으로 그로부터 모든 것이 나오는 것이다. 외적 물체나 우리 정신의 내적 작용에 대한 우리의 관찰은 우리의 오성에 모든 사유자료를 제공해 준다. 이 두

**⁾ (영문 대조 : "… the intellect, by its native strength, makes for itself intellectual instruments, whereby it acquires strength for performing other intellectual operations, and from these operations gets again fresh instruments or the power of pushing its investigation further, and thus gradually proceeds till it reaches the summit of wisdom ".)(p. 72).

가지가 우리 지식의 원천으로써, 이로부터 우리가 가질 수 있고, 또 실제로 가지고 있는 모든 개념들이 나온다". 버클리(1685 ~ 1753)는 지식이 감각(sensation)을 통해 얻어진다는 것은 확언하면서도 존 로크의 물질적 실체(material sunbstance)가 우리 개념의 원천임은 부인하면서, 하나님이 개인의 외적 물체 지각의 원인이라고 시사하였다. 하나님께서는 창조적으로 유한한 영들을 존재케 하셨고, 이들 영들의 정신을 통해서 외적 사물들을 생각하신다는 것이다. 데이비드 흄(1711 ~ 1766)도 존 로크에 반하여 버클리에 동의하면서 물질(matter)은 감각을 넘어선 것으로 증명할 수 없는 추론(unverifiable inference)이라고 하였다. 그리고, 경험론을 그 극단으로까지 밀고 나가서 영혼에 대해서도 같은 결론을 내렸다. 그에게 있어서는 정신(mind)도 없고, 전통적 의미에서의 인과관계도 없다. 단지 심리적으로 조건화된 습관만이 남는다. 모든 경험은 단순히 내재적인 감각의 인상들일 뿐이다(All experience is simply impressions of sensation that are innate).

바로 이 경험론과 합리론의 명백한 대립이 칸트(Immanuel Kant, 1724 ~ 1804)가 직면한 문제였다. 아베이(Avey)는 칸트가 다음과 같은 결론에 이르렀다고 진술했다 : 라이프니쯔적 전통은 인간의 이성을 너무 신뢰해서 독단론(dogmatism)에 빠졌는데 비해서, 흄적 전통은 이를 너무 신뢰치 않아 회의주의(skepticism)에 빠지고 말았다. 은유적으로 말하자면, 합리주의는 이성의 '줄'(논리, logic)을 가졌었는데 비해서, 경험론은 감각과 경험의 구슬(the beads of sensation and experience)을 가졌다고 할 수 있다. 칸트에게는 이 둘이 분리되어 있는 한 지식의 '목걸이'가 나온다는 것은 환상인 듯이 보였다. 어떻게 이 둘이 열매있게 연합할 수 있을까? 칸트는 인간 이성에 대한 그의 독특한 비판에서 그 대답을 제시하고 있다.

그의 『순수 이성 비판』(Critique of Pure Reason)에서 칸트는 흄과 같이 이 세상은 그 자체로서는 우리의 실체개념과 인간성 개념을 설명하거나 정당화할 수 없는 경험된 성질의 움직임(the movement of experienced qualities)으로 구성되어 있다고 하였다. 그러나 그는 흄이 결코 그렇게 환원될 수 없는 것을 감각적 현상(sensory appearance)으로 환원시키려 한다고, 즉 감각현상을 위해 그 형상을 규정하는 전제적 틀 조차도 환원시키려고 한다고 흄을 비난하였다. 이렇게 실재(reality)와 현상(appearance)

을 구별하고서, 칸트는 경험론자를 존중하면서, 지식이 감각에서 나옴을 인정하고, 객관적 실재의 세계(가상계, noumenal)가 감각의 원천이라고 하였다. 또한, 합리주의를 높이 사면서, 칸트는 시간과 공간이 경험의 선험적 형식이며, 정신이 (로크의 백지설〈tabula rosa〉과는 달리) 통일성(unity) 복수성(plurality), 전체성(totality), 인과성(cousality) 등 12가지 범주를 따라 사고할 수 있도록 구조화되었다고 확언하였다.

이는 정신 자체가 실재의 세계에서 감각의 특별한 형상('현상': phenomenon)을 그 나름의 사유의 범주들에 의해 구조화하고 창조할 수 있다는 것을 의미한다. 다른 말로 하자면, 인간 정신은 실재 세계의 물자체(物自體, das Ding an sich)에 대한 지식을 전혀 가질 수 없고, 정신은 오직 물자체(物自體)에 정신 자체의 구조화하는 범주들(its own structuring categories)을 부과할 수 있는 정신의 성향(predisposition)때문에 물자체에 대한 희미한 지식을 가질 수 있을 뿐이라는 것이다. 다른 말로 하자면, 예지계는 항상 추론 과정 자체에 의해 지식과 분리되어 있는 것이다. 이런 방식으로 칸트는 경험론과 합리론이 서로를 필요로 한다고 주장함으로써 지식 획득에 대한 합리론적 방법과 경험론적 방법을 조화하려고 하였다. 한편으로는, 지식이 판단을 함의하고, 사유만이 감각을 판단과 연관시킬 수 있으므로 사유의 범주 안으로 들어올 수 있는 감각이 없다면, 그 범주들은 공허한 추상이 되고, 그 자체로서는 지식을 이루지 못하게 된다. 간단히 말하자면, "내용없는 사유는 공허하고, 개념없는 지각은 맹목이다."

칸트가 사람이 지식획득에 있어서 감각과 내재적 개념 모두의 역할을 인정한 것은 아주 옳은 것이라고 판단된다. 그러나 그의 입장은 그리스도인으로서 받아들일 수 없는 것이니, 그의 인식론에 의하면, 하나님과 실재 세계가 알려지지 않았고, 알 수도 없는 것이기 때문이다. (그의 견해에 의하면)그 누구도 '물 자체'(the thing-in-itself)를 결코 알 수 없다. 이것은 아주 철저한 회의주의이다. 더 나아가, 칸트는 왜 모든 사람들이 같은 방식으로 추론하는 것 같은지, 그리고 같은 세계에 대하여 말하는 것 같은지에 대해서 설명할 수 없었다. 그렇다면, 인식의 문제에 대해 다른 해결책이 찾아져야만 하는 것이다.

학습과정과 사람의 지식획득에 대해 신비한 것이 많이 있음을 필자는 기꺼이 인정한다. 그러나 아주 분명한 것들도 있다. 인간적 인식 주체가

(무엇인가를)알고, 또 자신이(무엇을)안다는 것을 알기 위해서는 다음과 같은 두 가지 선결 요건이 필요하다 : (1) 필요한 학습 기재(the necessary learning apparatus)(즉, 감각경험〈sensory experience〉과 합리성〈rationality〉, 이는 모두 하나님의 통제와 지배 밑에 있는 것이다). 그리고 (2) 모든 구체적인 것들에게 각자의 의미를 주기 위해서 필요한 보편 개념들(the universal conceptions)을 위한 근거 역할을 할 만큼 충분히 포괄적인 입각점(pou sto).***⁾ 이 두 가지 요인들이 지식 획득에 필수적임을 주장하는 것은, 내가 보기엔, 바로 성경이 가르치는 것 이상의 것이 아니다. 이제 이를 좀더 구체적으로 설명해 보겠다.

1. 학습 기재 (The Learning Apparatus)

우리가 살펴본 바와 같이, 기독교 신앙은 사람이 하나님의 영광스러운 피조물(the crowning creation of God)이라고 확언한다. 그런 존재로서, 사람의 모든 감각이 신적 기원을 가진 것이고(시 94 : 9, 잠 20 : 12, 출 4 : 11), 성경 가운데서는 지식획득에 있어서 정규적이고, 능동적인 역할을 하는 것이라고 나타나 있나(마 5 : 16; 6 : 26, 28; 9 : 36; 15 : 10; 눅 1 : 2; 24 : 36 ~ 43; 요 20 : 27; 롬 10 : 14 ~ 17; 벧후 1 : 16 ~ 18; 요일 1 : 1 ~ 3; 4 : 14 등을 참조하라). 물론, 나는 신체적인 감각기관, 즉 눈과 귀와 같은 것이 실제로 보고 듣고 한다는 것을 말하려는 것이 아니다. 눈이나 귀가 아주 복잡한 신경계의 유기적 조직체이어서 외적 자극들에 의해서 반영되는 빛이나 소리에 의해서 자극되는 것이고, 뇌의 특정한 부분에 이런 반응들이 전달되고, 여기서 이런 반응들이 지식 명제들(knowledge propositions)로 번역된다는 것은 상식적인 말이다. 그러므로 한 마디로 말하자면, 실제로 보고, 듣고 하는 것은 두뇌이다. 다른 감각들에 대해서도 같은 이야기를 할 수 있는 것이다.

그러나 사람의 두뇌가 어떻게 이 인상들(impressions)을 지식 명제들(knowlealge propositions)로 번역할 수 있을까? 또한 모든 사람들이 이들 인상들을 모두 비슷하게 번역하는 듯이 보이는 것은 무엇 때문일까? 어떤 주어진 시간에 전적으로 고립되어 있고, 연관되어 있지 않은 감각

***⁾ (사실 우리말 개역성경은 이런 식의 독법(讀法)을 따르고 있다).

인상들만이 뇌에 있게 된다면, 그리고 그 다음 순간에 인상이 마치 스타카토처럼 주어진다면, 지식이란 것이 형성되기가 불가능할 것이다. "빈 정신'(a blank mind)은 한 마디로 배울 수 없는 것이다. 본유적 지식과 함께 어떤 형태의 선험적인 것이 필요한 듯이 여겨진다. 그런데 성경은 이런 선험주의를 지지하는가? 사람이 본성에 의해 감각경험을 사용하는 학습과정과는 별개의 것인 어떤 본유적인 자명한 진리들을 가지는가? 성경은 명백히 시사하기를, 사람이 하나님의 형상으로 피조되었다는 사실로 인해서 본유적 신의식(神意識 : sense of deity), 또는 '거룩에 대한 개념'(idea of the holy)을 가질 수 있도록 조성되었다고 한다. 바로 이것이 사람의 타락에도 불구하고 사람들을 종교적인 사람으로 만드는 것이다. 타락한 종교적 인간이라는 특정한 사람이 '세계 전체와 그 자신 내에서 발견되는 특정한 종류의 신적 계시(일반계시)에 부딪힐 때 그의 종교적 악행을 덜어버리게 하면서 말이다(롬 1 : 18 ~ 32). 더구나 신적 율법의 사역은 지울 수 없게 사람의 마음 속에 새겨져 있다. 비록 지금은 죄에 의해 그 정사(正邪)의 기준이 왜곡되어 있지만 말이다(롬 2 : 15). 더 나아가, 도덕적 '당위'에 대해 본유적으로 의식할 수 있는 사람의 양심이 사람의 사고와 행위를 정당하다고 하기도 하고, 정죄하기도 하는 것이다(롬 2 : 15). 이 구절은 구별할 수 있는 인간 정신의 능력을 강하게 주장한다. 이는 사람의 정신에 있는 것이 도덕성에 대한 선결조건으로서의 이성 자체라는 것이다. 이성의 법칙(즉, 합리성 : rationality)이 본유적이라는 것은 명백하다. 그것은 배운다는 것이 바로 이성의 법칙의 선험적 존재와 작용을 요구한다는 사실 때문만이 아니라(사실, 무엇인가를 배운다는 것은 이성의 법칙을 필요케 한다) 또한 하나님의 아들, 신적 로고스가 세상에 오는 모든 사람을 밝히는 참빛이시라는 (요 1 : 9) 성경으로부터도 명백한 것이다. 이 구절에 대해서 무엇을 말하기 이전에, 새영어 표준역(NASB)이나 다른 번역본들에 있는 다른 번역, 즉 "모든 사람을 비춰는 세상에 오는 참빛"(the true light which, coming into the world, enlightens every man)을 주목해 보아야만 한다. 어떤 번역을 선호하든지 이 말씀의 요점은 영향을 받지 않는다. 그 어떤 번역이든지, 하나님의 아들이 모든 사람을 밝혀준다고 언급되기 때문이다. 전자의 번역은 원문의 순서를 애호한 것이고, 후자의 번역은 성육신을 말하는 문맥상의 진리를 애호한 것이다. 물론, 전자의 번역에 따른다면, 모든 사람에게 비춰는 빛은 구속적 조명이기보다는 이성의 빛이 된다. 그리고 후자의 번역에 따른다면, 그 빛은 합리적이기보다는 구속적인 것이 될 것이다. 어순 이외에 전자의 해석을 옹호하는 두 가지 부가적인 근거는 (1) 어떻게 그리스도께서 이 세상에 오심으로써 **모든** 사람을 조명하는지를 설명하기가 어렵다는 것과 (요한은 분명히 보편구원론자가 아니기 때문이다) : (2) 또 하나 간과해서는 안되는 것으로 요한의 서문 전부가 그리스도를 그 어떤 다른 이름보다도 로고스로서 소개된 분을 설명하는 것이라는 사실이다. 그렇다면, 어떤 이가 여기 '로고스'를 어떻게 해석하든지 간에 (말씀, 설명, 평가, 근거⟨ratio⟩, 이성, 규정⟨formula⟩, 논쟁⟨debate⟩, 말⟨speech⟩, 사려⟨deliberation⟩, 논의⟨discussion⟩신탁⟨oracle⟩, 선언⟨sentence⟩). 나는 다음과 같이 말하는 고오든 클락 (Gordon H. Clark)에게 동의한다 : "정신이나 이성에 대한 강도를 모호하게 하는 요한복음 1 : 1에 대한 번역은 잘못된 번역이다. 그리고 어떤 이가 '이성'(ratio) 개념이 삼위일체의 제 2 위의 인격성을 모호케 한다고 불평한다면, 그는 인격적(personality) 개념을 바꾸어야만 한다" (*The philosophy of Gordon H. Clark*, p. 67).*¹ 그러므로, 나는 원문의 자연스러운 어순을 따르고, 처음에 제시한 대로의 흠정역의 번역을 따르기를 애호한다. 그러므로, 다시 한번 확언하자면, 요한이 하나님의 영원한 인격적 로고스(이성)가 세상에 오는 모든 사람의 빛이라(요 1 : 5, 9)고 선언할 때, 여기서 언급된 조명과정(the enlightening proess)은 추론과정 자체(the reasoning proccess itself), 또는 합리성(rationality)이라는 말이다. 다른 말로 하자면, 존재의 영역에서 모든 것이 제 2 위의 능력에 의해 지속되고 붙잡혀지듯이(골 1 : 17; 히 1 : 3), 지식의 영역에서도 절대적으로 합리적인 인격 자신이신 신적 로고스가 모든 사람이 가진 온갖 합리성의 원천이라는 것이다.

더 나아가서, 이 진리는 왜 모든 사람들이 본질적으로 같은 방식으로 추론하고 파악하는가 하는지를 설명해 준다. 신적 로고스가 그들을 밝혀주기 때문이다. 그리고 신적 로고스가 모든 사람을 밝히므로, 사람의 추론과정은 칸트의 인식론에서와 같이 인식자와 실재 세계 사이에 서는 것이기 보다는 실재 세계와 조화되는 것이기도 하다(클락은 이를 전형

---

*¹ (그러나 이 입장이 과연 전제주의적인가 하는 문제는 남는다)

성 이론〈the preformation Theory〉이라 부르며, 이를 옹호한다). 더 나아가, 성경은 하나님의 아들이 모든 사람에게 합리적으로 부여한다고 가르칠 뿐만 아니라, 그리스도는 모든 지식을 만드시고 의사소통을 가능케 하시는 하나님의 지혜요(욥 28장 ; 잠 8 : 12 ~ 36 ; 고전 1 : 24, 30 ; 2 : 16 ; 빌 2 : 5 ; 골 2 : 3 등을 참조하라), 또한 성경과 성령을 통해 사람들에게 하나님을 계시하시는 분이라고도 가르친다. 이때 성령은 사람들의 정신 내에서 성경의 말씀에 의해 그 말씀과 함께 역사하신다고 가르친다(마 11 : 27 ; 요 17 : 6, 8, 14, 26). 이 점에서, 성경은 하나님을 모든 사람들의 모든 철학적, 종교적, 도덕적 사상의 궁극적 원인이요, 통제자로 나타내는 것이다. 하나님께서는 모든 사상을 포함하여 발생하게 될 모든 것을 미리 정하셨다는 말이다. 다음 구절들을 숙고해 보라.

① 베드로가 그리스도는 살아계신 하나님의 아들이요, 메시야라고 위대한 고백을 한 뒤에 그리스도께서는 다음과 같이 반응하셨음을 말이다 : "바요나(요한의 아들) 시몬아! 네가 복이 있도다. 이를 네게 알게 한 이는 혈육이 아니요, 하늘에 계신 내 아버지시라"(마 16 : 17).

② 서기관들과 바리새인들의 위선적 예를 따르지 말라고 경고하시면서 예수께서 다음과 같이 말씀하신 것을 말이다, "그러나, 너희는 랍비라 칭함을 받지 말라. 너희 선생은 하나요, 너희는 다 형제니라 … 땅에 있는 자를 아비라 하지 말라. 너희 아버지는 하나시니 곧 하늘에 계신 자시니라. 또한 지도자라 칭함을 받지 말라. 너희 지도자는 하나이니, 곧 그리스도니라"(마 23 : 8 ~ 10).

③ 또한 유대 지도자들이 예수를 믿지 아니할 때, 예수께서는 그들이 성부로부터 그렇게 하도록 가르침을 받지 못했기 때문이라고 한 경우도 생각하라 : "선지자의 글에 저희가 다 하나님의 가르치심을 받으리라 기록되었은즉 아버지께 듣고 배운 사람마다 내게로 오느니라"(요 6 : 45).

그렇다면, 사람들은 어떻게 배우는가? 성경의 증언에 의하면, 하나님의 로고스가 사람의 감각의 창조자이고, 사람에게 합리성을 부여한 이시다. 또한 하나님은 만물의 유일한 궁극적 원인으로서 모든 사람의 생각의 궁극적 원인이요, 통제자이기도 하시다. 사람의 좋은 생각 뿐만 아니라, 나쁜 생각에 대해서도 말이다.[1] 그리하여 이미 규정된 하나님의 거룩하신 목적을 이루어 가시는 것이다.

2. 초월적 입각점 (A Transcendant Pou Sto)

하나님의 존재가 모든 사람의 생각의 궁극적 원인이요, 통제자이심의 필연적 결과로 하나님의 지식은 그 총체적 성격에 의해 사람의 지식과 진리주장을 근거지우고, 정당화 할 수 있기에 충분한 입각점이 된다. 이것은 우리를 인간지식을 위한 두번째 선결 요건인 초월적 입각점(a transcendent pou sto)에 대한 논의로 인도한다. 왜 사람들은 그들의 진리주장을 정당화하기 위해 그런 입각점을 필요로 하는가? 이를 이해하기 위해서는 우주의 특성을 상기할 필요가 있다.

우주는 상당 수의 개별적인 것들(혹, 구체물들 : particulars)로 이루어져 있다(우주 안에 있는 모든 것들이 철학자들에 의해서 개별적인 것으로 여겨진다). 만일 사람들이 부딪히는 모든 개별적인 것들이 각기 독특하고, 전혀 분류되지 않고, 분류될 수도 없다면, 마치 사람이 그 어떤 추리 능력도 가지지 못할 때와 같이, 지식과 의사소통은 불가능하게 될 것이니, 이는 그 어떤 것도 의미를 가질 수 없기 때문이다. 이 개별적인 것들 (particulars)에 의미를 부여하는 것은 오직 보편(universals, 즉 전포괄적 개념들 : all-encompassing concepts)의 영역이기 때문이다. 지식을 위해서는 보편이 필요하다는 것을 프란시스 쉐이퍼(Francis Schaeffer)만큼 명료하게 표현한 이는 없다 :

희랍 철학자들은 이 지식의 문제를 해결하려고 수 많은 시간을 허비하였다.

---

1) 하나님이 사람의 악한 생각의 궁극적 원인이라고 말하는 것이 어떤 독자들에게는 문제가 되리라는 것을 알기 때문에 다음과 같은 구절들을 고려해 주시기를 요청한다 : 창 45 : 3~8, 50 : 20, 출 4 : 21, 7 : 3, 9 : 12, 10 : 1, 20,27,11 : 10, 14 : 4,8,17. 신 2 : 30, 수 11 : 20, 삿 9 : 23,14 : 1~4, 삼상 2 : 25, 16 : 4, 18 : 10~11, 19 : 9~10, 삼하 16 : 20~23, 17 : 1~14, 24 : 1, 왕상 22 : 23, 대하 10 : 12~15, 18 : 20~22, 25 : 17~20, 시 105 : 25, 135 : 6, 잠 16 : 4,33, 21 : 1, 사 6 : 9~10, 45 : 7, 렘 13 : 13~14, 단 4 : 35, 암 3 : 6, 마 11 : 25~26, 막 4 : 11~12, 요 6 : 44~45, 65, 12 : 37~41, 행 2 : 23, 4 : 27~28, 13 : 48, 16 : 14, 18 : 27, 롬 9 : 10~21, 고전 1 : 23~31, 엡 1 : 3~14.

그러나 그 중에서 가장 이 문제에 관심한 이는 플라톤일 것이다. 그는 지식의 영역에서는 도덕의 영역에서처럼, 의미가 있기 위해서는 개별적인 것들 이상의 것이 있어야함을 이해하였다. 지식의 영역에서 우리는 '개별적인 것'(particulars)을 가지는데, 이 '개별적인 것'이란 우리가 세상에서 보는 개별적 '사물들'(things)이다. 어떤 한 순간에도 우리는 수천 가지, 아니 문자적으로도 우리는 수천 가지, 아니 문자적으로도 수만 가지의 개별적인 것들에 직면한다 이 개별적인 것들에 의미를 부여하는 보편(the universals)이란 무엇인가? 이것이 인식론과 지식 문제의 핵심이다.

이것은 단순히 언어학적인 것이기만 한 것이 아니라, 우리가 아는 방식(the way we know)이다. 이것은 단순히 추상적 이론이나 일종의 스콜라주의가 아니라, 실재로 알며, 우리가 안다는 것을 아는 문제이다. 희랍 철학자들, 특히 플라톤은 개별적인 것들을 의미깊게 해주는 보편(the univrsals)을 추구했었다.

··· 우리가 안다는 것을 알 수 있게끔 각기 개별적인 것들을 다 포괄할 만큼 포괄적인 보편을 어떻게 찾을 수 있는가? 예를 들자면, 플라톤은 필요한 보편을 제공하는 이데아론을 제시했다.

··· 즉, 플라톤의 대답은 모든 가능한 개별적인 것들을 다 포괄할´ 수 있는 '이상'(ideal)이 어디엔가에 있다는 것이다.

··· 희랍인들은 이에 이르는 두 가지 방식을 생각하였다. 그 하나는 '폴리스'(polis)의식이다. 폴리스란 말은 단순히 '지리적 도시'이상의 의미를 가진다. 그것은 사회의 구조와 관련되는 것이다. 그래서 어떤 희랍인들은 '폴리스'즉 사회가 보편(the universal)을 제공할 수 있다는 개념을 가지고 있었다. 그러나 희랍인들은 이것이 만족스럽지 않음을 곧 알 정도로 충분히 현명했는 바, 만일 그렇다면 51%의 투표로 옳은 것이 될 수 있고 하겠기 때문이다. 그래서 예를 들면, 플라톤의 철학자 왕들(philosopher kings)로 마치기도 한다. 그러나 이것 역시 너무나 제한된 것이다. 폴리스 안에 철학자 왕을 선출했다 하더라도, 모든 개별적인 것들은 다 포괄할 보편을 제공할 수는 없기 때문이다.

그래서 그 다음에는 제신(諸神)들에게로 나아갔다. 신들이 폴리스가 제공할 수 있는 것 이상의 것을 줄 수 있으리라는 근거에서 말이다. 그러나 문제는 희랍의 신들은(플라톤의 신들도)적절치 못했다는 데에 있다. 그들은 모든 것을 포괄하고 비인격적인 동방의 신들과는 달리 인격적이긴 했으나, 충분히 큰 신이지는 못했다. 결과적으로, 그들의 신들이 크지 못했으므로 희랍인들에겐 문제가 해결되지 않은 것이다.

사회가 충분히 크지 못해서 해결치 못한 것과 똑같이, 신들도 그들이 충분히 위대하지 못하여 문제를 해결하지 못한 것이다. 신들은 서로가 싸우고 그들이 애호하는 것들이 서로 달랐다. 그래서 **희랍** 문헌에서의 운명개념에 있어서, 그 누구도 운명이 신들에 의해 지배되는지, 아니면 운명이 신들을 지배하는지를 확실히 말하기가 어려운 것이다. 즉, 운명은 단지 신들의 행위의 수단인가, 아니면 신들 배후에 보편적 운명이 있어서 그것이 신들을 조정하는가? 신들과 운명 사이의 끊임없는 혼동이 있어왔다. 이것은 그들의 신들이 적절치 못함을 희랍인들이 깊이 인식하였었음을 표현한다. 그들은 운명에 대해, 그리고 지식에 대해 충분히 큰 존재들이 아니었다. 그래서 비록 플라톤과 희랍인들이 보편을 찾는 것이 필요함을 이해하였고, 보편이 없으면, 그 무엇도 옳을 수 없음을 바로 보았지만, 그들은 폴리스로부터나, 신들로부터도 결코 보편을 찾아낼 수 없었다(*He is There and He Is Not Silent*, pp. 37~41. 비슷한 견해를 보려면 *The philosophy of Gordon H. Clark*, p. 28를 참조하라).

나의 의견으로는 "유티프론"(Euthyphron)이란 플라톤의 대화편에서보다도 더 정확하게 희랍사유의 이 실패를 실증해 줄 수 있는 것은 없는 것 같다. 이 대화편에서는 소크라테스와 유티프론이 모두 아르콘 왕의 복도에 있는 것으로 나타난다. 소크라테스는 아테네 제신들의 존재를 부인함으로써 아테네 젊은이들을 부패케 한다고 멜레투스(Meletus)에 의해서 고발되고 있고, 유티프론은 그 아버지를 살인죄로 기도하기 위해 그곳에 있었다. 유티프론을 위해 일하던 노동자가 술취하여 다른 종을 주먹으로 쳤던 것 같다. 유티프론의 아버지는 그의 손과 발을 묶어서 구덩이에 넣고서, 그를 어떻게 하면 좋을까고 신탁자들에게 묻기 위해 아테네로 갔다. 그가 돌아오기 전에, 그 살인자는 죽어 있었다. 유티프론은 말한다. "나의 아버지와 가족들은 내가 살인자의 편을 들어서 내

아버지를 핍박한다고 내게 화를 냅니다 … 소크라테스여! 이는 저들이 신들이 경건과 불경건에 대해 생각하는 바에 대해 얼마나 모르고 있는가를 보여주지 않습니까?"
"놀랍군! 유티프론! 너의 종교와 경건하고 불경건한 것들에 대한 지식이 그렇게 정확하고 … 심지어 네 아버지를 핍박함으로써 너 자신도 불경건한 것을 행하기를 두려워 하지 않을 정도라니?" 이에 대해, "소크라테스여! 내게 있어 최선의 것은 모든 문제에 대한 정확한 지식에 있습니다"고 말하는 유티프론에게 소크라테스는 조롱의 찬사로 이렇게 답변한다 : "참 보기 드문 친구여! 내가 자네의 제자가 되어야 하겠네!" 이에 덧붙여서 소크라테스는 다음과 같이 탄원한다 : "네가 그렇게 잘 알고 있다고 말하는 경건과 불경건의 본성을 내게 말해다오 … 무엇이 경건이며, 무엇이 불경건인가?" 바로 여기서 스크라테스가 유티프론에게 요구하는 것은 보편에 대한 절대적으로 포괄적인 이해의 증시 — 이 경우에는 경건이란 보편에 대한 그런 것의 증시임을 주목하라.

아무 주저함없이 유티프론은 대답한다 : "경건이란 내가 하려는 것을 하는 것입니다. 말하자면, 살인을 행하고, 신성모독을 하고, 또 그와 비슷한 일을 행하는 죄책 있는 자들을 처벌하는 것이 경건이고, 처벌하지 않는 것이 불경건입니다." 희랍 제신(諸神)들에 대한 유티프론의 무조건적 헌신과 소크라테스는 자신이 그리할 수 없다는 것에 대해 잠깐 이야기를 나눈 뒤에, 소크라테스는 다시 원래의 질문을 한다 : "나는 당신에게서 '무엇이 경건이냐'는 질문에 대한 보다 정확한 대답을 듣고자 하오. 내가 물을 때 '당신이 히는 것처럼 하라, 아버지를 살인죄로 기소하고 하라' 등의 이야기만을 듣는데, 내가 요구하는 것은 경건의 두세 가지 예를 드는 것이 아니라, 모든 경건한 것들로 경건한 것이 되게끔 하는 일반적 개념을 설명해 보라는 것이오." 여기서 소크라테스가 아주 명백히 경건의 구체적인 예들이 그와 같은 것들이라면, 반드시 그와 같은 것들에게 그런 성격을 부과하는 포괄적 보편이 먼저 있어야함을 지적하고 있음에 주의하라. 그런 포괄적 보편이 없이는 그런 행위들이 아무렇게나 해석될 수 있기 때문이다. 그리고 만일 어떤 행위가 여러가지 의미를 가질 수 있다면, 그것은 아무 것도 의미하지 못하게 될 수 있기 때문이다.

신들 자신들이 경건과 불경건의 본질에 관해 의견이 다르다는 것에 대해 소크라테스와 좀 논의한 뒤에 (희랍의 제신들은 '너무 작다'는 쉐

이퍼의 말을 상기하라!) 유티프론은 (소크라테스에 의해 제안된)정의를 더 정교하게 제시한다 :

"모든 신들이 미워하는 것은 불경건한 것입니다. 그리고 그들이 모두 사랑하는 것은 경건하고 거룩한 것입니다. 그런데 어떤 신들은 사랑하나, 어떤 신들은 미워하는 것은 경건한 것도 불경건한 것도 아닙니다."그러자 소크라테스는 묻는다 : "유티프론이여! 이것의 진리성을 탐구해 보아야 하는가, 아니면 그저 이를 권위있는 것으로 받아들여야 하는가? 그대는 무엇이라고 말하려는가?" 유티프론은 어색하게 대답한다. "우리는 탐구해 보아야 합니다만…" 이에 대해 소크라테스는 말한다 : "첫째로, 내가 알고 싶은 것은 거룩한 것은 그것이 거룩한 것이기 때문에 신들의 사랑을 받는 것인지, 그것이 신들의 사랑을 받는 것이기에 거룩한 것인지에 관한 것이오." 그리스도인들은 이에 대해서 아주 명확한 대답을 할 준비가 되어 있다. 기독교 유신론의 하나님은 이 세상의 통치자이시기만 한 것이 아니라, 이 세상의 종국적 입법자이기도 하시기 때문이다. 모든 인간 행위의 정사(正邪)를 판단하시는 것은 하나님의 뜻이다. 그의 뜻이 도덕성의 규범을 규정하는 것이다. 그 자체로(in and of itself) 옳고, 그른 것은 없다. 경건과 불경건을 구별할 수 있는 하나님 밖의, 하나님 이상의 법이란 없는 것이다. 그러므로, 그리스도인들에게는 대답은 명확하다. 하나님께서 사랑하시기 때문에 어떤 것이 거룩한 것이다. 그 근거에서만 그 역도 참이 된다. 이제 우리가 생각해 보아야 할 흥미로운 점은 이런 이해는 소크라테스도 유티프론도(그리고 플라톤도) 전혀 그 논쟁 중에서 밝히고 있지 않다는 것이다. 이는 그들이 성경적 창조주와 피조물의 구별이라는 전제를 가지고 논의를 진행하지 않고 있기 때문이다. 그들은 그런 것을 상상조차 할 수 없는 것이었다. 그들은 무비판적으로 비기독교적 대답을 선호하며, 그들이 원하는 보편에 이르려고 한다. 다음 대화를 읽어보도록 하자.

소크라테스 : "유티프론이여! 경건이란 무엇이라고 하려는가? 너의 정의에 의하면, 모든 신들의 사랑을 받는 것이 경건이 아닌가?"

유티프론 : "그렇습니다."

소크라테스 : "그것이 경건한 것이기 때문에 신들의 사랑을 받는 것인가, 아니면 다른 어떤 이유 때문인가?"

유티프론 : "아니요, 오직 그 이유 때문입니다"(그렇지 않을 수도 있

다는 것이 그의 마음 속에 생각되지도 않음에 주의하라).
　소크라테스 : "그것이 경건하기 때문에 신들의 사랑을 받는 것이지, 사랑을 받기 때문에 경건한 것은 아니란 말이지?"
　유티프론 : "그렇습니다"
　소크라테스 : "그렇다면, 유티프론이여, 신들에 의해 애호되는 것이 경건의 정의가 아니군 … 경건한 것은 그것이 신들에 의해서 사랑받기 때문에 경건한 것이 아니라, 그것이 경건하기 때문에 신들의 사랑을 받는다고 우리에 의해서 인정되는 것이니 말이오. … 그러므로, 유티프론이여! 내가 경건의 본질에 대해 물었을 때, 그대는 경건의 한 속성만을 제시했지, 본질은 제시하지 않는 듯이 보이오. 즉, 모든 신들에 의해서 사랑을 받는다는 속성을 제시하였지, 거룩의 본질은 말하지 않은 듯이 보인단 말이오 … 다시 한번 묻노니, 과연 경건이.무엇인지를 다시 한번 말해 주시오."
　유티프론 .: "소크라테스여! 내 뜻을 어떻게 표현해야 할른지 모르겠습니다. 어떤 근거에서든지 어떤 다른 논의는 우리에게서 떠나는 것 같습니다."
　이제는 충분히 살펴본 것 같다. 이 대화는 실망하고서 "급하니, 빨리 가보아야겠다"고 주장하는 유티프론의 말과 이에 대한 다음 같은 소크라테스의 큰소리로 끝나고 있다 : "아! 내 친구여, 나를 이 절망 중에 남겨 놓으려는가?" 이 모든 것은 희랍인들에게 있어서 경건이란 그들의 '그렇게도 작은' 신들(too‐small gods)에게서 독립하여 있는 것, 그들 스스로는 결정할 수 없는 그들 위에 있는 것, 인간의 정당화 능력 밖에 있는 것이라는 사실을 보여준다. 이것은 결국 무엇을 의미하는가? 보편을 발견하지 못했다는 것인가? 또한 도덕성의 영역에서는, '왜 살인이 그른 것인가?' "무엇이'잘못된'것이가"에 대한 지적인 대답을 제출할 수 없게 한다. 좀 더 일반적으로 말하자면, 보편이 없이는 그 어떤 개별적인 것도 의미를 갖지 못하는 것이다. 물론, 카르넬(Carnell)이 말하는 바와 같이, 유티프론이 무엇이 경건인지에 대한 확실한 개념을 가지지 못하면서도 그의 아버지를 계속해서 핍박하는 것은 '옳고, 그름에 대한 본유적 지식'(an innate knowledge of right and wrong)(롬 2 : 14~15)을 가지고서 살인이란 나쁘다는 것을 알기 때문이다. 비록 그 지식을 설득력 있는 명제로 제시할 수는 없다고는 해도 말이다(*An Introduction to*

Christian Apologetics, p. 318).

  희랍인들은 그것으로부터 지식과 의미를 정당화하는 노력을 할 수 있는 무한한 준거점을 결코 발견하지 못했다(Rushdoony,"The One and Many Problem, "*Jerusalem and Athens*, pp. 339 ~ 348을 참조하라). 그러나 왜 희랍인들만을 말하는가? 사실은 신적 계시의 도움이 없이는, 아카데미학파 (the Academy)나 아리스토텔레스 학파 (the Lyceum) 이후로 그 누구도 보편을 발견하지 못했다! 비록 그들이 그것을 추구해 왔으나(키에르케고르까지의 일반적인 낙관론), 사람들은 결코 그것을 발견하지 못했다. 쉐이퍼(schaeffer)는 이렇게 말한다.

  현대에는 합리주의의 통일성 안에 굉장한 변화가 있다 … 사람들은 합리주의적 낙관론자들이었다. 그들은 자신들로부터 시작하여 대립의 논리(the logic of antithesis)를 떠나지 않고서 모든 삶의 사상들과 삶 자체를 포괄하는 원을 이끌어 낼 수 있다고 믿었다. 그들은 스스로 유한한 사람들이 다양성 전체 안에 통일성을 발견할 수 있다고 합리적으로 생각했다. 이것이 우리 시대 이전의 철학의 상태와 입장이었다. 이들 합리주의적 낙관론자들 사이의 참된 논의는 그 이끌려질 수 있는 원(circle)에 관한 것이었디. '누군가가 이 원을 이끌어 내고, '이 원 안에서 살 수 있다'고 말할 수 있다. 그런데 다른 이는 내 원을 제쳐 버리고, 다른 원을 이끌어 낼 수 있다. 또 다른 이가 와서 이전 원을 제쳐 버리고, 그 자신의 원을 그릴 수 있고, 이는 무한히 (ad infinitum) 계속될 수 있다. 그래서 철학사를 따라서 철학을 연구하기 시작하면, 이 모든 원들을 다 살펴볼 때쯤 되어서, 그 각각이 다른 원들에 의해 파괴되었음을 보고서, 마치 런던 다리를 뛰어 내리는 것과 같이 느낄 것이다(*The God Who is There*, p. 17).[2]

 2) 스스로 그 각 원 (circle)을 점검할 시간도 능력도 없으면서 그래도 쉐이퍼의 이 말이 옳은가에 대해 미심쩍음을 가지게 되는 그리스도인들은 쉐이퍼 이전에 이미 바울이 그 누구도 자신으로부터 시작해서는 보편을 발견할 수 없다고 가르쳤었음을 상기해야만 할 것이다 : "내가 지혜 있는 자들의 지혜를 멸하고, 총명한 자들의 총명을 폐하리라 하였으니, 지혜있는 자가 어디 있느뇨? 선비가 어디 있느뇨? 이 세대의 변사가 어디 있느뇨? 하나님께서 이 세상의 지혜를 미련케 하신 것이 아니뇨? 하나님의 지혜에 있어서는 이 세상이 자기 지혜로 하나님을 알지 못하는 고로 하나님께서 전도의 미련한 것으로 믿는 자들을 구원하시기를 기뻐하셨도다"(고전 1 : 19 ~ 21).

그렇다면, 기독교 유신론자는 지식과 의미가 가능하기 위해서는 사람에게 무한한 준거점('보편')이 필요하다는 이 문제에 대해 참으로 깊은 해답을 가진 셈이다. 그것이 그에게 은혜로 주어진 것이다. 그것은 전포괄적인 지식을 가지신 무한한 하나님이 모든 사실들이 그의 계획에 따라 통합되는 우주를 창조하셨다는 것이다. 하나님, 좀 더 구체적으로는, 하나님의 계획이 모든 개별적인 것들에게 의미를 부여하는 보편인 것이다. 알려지는 모든 것은 결국 하나님의 계획과 관련되는 것이고, 따라서 하나님의 계획과 관련되기 전까지는 사실로 알려질 수가 없는 것이다. 반틸은 주장한다. "어떤 것에 대한 지식은 그것이 하나님의 계획과의 관련에서 이해된다"(The knowledge of anything is by way of understanding the connection that it has with the plan of God "Introduction," Warfield 의 *The Inspiration and Authority of the Bible*, p. 47). 이런 구조에 의해서만 인식하는 정신과 알려지는 사실들 간에 그리고 모든 알려질 수 있는 사실들 상호 간의 참된 의미와 양립 가능성이 있을 수 있는 것이다.

전제주의자들은 이런 노선 상에서 그의 인식론을 펴나간 것이다. 성경에 계시된 신적 정신이라는 초월적 입각점으로부터 방향을 잡아 나가므로, 그는 첫째로, 성경과 함께 인식하는 주체들과 인식되는 외적 대상들의 참된 세계(real world)의 피조된 현실성(the created actuality)을 확언할 것이고 ; 둘째로, 학습과정에서 감각경험과 이성 모두가 적당하고 정당성(legitimacy)을 가짐을 확언할 것이다. 또한 성경에 계시된 신적 정신을 의미와 진리 주장을 정당화할 수 있는 보편을 위한 입각점으로 확언할 것이다. 그리고 성경에서 자증하시는 그리스도의 말씀을 모든 추론의 인식적 근거(the epistemic basis)로 삼을 것이다 — 하나님의 계시에 대해서나 이성에 관해 추론할 때라도 말이다.

죄의 인지적 영향(The Noetic Effects of Sin)

이제까지는 인류에게 죄가 들어와 하나님 뿐 아니라 모든 것에 대한 인간의 인식 능력에 영향을 미쳤다는 것 이상 어떻게 그리 되었는지는 말하지 아니하였다. 아마도 이를 알아보는 가장 쉬운 방법은 타락 이전의 아담의 지식에서 시작하는 것이리라. 그 때 아담은 언약을 지키는 이(a covenant-keeper)였다. 그는 그에 대한 하나님의 주권과 그 자신의 피조성을 기꺼이 인정하였었다. 하나님이 그의 인식의 입각점이었고, 모든 인간 예언의 최종적 준거점이었다. 그에게 옳고, 그른 것을 결정해 주는 이가 하나님이셨고, 그는 기꺼이 하나님의 사유를 하나님을 따라 사유했었다. 이제는 익숙해진 표현으로 하자면, 그는 그때에 인식론적으로 (수납적으로 혹은, 피동적으로재구성적) (receptively reconstructive)이었다. 이 상황에서 아담은 그의 지식이 모든 것을 다 포괄하는 철저한 것이 아니요, 그의 유한하고 부분적인 지식은 그에게 부담이 되는 것이 아님을 의식하고 있었다. 왜냐하면 적어도 그에게는 부분적 지식이 실재 (a reality)였기 때문이다. 그는 자신의 이성을, 하나님을 섬기고 그에게 주어진 문화명령을 수행하는데 사용하기를 기뻐했었다. **과학자로서 아담은 자연을 하나님의 영광을 위해 연구하였다.** (As a scientist, Adam studies nature to the glory of God). 예를 들자면, 그의 동물계에 대한 연구(창 2 : 19~20)는 그로 하여금 하나님이 주시는 '그에게 맞는 배필'(a helper corresponding to him)에 대한 이해를 갖도록 하였다. 여기에 하나님의 주님되심 아래서 과학을 하고, 진리를 발견하는 온전한 예가 있는 것이다. 유혹 이전에는 그 어느 순간도 결코 자신을 자신의 입각점 (pou sto) 으로 여기거나, 자신을 우연한 자연의 사실로 여기거나(제임스 진스〈 James Jeans 〉경이 *The Mysterious Universe* 에서 인간을 그리 보듯이 말이다), 또는 아더 에딩톤 경(Sir Arthur Edington)이 *New Pathways in Science* 에서 그리하듯이 자연이 예방하지 못한 소름끼치는 무시무시한 결과로 여기지 아니하였던 것이다. 한 마디로, 그는 창조주와 피조물의 구별을 기뻐하며 자랑했던 것이다.

그런데, 우리가 살펴 본대로, 사람은 우주 안에서의 궁극적 인식론적 권위를 하나님으로부터 자신에로 바꾸어 버렸다. 그는 사람으로 만족하지 않고, 지식 획득에 있어서 자신들이 **창조적으로 재구성적**(creatively constructive)일 권리를 주장하기 시작한 것이다. 물론 그는 계속해서 그의 이성을 사용한다(그가 계속해서 이성을 사용할 수 있다는 사실은, 우리가 살펴본 대로, 그리스도께서 계속해서 그에게 이성을 부여하고 계심에 기인하는 것이다). 그러나 이제는 그가 자기 자신의 입각점이 되었다. 그에 대한 하나님의 계시를 억누르는 것이 그의 본성이 된 것이다. 한편으로는, 그 자신의 이상과 목적들을 이루기 위해 계시를 억누르는 가장 성공적인 수단을 발견한 것이고, 또 한편으로는, 죄와 부도덕을 증진시키는 가장 성공적인 수단을 발견한 것이다. 그렇다고 해서 그가 종교적인 사람이 되기를 그쳤다거나, 과학적인 사람이 되기를 그친 것도 아니다. 그러나 죄는 그 안에 심각한 영향을 만들어 내는 것이다.

종교적인 사람으로서 그는 그의 새로운 종교적 입각점(pou sto) 때문에, "썩어지지 아니하는 하나님의 영광을 썩어질 사람과 금수와 버러지 형상의 우상으로 바꾸었느니라"(롬 1 : 23). 그는 "하나님의 진리를 거짓 것으로 바꾸어 피조물을 조물주보다 더 경배하고 섬김이라"(롬 1 : 25).

또한 **과학적인** 사람으로서, 그는 계속해서 사고하고, 분류하며, 우주 안에서 의미를 추구한다. 그러나 이제는, 또한 그의 새로운 종교적 입각점 때문에 모든 의미를 하나님으로부터가 아니라, 자기 자신으로부터 이끌어 내는 것이다. 인식론적으로 상실된 마음을 가지고 사유하고(롬 1 : 28), 어두워진 오성을 가지고 생각하므로(엡 4 : 18), 사람이 '만물의 척도'가 된 것이다. 그는 스스로(for himself) 그의 윤리의 '최고선'을 결정하고, 그의 과학에서의 '우주의 의미'를 결정하며, 그의 예술에서의 '미'(美)를 결정하기로 한 것이다. 한 마디로, 이것이 인류의 예술사와 학문사가 되어 왔다. 그러나 이를 하기 위해 그는 하나님의 원래 해석을 거부해야만 했고, 우연이 궁극적이다는 우주 안에서, 다시 말하자면, 자신이 그 중 일부를 합리화하기 전에는 순전한 우연성이 범람하는 우주 안에서 산다고 가정해야만 했다.

이를 예증하기 위해서는 현대 과학을 규제하는 두 가지 철학적 원칙들만을 생각해 보기만 해도 된다(프란시스 쉐이퍼의 『이성으로부터의 도피』(*Escape from Reason*)의 처음 세 장에서 이에 대한 귀한 언급을 찾아볼 수 있다).

1. 과학적 이상 (The Scientific Ideal)

첫째로, 과학철학에서의 과학적 이상을 생각해 보자. "과학의 궁극적 최고·목적은 모든 지식을 전체를 포괄하는 하나의 단일한 체계와 자충족적인 단일한 설명의 원천을 통해 모든 실제에 대한 단일한 해석으로 통합하는 것이다"(Henry P. Van Dusen, *The Vindication of Liberal Theology*, p. 62). 또한, "그 어떤 것도 배제하지 않고, 그에 대한 그 어떤 대안도 가지지 않은 완전한 합리적 체계가 전제되었으나, 그 어느 순간도 이루어진 일은 없다"*⁾ (Morris R. Cohen, *Reason and Nature*). 또는, "과학의 목적은 분명하다 — 그것은 우주에 대한 온전한 해석 이외에 다른 것이 아니다"(Karl Pearson, *Grammar of Science* p. 14). 현대 과학이, 그의 계획에 의해서 그 원칙을 제공하는 성경의 살아계신 하나님을 부인하면서 모든 실재에 의미를 부여할 수 있는 자충족적인 단일한 해석의 원칙을 추구한다는 것을 인정할 때, 그것은 현대 과학을 통제하는 인식론의 배교적 성격을 드러내는 것이다.

2. 과학적 중립성(Scientific Neutrality)

더 나아가, 현대 과학은 그것이 진리에 대한 추구에 있어서 항상 '개방적'이어야만 한다고 주장한다. '과학적' 정신은 그 실험의 시작에서부터 그 어떤 편견이나 전제도 가져서는 안된다는 것이다. 물론, 그 어떤 인간 정신도 가정이 없는 백지(tabul a rosa)는 아니라는 것이 사실이다. 과학자들은 우주의 실재성, 그의 정신의 실재와 합리성, 물리적 우주와 추상적 정신과정 사이의 양립 가능성(the compatibility), 그리고 자연의 단일성(the uniformity of nature)을 전제해야만 한다(특히 물리적 우주와 추상적 정신과정의 양립 가능성이 없으면, 우주로부터 참된 의미를 추출할 수 없고, 그 의미를 다른 정신에게 정합성 있게 제시할 수 없게 된다). 물론, 현대 과학이, 흥미롭게도, 처음부터 배제하는 두가지 '가정들'이 있다. ① 현대과학이 그것을 가지고 작용하는 사실들의 '피조성'(the createdness), ② 우주 안의 그 어떤 것에 대해서도 밖에서 규정하는 것은 있을 수 없다는 것, 물론, 과학은 우주의 '사실들'을 가지고 작업한다고 하나, 이 사실들은 '맹목적인' 사실들(해석되지 않은)이고, 과학적인 사람에 의해서 질서와 의미가 부여되기 전까지는 우연의 우주적 방기(放棄)에 의해 혼잡스럽게 우주에 뿌려진 '비합리성의 조각들'일 뿐이다. 우주의 사실들은 비합리적이고, 규정되지 않은 것이며, 인간 과학의 성공의 영역 밖에서는 어디에나 절대적 우연성이 지배하는

---

*⁾ (영문대조 : A Completed rational system having nothing outside of it nor any possible alternative to it, is presupposed and beyond the actual attainment of any one moment.)(p. 87).

것이다. 코헨(Cohen)은 현대과학의 이런 입장을 아주 적절하게 표현하고 있다 : "…과학적 지식의 체계 내에서는 허용될 수 없는 몇몇 형태의 설명들이 있다. 예를 들자면, 물리적 현상이 직접적으로 섭리에 기인하는 것으로 설명하려는 시도는 … 모두가 합리적 결정의 원칙과 양립 불가능한 것이다." 또한 그는 이렇게도 말하고 있다 : "…(우주의)절대적 전체(the absolute collective whole)는 — 최소한 과학적 방법의 관점에서는 — 그밖의 어떤 것들에 의해서도 규정되지 않으며, 절대적으로 전체적인 우주가 그로부터 우리가 어떤 특정한 실체가 오직 하나의 분명한 특성을 가졌다고 할 수는 없다." 현대 과학에게는 그것이 처음부터 그 과제의 제한을 받지 않기 위해서는 보편적 우연성이 하나의 '당위'인 것이다. 중립적 과학이 제한되지 않은 연구에의 편리를 주장하기 위해서 반드시(이는 중립적으로 말하는 것이 아니다 : not-so-neutrally) 먼저 우주 내에서의 초자연적인 것의 작용을 부인해야 한다는 것이 분명하다. 여기에 인간 과학들이 증진되는데 나타나는 배교가 있다.

내재적 압각점과 형이상학적 우연의 궁극성에 대한 이 요청은 중생치 못한 사람들을 인식론적으로 무서운 상태에 세우는 것이다. 이것은 그가 마땅히 알아야 할 대로는 아무 것도 모른다(he knows nothing as he ought to know it)는 것을 의미한다. 왜냐하면, 그는 그 어떤 지식 주장을 정당화할 수 있는 유일한 충분한 근거를 거부하고서, 사실들의 '피조성'도 '미리 정해진 성격'도 인정하지 않기 때문이다.

그런데, 과학적인 사람은, 비록 그가 그의 배교한 자율성에 있어서 창조적으로 재구성적이지만, 그럼에도 불구하고 굉장한 성과를 이룰 수 있음에 대한 상당한 증거를 댈 수 있다는 것이 정당히 지적될 수 있다. 그는 수소폭탄을 만들고, 달세계를 여행하며, 그 앞에 놓인 여러 문제를 해결하지 않는가? 그리스도인들은 이를 어떻게 설명하는가? 이에 대해 대답하자면, 물론 사람이 천재성을 요구하는 굉장한 업적을 이룰 수 있다는 것은 사실이다. 하나님께서도 친히 바벨에서 이 죄된 피조물의 천재성을 인정하셨다 : "…이 후로는 그 경영하는 일을 금지할 수 없으리로다"(창 11 : 6). 이 모든 것은 단지 사람의 추론 능력이 여전히 기능적으로 작동하며 손상받지 않음을 의미할 뿐이다.**) 우리는 그 이유를 앞의 요한복음 1 : 5, 9의 주해에서 지시한 바 있다. 물론, 사람이 그의 학문적 작업을 해 나갈 때, 사람은 잘못을 범할 수 있고, 또 범하며, 스스로를 속이고, 적절한 사실들의 부족 때문에 잘못된 결론에 이를 수 있다. 그러나, 그는 그의 타락성에도 불구하고, 사고하며, 추론하는 피조물이다. 그리고 옳은 이성은 많은 거짓된 출발을 찾아내고, 교정한다. 이는 오직 아리스토텔레스(Aristoteles)의 『형이상학』 제4권에 제시된 소위 '논리의 법칙'은 아리스토텔레스가 그렇게 말했기 때문이 아니라, 그것들이 로고스 자신의 법칙이기 때문에 사람들에게 타당성을 가진다고 말하는 것일 뿐이다.[3] 그러므로, 타락한 사람들이라 할지라도 그들의 머리를 써서 굉장한 전문가가 되는 것이다. 그러나, 반틸 (Cornelius Van Til)이 가르치듯이, 이것은 단지, 그들이 학문적 과제를 추구할 때 기독교 유신론으로부터의 자신들의 독립을 선언할 수 있지만, 실제로는 기독교 유신론의 하나님에 의해서 제공된 도구들을 가지고 사역하는 것임을 의미할 뿐이다 : "비기독교적 과학은 기독교 유신론의 자신을 빌어서 사역하는 것이고, 그렇기 때문에 상당한 진리를 밝혀줄 수 있다"(Christian Theistic Evidince, p. 71). 다른 말로 하자면, 기독교가 진리이기 때문에 사람들이 모든 영역에서 진리와 의미를 발견할 수 있다는 말이다. 그러나, 이것은 또한 사람들이 기독교 유신론적 결론을 피하기 위해서, 인식론적 문제를 무시해 버리고, "왜 사물들이 이와 같은가?" 그리고 "우리는 어떻게 알며, 또 무엇을 안다는 것을 어떻게 아는가" 등의 문제와는 분리시켜 그들의 학문 활동을 해 나가는 단순한 '기능인'(technicians)들이 점차 되어간다는 의미이기도 하다.

그렇다면, 정확히 어디에 죄가 인지적으로 영향을 미쳤는가? 첫째

**) (이 말이 긍정될 수 있는지, 그 원문을 대조하여 보며 생각해 보아야 한다 : "All this only means that man's ability to reason is still functionally operative and intact")(p. 89).

3) 동일률(同一律 : A 는 A 이다), 모순률 (A 는 非A 가 아니다), 그리고 배중률 (排中律 : A 는 B이거나 非B 이거나 하지 다른 것일 수 없다)은 사람에게 참된 것처럼 하나님께도 참되다. 내가 보기에는 클락의 다음과 같은 말은 옳은 것 같다 : "모순률은 하나님에 앞서서, 그와 독립하여 있는 공리로 취급해서는 안된다. 법칙은 하나님 생각이다"(The Philosophy of Gordon H. Clark, p. 67). 하나님께서 그의 말씀이 진리라고 확언하시고(요 17 : 7), 그가 거짓말 하실 수 없다고 할 때(민 23 : 19, 딛 1 : 2), 그는 합리성의 원천이신 그가 그에게 대해서와 피조물에게 대해서 옳은 것과 거짓된 것을 그 자신의 영원한 성격과 속성들과 일치하는 것에 의해 결정하신다는 것을 지시한다.

로, 죄가 책임있는 요소 자체(the responsible factor per se)가 아닌 영역부터 지적해 보기로 하자. 물론, 나는 우주 안에 수 많은 사실들에 대한 사람의 무지(ignorance)라는 단순한 사실을 먼저 지적한다. 아담이 타락하지 않았더라도, 그는 여러번 "나는 그렇게 복잡한 질문에 대해 어떻게 답해야 할지를 모르겠습니다" 라고 말했을 것이다. 그러나 이 우주의 많은 것을 모른다는 것은 사람의 학문 활동을 자극시키고, 야기시켰다. 둘째로, 나는 실증적 증거에 근거해서 기독교 유신론의 하나님의 존재 사실이나 참되심을 증명할 수 없다는 것을 지적하고자 한다. 고오든 클락은 설명한다 :

(실증적 변증학에 대한)논의에서 인간의 부패성을 강조하는 이들은 타락 이전의 아담과 하늘의 택자들은 감각에 근거하여 하나님의 참되심을 증명할 수 있는 타당한 논의를 구성할 수 있다는 인상을 남긴다. 그러나 이 입장을 파기하는 근본적인 대답은 모든 귀납논의가 형식적 오류들을 가지고 있다는 것이다 … 그것은 불가능하니, 무죄한 아담에게도 죄된 바라바에게도 마찬가지로 불가능한 것이다. 죄가 타당한 논의를 오류로 만들지는 않듯이, 온전한 의도 오류를 타당한 것으로 만들지는 못한다(*Three Types of Religious phirlosophy*, p. 116).

그렇다면, 죄가 어떻게 사람들에게 영향을 미쳤는가? 죄는, 카이퍼(Abraham Kuyper)가 가르치듯이, 물리적으로 정신적으로 쇠약케 하는 영향력으로, 사람들이 끊임없이 오류 가능성, 부지 중의 실수, 자기현혹(자기기만), 거짓된 교육, 비유기적 삶의 관계의 영향력들, 이기적인 자기이익 등에 노출되게 하였다. 그러나, 내가 앞서 이미 지적한 바와 같이, 이런 영향력들은 끊임없이 과학적 결과들을 서로 대조하고 비교하여 모순을 배제시켜감으로써 축소될 수는 있다. 그러나, 사람들이 이 모든 영향력들을 피할 수 있다고 해도, 죄는 사람들로 그들의 피조성을 인정치 않케 함으로써 사람의 본성에 굉장히 심각한 손상을 가하여, 주어진 하나님의 계시를 끊임없이 억누르게 하고, 그럼으로써 지식의 가능성 조차도 이론적으로 파괴하도록 하는 것이다. 카이퍼는 이 손상을 다음과 같은 말로 진술하고 있다 : " … 주된 손상은 신 지식을 얻을 수 있는, 따라서 전체에 대한 개념을 형성할 수 있는, 그의 손 안에 있는 자료들의 죄에 의해 가해진 손상인 그 폐허이다"(*Principles of Sacred Theology*,

p. 112). 물론, 사람은 주어진 하나님의 계시를, 자기가 아무리 노력해도, 온전히 폐기해 버릴 수는 없다. 바울은 로마서 1 : 32 에서 심지어 가장 극악한 죄인들일지라도 "이같은 일을(28 ~ 31절에 열거된 죄의 목록들) 행하는 자는 사형에 ('지옥의 고통에' ⟨the pains of Hell⟩ — John Murray, *Commentary on Romans*, pp. 50 ~ 53의 그의 논의를 참조하라) 해당한다고 하나님의 정하심을 안다"고 확언하고 있다. 바울은 더 나아가 선언하기를 다음과 같이 한다 : "율법(특별 계시의 유익)을 가지지 못한 이방인이 본성으로 율법의 일을 행할 때는, 이 사람은 율법이 없어도 자기가 자기에게 율법이 되나니 이런 이들은 그 양심의 증거가 되어 그 생각들이 서로 혹은 송사하며, 혹은 변명하여, 그 마음에 새긴 율법의 행위를 나타내느니라"(롬 2 : 14 ~ 15). 칼빈과 함께 우리는 사람들이, 아무리 희미할지라도 끊임없이 동행하는 근절할 수 없는 신의식(神意識 : sensus deitatis)을 가지고 있다고 확언한다. 사람들은 하나님에 대한 의식을 가지며, 따라서 어디서나 하나님의 손길을 보아야만 한다. 그러나 이 가능한 지식을 불의 가운데서 막으려고 하는 것이 (비록 그가 이 일에서 성공할 수는 없다 하더라도 말이다) 그의 지금의 본성인 것이다. 하나님의 권위에 대한 미움 가운데서 그늘은 자연과 성경에 있는 하나님의 음성을 억누른다. 그리하지 않으려면 자신의 피조성을 인정해야 하는데, 피조물된 의식을 가진다는 것은 언약 의식을 갖는 것이고, 언약 의식을 갖는다는 것은 죄의식을 갖는다는 것이다. 그러므로, 사람들은 매 순간에 그들의 의식에 흘러들어 오는 하나님의 진리를 억압하고, 그 대신에 그 나름의 하나님 상(their own scientific reproduction of God)을 만들어 내는 것이다. 그러나 그리하면, 카이퍼가 아주 분명히 말하듯이,

동시에 전체로서의 우주의 지식, 또는 제한된 의미의 철학이 죄에 의한 이 방해 위에서 쓰러지게 된다.

… 전체의 조합이 (the combination of the whole) 제기하는 전적으로 새로운 다음과 같은 질문들 때문에 말이다. 전체의 기원과 목적에 대한 질문, 의식 내에서 반성되는 대상을 규제하는 범주들에 대한 질문, 절대적 존재와 '비—우주'(non-cosmos)는 무엇인가에 대한 질문들 말이다. 이들 문제들에 답하기 위해서, 당신은 당신 자신을 포함한 전 우주를 당신 자신에게 종속시켜야 한다. 그리고 당신의 의식 가운데서 이를 하기 위해서 당신이 우주로부터 밖으

로 나와 비우주(non-cosmos)에 출발점 (dos moi pou sto)을 가져야만 한다. 그런데, 피가 당신과 당신의 의식을 우주 내에 한정시키고 있는 한 이는 불가능하다(*Principles of Sacred Theology*, p. 113).

이렇게 되는 하나님 의식, 언약 의식(covenant-consciousness)을 기꺼이 인정하는 데서만 얻어질 수 있는 인식론적 '아르키메데스의 준거점'에 대해 사람들의 눈을 멀게 하였다. 여기서 죄의 인지적 효과가 가장 집중적으로 가장 비극적으로 드러나게 된다. 이는 결국 사람들 앞에 제기되는 인식론적 진리로부터 사람들을 이론적으로 분리시키고 심화시키는 결과를 낳는다. 즉, 만일 기독교 유신론이 옳지 않다면, 사람은 그 어디서도 (그의 종교적 신앙에서만이 아니라 학문과 예술에서도)의미를 발견할 수 없다는 그 진리로부터 분리시키는 결과를 낳는다는 말이다.

중생의 인지적 효과
(The Noetic effects of Palingenesis Regeneration)

바울은 이렇게 말하고 있다 : "육에 속한 사람(a natural man)은 하나님의 성령의 일을 받지 아니하나니, 저희에게는 미련하게 보임이요, 또 깨닫지도 못하나니, 이런 일은 영적으로라야 분변함이니라"(고전 2 : 14). 그러므로 사람은 참으로 초월적인 입각점을 다시 회복하는 일에서 참으로 무기력하다. 중생에서만 주어지는 강력한 도움을 필요로 하는 것이다. 그리스도의 신의 중생케 하시는 사역에 있는 하나님의 능력이 아니고서는 사람을 영원한 생명에로만이 아니라, 자기 자신과 학문을 위해서라도 구원할 수 없는 것이다. 중생에서 사람은 인지적으로 언약 준수자의 위치에로 회복된다. 원칙상(In principle) 그는 '수동적으로 재구성적'(receptively reconstructive)이게끔 되어, 하나님을 따라서 하나님의 생각을 사유하게 되는 것이다.[4] 중생 *(palingenesis)* 은 하나님의 주권적

---

4) 변증학도들은 여기서 다음 구절들을 차례로 연구해 보도록 요구된다. 중생에 대한 성경의 가르침에 대해서, 요 3 : 1 ~ 8, 1 : 12 ~ 13, 6 : 44, 45, 65, 엡 2 : 1 ~ 10, 고전 12 : 3, 그리고 중생의 인지적 영향력에 대해서는 겔 36 : 25 ~ 27, 골 3 : 10, 살전 1 : 9 ~ 10, 눅 24 : 45, 행 16 : 14, 고후 4 : 3 ~ 6, 요일 5 : 20 등.

행위로, 이로써 은총은 '특별한 원칙'이 인류의 몇몇 사람들에게 도입되게 되고, 그 결과로 '두 종류의 사람들', 그리고 '두 종류의 학문'이 있게 되는 것이다(Kuyper, *Prinuclple of Sacred Theology*, p. 150 ~ 176). '두 종류의 사람들'이란 말로 카이퍼는 실제로 이 세상에 언약의 준수자들과 언약의 파기자들로(물론 그들이 전적으로 이 헌신에 일치하는 방식으로만은 살지 않지만, 요일 1 : 8), 그 심정에서 '수동적으로 재구성적' (receptively reconstructive)인 이들과 (또 그들도 전적으로 이런 방식으로만 살 수는 없지만, 롬 1 : 21 ~ 25, 32, 2 : 14 ~ 15) 그 심정에서 스스로가 '창조적으로 재구성적'(creatively constructive)인 이들이 있음을 의미하는 것이다. 또한 '두 종류의 학문들'이란 말로서, 이 세상에 형이상학적으로는 모든 것을 다 같이 공유한 사람들이 실제에 있어서 인식론적으로는 원칙상 아무 것도 공유한 것이 없음을 뜻하는 것이다. 우주 안에 모든 자료를 보는 본질적으로 다른 두 가지 방식이 있다. 따라서 만일 그리스도인들과 비그리스도인들이 모두 전적으로 자의식적으로, 인식론적으로 말하며, 그들의 각기 다른 입각점 (pou stos) 과 철저히 일치하는 학문을 수행한다면, 그 결과로 한편으로 그리스도인들에게는 하나님의 영광을 위해 수행되는 과학이 있어서, 유한한 파악의 수준에서도 어디에나 의미와 목적이 있게 되고, 또 한편으로 비그리스도인들에게는 순전한 우연이 궁극적인 우주 내의 그 어디서도 절대적 우연성만이 주도하여, 의미와 목적이 없게 되는 결과가 나온다. 사실 우주(universe)란 있을 수 없게 된다. 물론, 비그리스도인들은, 그들에 대한 하나님의 일반은총(비구속적 은총)으로 인해서 이 무시무시한 허무주의를 명확히 다 드러내지는 않는다. 또한 그리스도인들도, 그가 이 세상에 살아 있는 한, 죄의 영향력이 계속해서 작용하므로, 모든 영광을 하나님께 드리려는 목적에 온전히 이를 수는 없다. 결과적으로, 그리스도인들과 비그리스도인들은 이 세상에서 함께 섞여 살며, 방법과 그 결과에 있어서 외적으로는 서로 닮은 그들 나름의 학문들을 수단으로 해서 자연을 정복하는데 협동하기도 한다. 그러나 그들에게 주어지는 하나님의 계시력이 "무엇이 ~ 의 궁극적 기원인가?" "왜 사물들이 이런 상태로 있는가?", "우리가 안다는 것을 어떻게 확신할 수 있는가?" 와 같은 궁극적 질문들에 대답하도록 하면, 이 두가지 학문은 서로 배타적인 체제라는 그 참된 성격을 가지고 나타나게 된다.

사람들에 대한 접근방법

이와 같은 앞의 논의는 기독교 변증가가 '존재일반'이나 '지식일반'에 대해서 말해서는 안되는 것과 같이 '인간의식 일반'이 있음도 가정해서는 안된다는 것을 분명히 해준다. 그는 중생하지 않은 사람들이 적대적인 입각점(a hostile pou sto)에 의해 통제받으므로, 그 자신의 원칙에서 은혜의 특별한 원칙을 검토하도록 초대되면, 그는 이것을 자신의 자율성에 대한 위협과 부인이라고 설명해 버린다는 성경적 묘사를 아주 신중히 취급한다. 그는 어쩔 수 없는 것이다(롬 8 : 7). 결과적으로, 훈련된 기독교 변증가는 단순한 시사나 함의로라도 불신자들로 하여금 그들 자신의 관점에서 성경의 계시가 기독교 신앙의 진리성을 위해 증거들(이는 어디에나 분명히 드러나 있다)을 검토해보도록 하지 않을 것이다. 그리하는 것은 암묵리에 성경이 그에 대하여 선언하는 바를 부인하는 것이고, 그가 언약의 파기자가 아니라는 것을 함의하는 것이다. 그리고 이를 초월적인 입각점(a transcendent pou sto)의 도움을 받지 않고서도 이미 우주의 상당한 부분을 자신의 배교적 입각점(apostate pou sto)으로부터 추론하고, 의미를 찾아낼 수 있다는 것을 시사한다. 그러므로 그런 초대는 불신자들로 하여금 그들의 권위를 기독교 유신론의 영역에까지 확장시키며 심지어 그 위치에서도 무엇이 참되고 참되지 않은지를 결정할 수 있다고 허용하는 것이라고 생각된다. 더 나아가, 그것은 그가(불신자가) '정상적'인, '중립적'인, 또는 '능력있는' 사람으로서, 기독교 유신론의 하나님의 참되심에 대한 증거를 판단할 수 있으며, 창조주에게 우주 내에 자리를 허용하기 전에 그가 충분한 신임장을 내 보이셔야만 한다고 요구할 수 있는 권리를 자신이 가지고 있다는 것을 함의하는 것이다. 기껏해야, 그 결과는 (그 자신의 배교적 기준에 비추어서) 참될 수 있는 것만이 참으로 계시적 자료가 될 수 있다는 배교적 결론이 될 것이다. 그는 성경에 있는 어떤 명제들은 확실히 참되다고 결론지을 수 있다. 그러나 그런 결론조차도 그런 초대의 성질에 의해서, 하나님의 말씀의 본유적 권위 때문이 아니라, 자기 자신의 권위에 이르도록 하는 것이다. 더 나아가, 이런 식으로 우주 안에 들어오시도록 허용된 하나님은 참된 하나님과 인간 자율성에 대한 진정한 도전으로서가 아니라, 기껏해야 종교 안을 '전문가'(expert)로서만 그 입장이 허용된 것이 된다(그리고, 다 알다시피, 전문가들도 실수할 수 있다). 결국, 사람 자신이 진리를 규정할 수 있는 궁극적 권위로 남고, 그의 배교적 자율성이 손상받지 않고 존재케 되는 것이다.

그러므로, 자율적인 사람의 배교적 이성에 호소하기보다는, 훈련된 기독교 변증가는 그 앞에 참으로 (really) 서있는 그 사람의 본래 모습에 호소할 것이다. 즉, 하나님의 형상으로 만들어져서, 참으로 '하나님을' 아나, 하나님에 대한 본유적 의식을 억누르는, 그 본성은 예배할 것을 요구하나 그 예배에의 요구가 살아계신 참 하나님을 예배케 되기까지는 결코 충족되지 않는 사람들에게 말이다. 그리고 기독교 변증가는 이런 사람들에게 그들이 왜 회개하면서 자신들의 자율성을 버려 버리고서, 사람들의 유일한 구속주를 왜 신뢰해야만 하는가에 대한 이유를 제시하려 할 것이다. 한 마디로, 기독교 변증가는 자신 앞에 있는 '하나님의 형상'에게 복음의 기쁜 소식의 내용을 제시하고 하나님의 신이 그의 어두운 눈을 열어주시도록 기도할 것이다. 그가 자연인의 의식에 호소할 때, 그는 그에게 인간의 자율성이라는 출발점에 일치하게 나아가면 결국 어떤 결과에 이르게 되리라는 것을 보이면서 자연인의 의식에 호소할 것이다. 또한 그가 자신의 대화 가운데 '승거'에의 호소를 포함시킬 때도, 그것을 하나의 개연성 구조 (a probability-construct)의 상부구조 (superstucture)로서가 아니라, 유일하신 참되고 살아계신 하나님이 기독교 유신론의 하나님이시라는 확실한 전제 위에서 그 증거들을 제시할 것이다. 그리하면서, 다시 말하거니와, 기독교 변증가는 하나님께 기도하기를, 만일 하나님께서 기뻐하시면, 그의 타락한 동료가 믿고, 성경 전체를 통해서 말씀하시는 자증하시는 그리스도라는 새로운 입각점을 받아들일 수 있는 은혜를 받을 수 있게 해달라고 간구할 것이다.

성경은 그 안에서 우리가 빛을 보는 빛이다(시 36 : 9). 그렇다면, 우리가 다른 이들에게 말할 때라도 이 빛을 무시해야 할 이유가 무엇인가? 반틸의 말을 좀 더 풀어 설명하는 나의 동료 데이비드 죠운스 (David Jones)의 말에 의하면, "신적 지혜의 태양을 찾기 위해서 배교한 인간 이성의 손전등을 가지고 시작한다는 것은 기괴하고 우습다."

이제 세 사람의 기독교 학자들(G. Clerk, C. Van Til, 그리고 J. C. Whitcomb, Jr.)의 글을 동의하는 마음으로 인용함으로써 이 단락을 마쳐볼까 한다. 이 세가지 인용문들은 신자들이 불신자들에게 증언하는 바른 태도와 접근법이라고 여겨지는 것을 잘 반영하고 있는 것이다.

1. 무신론자, 복음주의적 그리스도인, 그리고 모슬렘(evangelical Moslem)에 의해 제기되는 질문은 왜 코란이 아니고 성경을 선택하는가이다. 이 질문에 대한 대답은 또한 그들의 서로 다른 두 가지 체계 내의 논리적으로 공통적인 명제에 의존하지 않고서 그리스도인들이 어떻게 비그리스도인들에게 복음을 제시할 수 있는지를 설명해 준다.

   모든 가능한 지식은 첫 원칙들에서 파생되고, 체계 내에 포함되어야만 하므로, 교의적 대답은 성경 자체 내에서 발견되어야만 한다. 그 대답은 신앙은 하나님의 선물이라는 것이다. 시편 65 : 4이 말하는 바와 같이, 하나님께서는 사람을 선택하시고, 그로 하여금 기독교 교리를 받아들이도록 하신다. 또한 반대로, 요한 사도가 말해 주듯이, 바리새인들은 하나님께서 그들의 눈을 멀게 하시고, 그들의 마음을 강퍅케 하셨으므로 믿을 수 없는 것이다(요 12 : 36 하 ~ 40).

   중생이라고 불리우는 영적 생활의 시작은 성령의 직접적 사역이다. 중생은 아브라함의 혈통으로나, 자연적 갈망으로나, 그 어떤 인간 의지의 행위에 의해서 나오는 것이 아니다. 특히 세속적 경험적(실증주의적) 전제들에 근거한 논의에 의해 중생케 되는 것도 아니다. 세속주의와 기독교 내의 공통적 진리가 있다고 해도, 그것에 근거한 논의들은 신앙을 형성해 내지 못한다.

   심지어 복음의 선포로 신앙을 생성시키지는 못한다. 그러나, 복음의 선포는 존재하지 않는 공동의 근거에 기초한 오류에 찬 논의가 할 수 없는 것을 하나 해 낼 수는 있다. 그것은 믿어야만 하는 명제들을 제공하는 것이다. 그러나 믿음은 하나님에게서 오는 것이다. 하나님께서 사람들로 믿게끔 하신다. 믿음은 신적 은사란 말이다. 복음전도 사역에서는 세속적, 비기독교적 자료에 호소하는 것이 있을 수 없다. 만일 어떤 호소가 있다면, 그것은 성령께서 죄인들로 복음의 진리를 받아들이게 해달라는 기도의 호소 뿐이다. 그 어떤 다른 호소도 소용이 없는 것이다.

그런데 어떤 이가, 그렇다면 왜 어떤 이는 믿음을 가지고, 어떤 이는 가지지 않는가, 왜 어떤 이는 코란을 받아들이고, 어떤 이는 성경을 받아들이는가에 대해 근본적인 대답을 얻기 원한다면, 그에 대한 대답은 다음과 같다. 하나님께서 이사람 으로 … 을 믿게 하신다는 것이다. (Gordon H. Clark, *Three Types of Religious Philosophy*, pp. 122 ~ 23)

2. 말씀에 의해서, 말씀과 함께 우리 마음 속에서 증언하여 코페프니쿠스적 혁명을 일으키고, 우리로 기독교인과 유신론자가 되게 하시는 이는 성령이시다 … 오직 성령께서 사람에게 새로운 마음을 주실 때에만, 사람은 성경과 자연에 관한 성경의 증거를 받아들일 수 있다. 성령의 중생시키시는 능력은 사람들로하여금 모든 것을 바른 관점 가운데서 보도록 할 수 있다 (Cornelius Van Til, *The Infallible Word*, pp. 272 ~ 73).

더 나아가 계시를 받아들이는데 있어서도 우리가 근거해야 하는 것은 역시 성령의 증언이시라는 것은 참이다. 그러나 이 증언은 개인에게 직접적이고 개인적인 정보를 주는 것은 아니다. 오히려 사람의 정신과 심정에 작용하여 성경이 객관적 말씀이라는 확신을 주는 것이다. … 더 나아가, 성령의 이 증언은 성경의 영감 사역에서와 같이 신자들의 심정 가운데 일어나는 초자연적 사역이라는 것을 강조하는 것은 아주 중요하다. 만일 그렇지 않다면, 기독교에서 하나님이 사람의 종국적 준거점이라는 취지의 우리의 논의의 주된 요점은 참되지 않은 것이 된다(Van Til, in the introductory essay to Warfield's *The Inspiration and Authority of the Bible*, pp. 34 ~ 35).

3. 참된 기독교를 불신자들에게 논리적이고 그를 기쁘게 하는 식으로 제시하는 것은 전혀 불가능하다. … 단지 기독교가 그의 전제와 그가 스스로 만든 준거들에 맞게 제시되어서 기독교를 받아들이는 이는 … 기독교를 … 전도시킬 것이다. … 그러나 … 어떻게 사람이 성경과 기독교가 참되다는 것을 확신할 수 있을까? 최종적 결정을 하기 전에 다른 가능한 대안들과 비교해서 조심스럽게 기독교의 타당성을 검토하는 것이 그의 권리이고, 그의 책임이 아닌가? 그러나 이에 대한 대답도 부정적인 것이다 … 사람은 영적인 문제에 있어서 중립적이고, 편견을 가지지 않은 관찰자가 아니다. 그래서 그에게 주어지는 여러가지 종교들을 차례로 검토해 보고, 논리적으로 정합성 있으며, 역사적으로 과학적으로 사실적이며 개인적으로 그를 만족시키는 것을 자신의 것으로 받아들일 수 있는 그런 이가 아니다 ! 오히려

… 성경의 관점에서 죄된 사람들은, 창조주께서 회개하고, 복음을 믿으며, **지금** 나에게 순종하라고 말씀하실 때, 그에 대해 적당한 신임장을 요구할 권리가 없는 것이다. … 불신자들에게 그가 그의 죄를 회개하고서, 용서를 위해 그리스도께 돌아갈 수 있기 전에 모든 문제를 검토할 수 있는 권리를 가진다는 인상을 주는 것은 그를 지적 자만과 영적 자만의 근거 위에 세우는 것이다 … 죄인들의 소위 지적변명은 "하나님께서 … 예수 그리스도에 의해서 … 사람들은 모든 은밀한 것들을 판단하실" 그 날에 다 사라지고 말 것이다(롬 2 : 10). … 결과적으로, 다른 이들에게 전도하는데 있어서 가장 효과적으로 사용되는 그리스도인들은 철학, 역사, 고고학, 그리고 과학에 대해 대부분의 것을 알고 있는 사람이 아니라, 하나님의 말씀을 거의 다 알고, 그것에 복종하면서 겸손히 하나님의 도움을 찾는 자들이다(John C. Whitcomb, Jr. *The Value and Limitations of Evidences and Apologetics*, pp. 3 ~ 6).

이 논의들에서 변증학에 관한 저술들에 조금이라도 익숙한 이들은 필자가 반틸과 클락을 아주 존중하면서 논의하고 있다는 것을 명확히 알게 되었을 것이다. 나는 나에 대한 그들의 영향력을 기쁨으로 인정하며, 내가 그들 밑에서 공부할 수 있었던 것을 은혜의 섭리로 여긴다. 그 두 사람은 모두가 철두철미한 칼빈주의자들이고, 그들 모두가 공언(公言)하는 전제주의자들이다(클락은 자신을 교의주의자〈dogmatist〉라고 부른다). 그들은 모두 성경의 자증하는 하나님의 말씀이 그들의 궁극적 권위로써, 그로부터 사람들을 죄와 죽음에서 구원하시는 성경의 그리스도와 만나게 하려는 그들의 높이 살만한 노력의 통제적 원리들을 파생시킬 수 있다고 확언한다. 그러나 반틸과 클락의 이런 근본적 유사성 때문에 학도들이 그들의 몇가지 중요한 차이점을 간과해서는 안된다. 예를 들자면, 변증학 영역에서 그들 사이의 첫째 차이점은 반틸이 클락보다 기독교 변증학의 선포적(또는, 복음전파적)성격을 더 기꺼이 인정하려고 한다는 점이다. 클락(Clark)은 변증학의 '아주 제한된 관심'때문에 변증이 선포에 뒤따르며, 왜 기독교 신앙을 갖는가에 대한 이유에 관한 듣는 이들의 질문에 대한 반응이라고 여긴다. 이런 측면에서 볼 때, 반틸은 클락보다도, 신자들과 불신자들의 대립의 처음부터 인간의 자율성을 도전하는 데에 더 관심한다고 여겨진다. 그런데, 클락은 선포 후에 기독교가 사람들과 대면할 수 있는, 따라서 사람의 선택 대상이 될 수 있는 가장 생존력 있고, 합리적인 대안이라고 증명하는 것이 변증적 과제(the apologetic task) 라고 주장한다. 그들 사이의 이 한가지 대조점을 제시하였으므로, 이제는 주로 그들 모두가, 그들의 주님의 목소리라고 고백하는 자증하는 성경은 그들이 충분히 조심스럽게 듣지 않는다고 생각되는 영역에 대해서 그들을 비판해 보려고 한다. 이 과정에서, 그들 사이의 심각한 차이점들이 자연스럽게 드러나게 될 것이다.

반틸과 사람의 유비적 지식

코넬리우스 반틸(Cornelius Van Til)은 지난 50여년 동안 개혁신앙과 참으로 일치하는 변증방법을 열심히 일관성있게 주장하였다. 이 장의 앞 부분에 있는 기독교 유신론에 대한 전제주의적 변증 논의는 그 개요에 있어서 반틸의 사상에 근거하여 이끌어내진 것이다. ① 우주에는 하나의 단일한 비유신론적 소여가 있는 것이 아니다. ② 모든 사실들은 하나님의 전포괄적인 계획 안에 그 위치를 차지하고 있으므로 지금과 같은 존재를 가지고 있다. ③ 사람의 지식은 오직 선험적인 하나님의 철저한 지식 때문에 가능한 것이다. ④ 사람의 지식이 참되려면, "하나님을 따라서 하나님의 생각을 사유하는 것이어야 한다" ⑤ 기독교 유신론이 참되지 않다면, 불신자는 그 어떤 사실에서도 아무런 의미를 발견할 수 없을 것이다. 그리고 ⑥ 인간 자율성의 비적합성(illegitimacy)은 성경의 자증하시는 그리스도의 이름으로 도전받아야만 한다 — 이와 같은 반틸의 철저한 주장들은 단지 성경적이고 개혁주의적 주장들일 뿐만 아니라, 전통적 변증 방법에 미치는 그 혁명적 영향에 있어서 '코페르니쿠스적'인 것이다.

반틸의 변증체계는 하나의 커다란 유신론적 증명(a grand theistic proof)이다. 최고, 유일의 유신론적 증명이기도 하다. 따라서 다음과 같은 길버트 위버(Gilbert Weaver)의 관찰은 정확한 것이다.

…반틸의 유신론적 논의는 다음과 비슷하게 진행된다 : 성경의 주권적 하나님이 궁극적인 분이어서 그의 뜻이 존재하게될 모든 것을 규정하든지, 아니면 우연이 궁극적인 것이든지 하다…만일에 그런 하나님이 없다면, 우연이 궁극적인 것이고, 그 어디에도(사상, 말, 사건들) 의미가 없는 것이 된다. 말

도 할 수 없고, 하나님에 대한 논의도 할 수 없게 된다. 그 어떤 견해가 많은 문제를 해결하고, 다른 주제를 해결할 수 있는지는 고사하고라도 말이다(*The Philosophy of Gordon H. Clark*, p. 301).

반틸 자신은 다음과 같이 말한다 :

> … 기독교를 위한 논증은 … 반드시 전제를 가진 논증(the argument of presupposition)이어야만 한다. 어거스틴과 함께 하나님의 계시는 모든 다른 빛이 파생하는 태양과 같다고 주장되어야만 한다. 기독교의 진리성에 대한 최선의 유일하고 절대적으로 분명한 증명은 그 진리성이 전제되지 않으면 그 어떤 것의 증명도 있을 수 없다는 것이다. 기독교는 증명 개념 자체의 근거가 되는 것으로 증명되어야 한다(*The Defense of the Faith*, p. 396 ; pp. 196~197 ; 또는 *Jerusalem and Athens*, p. 21를 참조하라).

내가 생각하기로는 반드시 인정되어야 할 '유신론적 증명'(a theistic proof)이 여기에 있는듯이 보인다. 이런 논의로 불신자는 참으로 자신의 자율성을 버리고서, 기독교 유신론적 계시에 종속해야 된다는 도전을 받는다.

그러나, 철저히 창조주-피조물(Creator-creature)의 구별을 주장하고, 또한 그의 신앙의 변증노선에 일치하기를 주장하는 그의 노력에서, 반틸은 사람의 지식이 단지 하나님의 지식에 유비적(analogical)인 것이라고 주장하였다(*cf*, *The Defense of the Faith* pp. 56, 65 ; "Common Grace," p. 28). 말하자면, 사람은 하나님께서 무엇을 아시듯이 아는 것은 아무 것도 없다는 것이다 : "… 사람의 모든 언급은 하나님의 선해석(pre-interpretation)에 대한 유비적 재해석일 뿐이다. 그러므로, 하나님의 불가해성(the incomprehensibility of God)은 그 어떤 계시적 명제에 대해서도 가르쳐져야만 한다(*An Introduction to Systematic Theolgy*, p. 17, 강조점은 필자의 것임). 클락을 목사로 임직하도록 결의한 노회에 반하여 제기한, 그리고 반틸도 그에 대해 자신의 서명을 붙인 『불평의 소리』 *(The Text of a Complaint)* 에서, 그 기안자들은 클락의 인식론이 "그로 하여금 신적 정신의 내용과 피조물에게 가능한 지식 사이의 질적인 차이를 폐기하게끔 인도하였다"는 것은 '비극적 사실'이라고 선언하였다(정통장로교회 제 12

차 총회 의사록, 1945, p. 15). 이 문서는 또한 확언하기를, "우리는 감히 (하나님의) 지식과 우리의 지식이 그 어느 한 점에서도 동일하다 (coincide)고 주장하지 않는다"고 하였다(앞의 책 p. 14).[5] 이 문서가 다르다고 선언하는 것이 하나님과 사람이 어떤 사실을 아는 방식이 아니라는 것을 여기서 주목하는 것이 중요하다. 반틸과 클락 모두가 하나님께서 2+2=4 라는 사실을 그 모든 관계와 함의에서 알지만, 이에 대한 사람의 지식은 철저한 것이 아니고, 그 관계와 함의의 일부만을 알 뿐이라고 주장한다. 그리고 반틸과 클락 모두가 이 명제는 영원히 하나님 앞에 있으나, 사람은 최소한 이론적으로 그것을 잊어버릴 수 있다고 믿는다. 오히려 하나님의 지식과 다른 것은 사람의 지식의 내용이다. 반틸은 이렇게 말한다 :

클락 박사는 신적 정신과 인간정신 사이의 준거점의 동일성 뿐만 아니라 그 사이의 내용의 동일성도 추구한다. 그가 그리 한다고 하는 것은 자연스럽다. 그것은 그 어떤 비기독교적 방법론에도 타당한 것이다…그러나 하나님의 지식과 사람의 지식 사이의 질적 차이를 주장하는 "the Complaint"의 주장은 단지 창조주와 피조물의 차이를 주장하는 것이었다. … 2×2=4 라는 것은 잘 알려진 사실이다. 하나님도 이것을 아시고, 사람도 이것을 안다. 클락 박사의 원칙에 의하면 이런 명제에 대한 하나님의 정신의 내용과 사람의 정신의 내용 사이엔 내용의 일치성이 있어야만 한다. "The Complaint"의 사물관이 대립하는 것은 이런 사물관이다, "The Complaint"는 2×2=4라는 첫 명제 자체의 그 좁고, 최소한의 의미된 하나님에게는 질적으로 다르다고 가르친다고 한다(*The Answer*, p. 21). 여기에 이와 같은 말이 덧붙여져 있다 : "만일 그들이 이 질적인 차이가 무엇인지를 명확히 진술할 수 없다면, 그런 알려지지 않은 것이 어떻게 정통주의의 시금석이 될 수 있겠는가"(앞의 책)?

그런데 이제 불평자들(the complainants)이 2×2=4라는 명제에 대한 신적 지식과 인간적 지식 사이의 질적인 차이를 클락 박사가 말하는 의미에서 "명확히 진술해 보려고" 노력한다고 해보자. 그러려면, 그들은 먼저 기독교적 계시 개념에 대한 그들의 근본적 주장을 부인해야 할 것이다…그러나 그들은 기독교 계시론을 지적인 인간의 언급의 근본적인 것으로 여기기 때문에, 그들

---

[5] Cf. Van Til, "Introduction"to Warfield, *The Inspiration and Authority of the Bible*, p. 33.

은 그 어떤 기독교 교리를 "분명히 진술하려는" 그 어떤 시도도 거부하는 것이다(*An Introduction to Systematic Theology*, pp. 171 ~ 72).

이것은 믿기 어려운 진술이다. 반틸은 하나님의 지식과 사람의 지식이 그 내용에 있어서 정확히 똑같은 것은 하나도 없다고 할 뿐만 아니라, 그 사이의 질적인 차이가 무엇인지를 설명하려는 노력조차도 거부해 버린다. 그는 2×2=4가 하나님께는 어떻게 다른지를 "명확히 진술하려고"하지 않는다. 그리고 그 이유가 '기독교적 계시관' 때문이라고 한다. 그러나 이 인용문으로부터는 반틸에게 있어서, 사람에 대한 하나님 자신의 계시가 참으로 사람에게 하나님이 본질적으로 어떤 분이신지를 참으로 계시하지 않는다는 것이 분명치 않은가? 또한 하나님의 계시를 통해 얻어진 어떤 신지식이 결코 일의적(一義的 : univocal)인 것이 아니고 단지 '유비적' 지식일 뿐이며, 또한 하나님이 그 어떤 계시적 명제에 대해서, 계시 이전과 같이 불가해적인지도 불분명하지 않은가! 그러므로, 클락은 반틸의 입장이 필연적으로 회의주의와 전적인 무지에로 인도한다고 주장하는 것이 놀라운 말이 될까? 클락은 말한다 :

… 만일 하나님께서 모든 진리를 아시며, 모든 명제의 정확한 의미를 아신다면, 그리고 그 어떤 명제로 하나님께 의미하는 것을 사람에게 의미하지 않는다면, 그래서 하나님의 지식과 사람의 지식이 그 어떤 한 점에서도 일치하지 않는다면 엄격한 필연성에 의해서 사람은 전혀 진리를 가질 수 없다는 결론이 나오지 않는가? 이런 결론은 칼빈의 견해(기독교 강요 Ⅱ, Ⅱ, 12 ~ 15)에 정면으로 대립할 뿐 아니라, 모든 기독교를 손상시키는 것이다(*"Aplolgetics", contemporary Evangelical Thought*, p. 159).

우리는 앞서 주목한 바와 같이, 하나님과 사람은 2×2=4 라는 명제를 다른 방식으로 아는 것은 사실이나, 적어도 하나님과 사람 모두가 2×2=4 라는 사실 자체는 아는 것이다. 이 사실은 하나님에게나 사람에게나 같은 것이다. 그 사실이 하나님에게서 독자적인 것이어서가 아니라, 모든 인간의 지식이 하나님의 지식에 의존해 있기 때문에 말이다. 바로 하나님께서 모든 사실들을 그들의 모든 관계에서 철저히 아시기 때문에, 그는 모든 사실을 참으로 아시는 것이다. 그러므로, 그가 어떤 사실을 사람에게 계시하시며, 사람이 비록 철저하지는 않더라도 참으로 그 사실을 안다고 말하는 것은 정당하다. 어떤 사람이 사실 자체의 사실성(thatness)에 대한 하나님의 지식과 피조물적 수준에서 일치하는 사실을 배우면, 그 사람이 그 사실을 **철저히 다는** 아니라, **참으로** 안다고 말하는 것은 타당한 것이다.*) 물론 불신자가 어떤 것을 **참으로** 배우는 것은 하나님께서 믿지 않는 인류에 대한 일반 은총 가운데서 하나님 자신의 지식의 보고(knowledge bank)로부터 빌어 쓰도록 허용하고 있기 때문에 가능한 것이다. 즉, 타락 이후에도 하나님의 형상됨의 은혜를 유지시키시고, 그들에게 계속적으로 합리성을 주시기 때문에 말이다.**) 타락한 사람은, 비록 그들을 정당화할 수 있는 인식론적 입각점을 가지고 있지 않아도, 자연과 도덕성의 많은 지식을 갖는다. 그러나 그가 이를 가질 수 있는 것은 순전히 그에 대한 하나님의 일반은총 때문이다(그의 인식론적 난점에도 불구하고, 계속해서 정의를 추구하는 유티프론의 노력을 상기하라). 비슷한 이유들에서, 그리고 여기에 덧붙여 특별계시와 중생적 입각점이라는 부가적 유익으로, 신자들은 어떤 사실들을 참으로 안다고 할 수 있다. 그러나, 신자들에게는 자신의 언급을 인식론적으로 정당화할 수 없음에서 오는 좌절이 있지 않다. 기독교 유신론자는 신구약 성경에 계시된 하나님의 지식이 그의 유한한 언급을 위한 근거로서의 역할을 할 수 있는 무한한 준거점이라고 확언한다. 즉, 그것이 인간의 지식을 가능케 하고, 비록 유한한 것이긴 하지만, 참된 인간 지식의 타당성과 진리성을 보장한다는 것이다. 하나님의 지식과 사람의 지식(이는 계시에 근거한 사람의 지식도 포함한다) 사이의 유비적 관계에 대한 반틸의 주장은, 나의 판단으로는, 그의 변증적 체계에 있는 유일한 최대

---

*) (원문대조 : "When a man learns a fact that coincides on the creaturely level with God's knowledge of the "thatness" of the fact itself, it may legitimately be said that man knows that fact truly though not exhaustively"(p. 101). 그러나 이점은 Van Til 자신도 늘 말하며 강조하는 점이 아닌가?)

**) (여기서 Van Til 과 Clark, 그리고 그에 동조하는 Reymond 의 차이가 드러난다. Clark 과 Reymond 등은 이렇게 유지되는 合理性을 좀더 존중하고, Van Til 은 그것의 배교적 성격에 좀더 도전한다. 이 문제에 대해서는 역자의 *"Cornelius Van Til 의 신학사상에서의 合理性 개념", 개혁신학연구(Ⅰ)* (서울 : 풍만 출판사, 1987), 제 10장을 참조하라).

약점으로써, 이를 끝까지 주장하면, 그의 체계가 무너질 수도 있는 것이라고 여겨진다.***⁾

그러나, 반틸은, 다른 많은 유비론자들과 같이, 그의 저작들의 적절한 여러곳에서 성경 구절들을 인용해 가면서, 하나님의 지식과 사람의 지식이 어디서나 질적으로 다르며, 하나님은 항상 불가해적인 하나님이시라는 그의 주장을 뒷받침해 나간다. 여기서 사용되는 가장 분명한 구절들은 신명기 29 : 29, 욥기 11 : 7 ~ 8, 시편 145 : 3, 이사야 40 : 28, 55 : 8 ~ 9, 마태복음 11 : 27, 누가복음 10 : 22, 요한복음 1 : 18, 6 : 46, 로마서 11 : 3, 그리고 디모데전서 6 : 16 들이다(예를 들어서, 정통 장로 교회 제 12차 총회 의사록, 1945, p. 12를 참조하라). 다른 말로 하자면, 이 구절들은, 유비론자들이 주장하듯이, 인식론적 문제(epistemological issue)에 관한 것이다. 즉, 이 구절들은 불가해적인 하나님의 지식에 대한 인간 지식의 유비적 성격과 그 제한성을 지시한다는 것이다. 그러나, 나는 비록 이 구절들이 하나님의 불가해성을 부인하지는 않으나, 근본적으로는 구원론적 문제(soterilogical issue)에 관심하여, 사람이 하나님을 알기 위해서는 계시를 필요로 하며, 그 계시는 하나님과 사람 사이의 구속적 구원 관계에 의해서만 얻어질 수 있음을 말한다고 시사한다. 욥기 11 : 7 ~ 8, 시편 145 : 3, 이사야 40 : 28, 로마서 11 : 33, 그리고 디모데전서 6 : 16은 하나님의 광대성과 무변성(immensity)을 확언하고 있음에는 틀림이 없으나, 사람이 계시의 유익을 저버리고서 자기로부터 시작해서는 (바울이 고린도전서 1 : 21에서 선언하듯이, 그들이 지혜로는) 하나님을 찾을 수 없다는 것만을 인식론적 의미로 가질 뿐이다. 이를 반대로 말하자면, 사람이 옳고 참된 신지식을 얻기 위해서는 신적 계시에 의존해야 한다고 말할 뿐이다(시 145 : 3에 대한 델리취의 주석을 참조하라. 시편주석, Ⅲ, p. 389). 신명기 29 : 29, 마태복음 11 : 27, 누가복음 10 : 22, 그리고 요한복음 1 : 18, 6 : 46 (45절 참조)은 실제로 사람이 계시로 하나님과 그의 생각을 하나님께서 그리스도와 그의 말씀 안에서 계시하신 정도로는 참으로 알 수 있다고

***⁾ (이 주장에 대해, Van Til 은 이런 주장은 Clark 이나 Carnell 의 견해와 같이 신인의 질적 차이를 바로 주장하지 못하는 것이며, 合理主義的 오류에서 온 것이라고 비판할 것이다. 위에 언급한 필자의 논문을 참조하라).

가르친다. 마지막으로 이사야 55 : 8 ~ 9은 "신적 지식을 인간적 지식으로부터 격리시키는 간격"을 제시하기는 커녕(의사록, p. 12), 사람이 하나님의 생각을 알 수 있는 참된 가능성을 주장하며, 사람들로 하여금 자신들의 생각을 벗어나서 하나님의 생각을 배우라고 권고하는 것이다. 직접적인 문맥을 생각해 보라. 55 : 7에서 하나님께서는 악한 사람, 죄인도 사람에게 그의 방식과 생각을 버리라고 하신다. 어디로 돌아가야 할 것인가? 물론 주님께로 (6, 7절)! 그렇다면 왜 주께로 돌아가는데 자신의 방식과 생각을 버려야만 하는가? 주께서는 이렇게 말씀하신다 : "내 생각은 너희 생각과 다르며, 내 길은 너희 길과 다르기" 때문이다(8절). 그렇다면, 이 문맥 전체는 하나님의 길과 생각이 사람의 능력 밖에 있음을 확언하기는 커녕, 오히려 죄인된 사람으로 하나님의 길과 생각을 배우기 위해서 자신들의 길과 생각을 버리라고 강력히 요청하는 것이 된다. 그리 함으로써 죄인된 사람들이 그들 자신의 길과 생각을 보다 훨씬 더 낫고, 영속성 있는 신적 생각과 길을 얻게 된다는 것이다. 하늘이 땅에서 초월해 있듯이, 그정도로 신적 생각과 길은 사람들 자신들의 것보다 더 낫고, 영속성이 있다. 그렇다면, 이 구절들은 흔히 생각되는 것과는 정반대의 의미를 가르치는 것이다. 이 구절들은 오히려 하나님의 생각을 그를 따라 생각하고, 배우도록 악한 사람들에게 요청하고 격려하는 것이다. 내 생각으로는 다음과 같은 델리취(Delitzsch)의 주석은 아주 옳은 것이다.

그들 자신들의 길과 생각을 버리고서, 자신들을 구속자 하나님과 그의 말씀에 굴복시키라는 이 호소는 이 하나님의 길과 생각이 절망적인 인간의 생각(40 : 27, 49 : 24)과 목적 없는 길 사이와는 천지(天地)의 다름과 같은 차이에 근거하여 주어졌다 … 어디에서 하늘같은 상승이 나타날 수 있는가는 뒤 따르는 말에 밝혀져 있다. 그것(하나님의 생각들)은 그렇게 변하기 쉽거나, 믿을 수 없거나, 또는 그렇게 무기력한 것이 아니란 말이다(*Commentary on Isaiah*, Ⅱ, 358).

이 구절들에 대한 분석이 어쩔 수 없이 간단히 주어지긴 했지만, 변증학도는 이 구절들 중 그 어느 것도 사람의 지식이 하나님의 지식에 대해 단지 유비적인 것(only analogical)이라고 가르치지 않는다는 것을 확신할 수 있게 되었을 것이다. 오히려, 어떤 구절들은 아주 명백히 선언하기를, 성경에 있는 하나님의 명제적 자기 계시에 의존해서 철저하게는 아니라도 하나님의 생각의 어떤 부분을 참으로 알 수 있다고 하는 것이다. 말하자면, 그들은 계시된 명제를, 최소한 그것의 계시된 형태에서는, 하나님께서 그것을 아시는 것과 같은 의미에서, 즉 일의적(一義的, univocal)으로 알 수 있다고 하는 것이다.

오늘날 변증학계에 반틸이 실제로 하나님과 사람 사이의 '유비'의 교리를 가르쳤느냐에 대한 논의가 있다. 길버트 위버(Gilbert Weaver)는, 『예루살렘과 아덴』 Jerusalem and Athens, pp. 323 ~ 27) 과 『고오든 클락의 철학』(The Philosophy of Gordon H.Clark, pp. 303 ~ 305)에서, 반틸은 '유비'(analogy)란 말로 토마스 아퀴나스가 말하는 '유비'를 의미한 것이 아니라고 주장하였다.*) 오히려, 그는 반틸이 지식 자체가 아니라, 사람 안에 '추론의 과정'만을 지칭하려고 했다고 주장한다. 나는 여기서 위버(Gilbert Weaver)가 '추론의 과정'(process of reasoning)이란 말로써 무엇을 의미했는지를 명확히 말할 수 없다. 만일 그가 '추론 과정 자체'(the reasoning process itself)를 의미한다면, 나는 그에게 동의할 수 없을 것이다. 그러나 나는 반틸이 '유비'란 말로써 토마스 아퀴나스적인 '유비'를 의미한 것이 아니라는 데에는 동의한다. 반틸은 토마스주의가 '유비'를 충분히 신중하게 다루지 않았다고 믿지 않는다. 아마 그는 이렇게 말할 때, 바른 유비관은 하나님의 지식의 내용과 사람의 지식의 내용이 모든 일치성(coincidence)을 부인하는 것이라는 뜻으로 말했음에 틀림이 없다. 이것은 급진적인 유비관(a radical view of analogy)이다. 사실, 어떤 이는 이것이 도대체 유비인가 조차도 의문시할 것이다. 오히려 이것은 순전히 다의론(多義論, equivocism)이다. **)

반틸이 유비의 다의적 성격(多義的 性格, an equivocal character)을 확언한다는 것이 그가, 우리의 지식은 유비적인 것이므로 진리가 역설적으로 나타날 수도 있다는 그의 기꺼운 인정에서(The Defense of the Faith, p. 61)도 찾아볼 수 있다. 이 인정은 결국 사람의 지식을 하나님의 지식과

---

*) (이는 Van Til 자신의 주장이기도 하다.)

**) (물론, Van Til 은 Reymond 박사의 이런 평가에 동의하거나, 항복하지 않는다. 그의 독특한 유비관을 잘 생각해보라).

는 질적으로 다른 것으로 여기는 결과를 낸다. 그런데 나는 오류를 범하는 주해가가 자신의 주해를 마친 후에 두 가지 성경구절에 대한 주해에서 모순되는 진술들을 할 수 있다는 것은 가능하지만, 그가 그 두 가지 진술 모두를 옳게 해석했다고 하는 개념은 전적으로 거부한다. 그는 어느 한 구절(또는 두 구절 모두)의 의도를 완전히 놓쳤거나, 아니면 결코 직접적으로 관련되지 않는 두 구절을 함께 취급한 것이다. 만일 후자와 같은 경우라면 그는 '사과'와 '귤'을 구별하지 않은 것과 같다. 달리 말하자면, 같은 신학적 질문과 관련된 두가지 성경의 진술들이 바르게 해석되면, 사람의 실존에는 역설적으로, 즉 모순되게 보일 수는 있으나, 그러나 인간 이성에 참된 것은 그것이 근거하는 기독교와 성경을 비합리적으로 만들고, 그 내용 전체를 통해 말씀하시는 영원한 로고스의 성질에 반(反)하는 것은 아니다. 하나님은 진리 자체이고, 그리스도는 합리적이시다. 그 두 분 모두 거짓말하실 수 없으시고, 그들이 말씀하시는 것은 자명하게 비모순적이다. 그런데, 만일 진리가 모순되게 나타날 수도 있다면, 참과 거짓의 분별이 불가능한 것이다! 따라서, 철저한 연구를 통해서 그 모순을 해결하여 가는 것이 더 낫다. 그리고 그런 해결이 발견되기 전에는 그 어느 하나(또는 둘 모두)의 성경구절을 바로 이해하지 못했다고, 즉 그 모순이 명백한 자료에 대한 인간의 무지에 기인한다고 하는 것을 받아들이는 것이 하나님께서 성경 가운데서 자신을 인간에게 계시하실 때, 바르게 이해해도 합리적인 사람에게 모순적인 것으로 보이도록 나타날 것을 진리라는 이름으로 가르치셨다고 하는 것보다 더 나은 것이다. 반틸과 같이 바르트주의적 비합리주의에 강력한 적대자가 사람에 대한 진리의 본성에 관해서 바르트와 같은 결론에 이르렀다는 것은 아주 이상스러운 일이다.***[1] 이와 관련하여 반틸과 바르트 사이의 유일한 차이점은 반틸은 진리가 성경의 명제들에 객관적으로 제시되었다고 가르치는데 반해서, 바르트에게 있어서 진리는 본질적으로 실존적이라는 데에 있다. 그러나 그 두 사람 모두에게 있어서, 최소한 때때로는 종교적 진리가 역설적으로 나타날 수 있는 것이다.

이런 반틸의 난점들 모두에 대한 해결은, 성경이 가르치듯이, 하나님과 사람이 같은 진리 개념과 같은 언어 이론을 공유한다는 것을 확언하

***[1] (Van Til 이 이에 대해서 어떻게 말한 것인가? Van Til 과 Barth 의 유사성과 차이점 – 이는 상당히 흥미롭고도 유익한 연구의 제목이 된다)

는 길 뿐이다.

클락과 "교의적" 변증학 (Clark and "Dogmatic" Aplolgetics)

고오든 클락(Gordon H. Clark)에게 있어서 중심적 변증학적 주제는 하나님의 존재 사실이다(*Contemporary Evangelical Thought*, p. 143). 전제주의적 변증학을 명확히 하려는 일에 헌신한 개혁주의 철학자로서 클락(Clark)은 실증주의자들(경험론자들)의 병기고에서의 하나의 주된 논의 — 예를 들자면, 신의 존재사실에 대한 우주론적 논증 — 의 타당성 문제에 깊이 관심한다(앞의 책, pp. 143 ~ 149 ; *Religion, Reason and Revelation*, pp. 35 ~ 43 를 참조하라). 이런 논의의 논리적 오류들은 다음 장에서 토마스의 논의와 관련하여 지적될 것이므로, 여기서 재론될 필요가 없다. 따라서 여기서는 클락이 이들 논리적 오류들에 근거해서 이들 논증들(그리고 그것에 의해 예증되는 모든 자연 신학)의 타당성을 부인한다고 말하는 것으로 충분할 것이다. 그에게 있어서 놀라운 것은 이들 논증의 논리적 부적절성(the logical inadequacies)을 인정하는 많은 뛰어난 신학자들이 여전히 이 논증이 설득력있는 가치를 갖는다고 주장한다는 것이다.

만일 어떤 이가 그것의 형식적 타당성을 주장하지 않고 우주론적 논증을 사용하기 원한다면, 그 이전에 설명해야할 난점이 있다. 하나님의 존재사실에 대한 자연적 증거는 모든 실천적 목적들을 위해 확실성을 가진다는 표현은 단순히 일동의 열정적 연설의 형태로 이해되어야만 한다. 왜냐하면, 그것은 문자적으로 취해질 수 없음은 명백하기 때문이다. 기독교인이든지, 비기독교인이든지 그들에게 있어서 이 논의가 결코 설득없는 많은 이들이 있다. 불신자들과의 대화와 심지어 그리스도인들을 계몽시키는 것도 모든 실천적 목적을 지닌 것에 속한다. 그런데 그것이 모든 실천적 목적들을 위해 만족스럽지 않다면, 어떤 실천적 목적들을 위해서는 만족스러운 것이라고 변증될 수 있을까? 결국, 이것은 이것을 사용하는 이들에게는 설득력이 있다. 그러나 이는 더 나은 설명이 아니다. 사람들은 흔히 보잘 것 없는 증거들이나 아주 분명한 오류들에 의해서도 확증을 얻기 때문이다. 이 논증이 어떤 실천적 목적을 위해 사용될 수 있으므로 이 논의를 사용할 수 있다는 것이 정당화될 수 있다면, 복음전도는 완전히 궤변(sophistry)이 되고 말 것이 아닌가? 그것이 사람들에게 확증만 준다면, 그 어떤 증거나 오류라도 사용할 수 있는 것이 되지 않는 가? 그리고 이것은 복음전도자 자신이 그의 논의가 본래적으로 건전치 못하다고 알고 있는 경우에도 마찬가지가 된다. 이런 혼란은 한 논증이 타당한 것인지, 오류의 논증인지를 알아 보려고 하지 않으려는 데서 비롯되는 것이다. 그들이 아닌, 제3의 가능성은 없는 것이다. 그리고 논증을 선택하는데 있어서는 타당한 논리(valid logic)를 대신할만한 기준이 없다(*Contemporary Evangelical Thought*, pp. 149~50. 강조점은 필자의 것임 ; 또한 *Three Types of Religous Philosophy*, pp. 52~69를 참조하라).

클락은 그 어떤 귀납 논증도 그 무엇을 증명하지 못한다고 확신하기 때문에 이런 입장을 취한다. 그리고 물론 그는 옳다. 예를 들자면, 그의 『논리학 서론』*(Introduction to Logic)*에서 코피(Copi)는 확언하기를 귀납 논증들은 "그 결론들의 진리성을 필연적으로 그 전제들로부터 이끌어져 나온 것으로 증명해 내었다고 생각해서는 안된다. 단지 그것들은 개연성있고, 가능성 있는 진리로 수립하였다고만 여겨야 하는 것이다"고 한다(p. 305). 단지 개연적으로만 참된 논의는 잘못될 수도 있고, 따라서 아무 것도 증명하지 않기 때문에, 클락은 복음주의적 학자들은 기독교를 위한 논증들로서의 그것들과는 아무 상관이 없어야만 한다고 믿는다. 단지 그 결론들이 필연적으로 그 전제들로부터 이끌려 나오며, 따라서 형식적으로 타당한 증명을 할 수 있는 것만이 기독교 변증가를 위해 타당한 것이라고 클락은 생각한다. 따라서, '증거들'로부터 귀납적으로 진행되는 모든 논증들은 그 무엇에 대한 증명이라고 하기에는 무익(無益)하다고 하여 거부한다. 그는 가정된 '첫원리'에서부터의 연역을 선택하는 것이다. [6)] 클락(clark)은 모든 논의가 수학에서 공리(axiom)의 성격을 가진 것과 같은, 따라서 증명없이 전제되는 '첫 원리'의 선택에서 시작된다는 것을 아주 잘 의식하고 있다. 만일 어떤 이가 합리주의자로서 그의 첫 원칙을 논리 자체의 타당성을 잡고서, 이에 의해 모든 지식을 이끌어 내려고 한다면, 클락은 논리 자체로부터 역사적 구체물(historical particularities)들을 이끌어 낸다는 것은 불가능하다고 논의할 것이다(또 실제로 그렇게 논의 하였다). "논리 자체는 모세, 다윗, 또는 나폴레옹이 있었음을 증명할 수 없다"(*Three Types of Religious Philosophy*, p. 21). 또 어떤 이가 경험론자로서 감각(sensation)의 자증적 성격(自證的 性格 the self-authenticating nature)을 전제하고서, 귀납적으로 지식에로의 논의를 시도하면, 클락은 그는 결코 "어떤 것에도 타당하게 이를 수 없다"고 주장한다(앞의 책, p. 118). 사실, 클락은 인간 지식 획득에 있어서 감각 경험의 필요성을 인정하는 인식론은 결코 진리나 지식에 이를 수 없다고 주장하며, 따라서 그는 그의 인식론에서 진리나 지식에 이르기 위한 요건으로서의 감각 경험을 거부한다. 따라서 클락은 "성경은 하나님의 말씀이다"라는 명제를 그의 공리로 선택한다. 여기서 그는 그의 교의주의(dogmatism)또는 전제주의(presuppositionalism)를 나타내 보인다. 우리가 살펴본 바와 같이, 그는 모든 체계는 그 전제들을 포함한다고 주장한다. 더 나아가서, 계시적 전제가 아닌 다른 전제를 선택하는 것은 모든 지식의 가능성을 파괴하는 것이라고 주장한다. " ··· 사상가가 하나님으로부터 시작하지 않고, 사실들로부터 시작하여 후에 하나님을 발견하려고 할 때, 그는 결국 하나님으로 마칠 수도 없고, 사실들을 얻을 수도 없을 것이다"(*A Christian Philosophy of Education*, p. 38). 그러나 클락은 그것이 지식의 정당화를 가능케 하기 때문에 계시, 더 구체적으로 말하면, 성경적 '첫 원리'를 선택했다고 이해되기를 원치 않는다. 오히려, 교의주의자(a dogmatist)로서, 그의 첫 원리로부터 모든 명제를 이끌어 낼 때, 그는 실제로 다른 선택의 여지를 가지지 않는다고 가르치는 것이다. "시편 65 : 4은 하나님께서 사람을

---

6) 물론, 클락은 그 결론이 그 전제에서 필연적으로 이끌려져 나오나(즉, 형식적으로는 옳으나), 내용상 사실과는 상이한 형식적으로만 타당한 논증이 있음도 의식하고 있다. 예를 들자면, 다음 삼단논법을 생각해 보라.

모든 여인들은 남성이다(모든 B 는 C 이다).
모든 미국인들은 여인이다(모든 A 는 B 이다).
그러므로, 모든 미국인들은 남성들이다(모든 A 는 C 이다).

그는 또한 거짓된 전제들로부터 참인 결론을 타당하게 이끌어낼수 있음도 의식하고 있다. 예를 들자면,

일리아드의 모든 영웅들은 젊어서 죽었다(거짓)
알렉산더 대제는 일리아드의 영웅 중 하나이다(거짓)
그러므로, 알렉산더 대제는 젊어서 죽었다(참)

선택하셨으며, 그로하여금 기독교 교의주의 (Christian dogmatism)를 받아 들이도록 한다고 말한다"(*Three Types of Religious Philosophy* p. 123).

클락은 성경 계시의 진술이 그의 공리로부터 참되다는 것을 찾아내려고 하는데 반해서, '첫 원리' 자체나 그 첫 원리로부터 연역해 낸 명제 이외의 다른 어떤 명제가 참되다는 것을 받아 들이지 않으려 한다는 것이 주목되어야만 한다. 누슨(Knudsen)은 이렇게 말한다.

클락은 '진'(眞)이나 '지식'(knowledge)과 같은 술어들이 무오한 하나님의 말씀인 신, 구약의 성경에 포함된 것들과 그로부터 선하고 필연적인 추론으로 연역될 수 있는 것에만 돌려져야 한다는 입장을 취했다. 다른 원천들에서 — 예를 들자면, 경험에서 — 파생된 것들은 유용하고, 편리할 수는 있지만, 진리나 지식이라는 주장을 할 수 없다는 것이다.

… 클락은 항상 기독교 신앙에서 근본적 공리의 … 원천을 발견했다. 그 기원은 모든 것을 아시며, 따라서 모든 것을 바르게 아실 수 있는 주권적 하나님의 지성에 있다. 신적 계시에 의해서만 이들 명제들이 가능할 수 있다는 것이 그 귀결로 뒤따른다. 성경은 하나님의 계시요 신적 진리의 저장소이므로, 성경은, 클락이 볼 때, 진리와 지식의 주장을 할 수 있는 것의 배타적 원천이 쉽게 될 수 있는 것이다. 그러므로, 그가 '성경은 하나님의 말씀이다'는 것을 그의 중심 공리로 받아들인다는 것이 이해할 만한 것이 된다. 이로써 그는 성경의 모든 진술들의 진리와 지식으로서의 지위를 수립하는 것이다. 따라서 그 뒤엔 이것들이 보조적인 공리가 되고, 그로부터 부가적 지식을 이끌어 낼 수 있는 보편적 전제들이 되는 것이다. 클락의 입장은 진리와 지식이 그 안에서 이론적으로 근거지워진 진술들에만 한정되는 형이상학적 유신론(a metaphysical theism)의 입장인 것이다. 지식의 원천은 신적 정신 안에 있는 온전한 이론적 통찰이고, 그 중 하나님께서 계시하시기로 선택하신 것들이다. 그러므로 오직 하나님의 이론적 통찰과 그가 무오한 책 가운데에서의 진리의 부분들을 계시하셨기 때문에 지식이 가능한 것이다(*Jerusalem and Athens*, pp. 285 ~ 286).

클락은 뛰어난 개혁파 철학자요 신학자 (Reformed philosopher — theologian)이다. 나는 그가 교의적 근거에서 하나님의 자증적인 말씀을 하나님과 마땅히 알아야 하는 모든 것의 공리로 가정하는 데에 나타난 개혁주의 성경관에 대한 그의 성찰을 높이 사며, 이에 대해 깊이 감사를 드린다. 나는 우리가 하나님에게서 시작하지 않으면 결코 참 신지식에 이르지 못하며 그 어떤 지식 주장도 정당화할 수 없다는 것에 대해 그와 의견을 같이한다.

더 나아가, 우리가 반틸을 논의할 때 언급했던 바와 같이, 클락이, 인간 지식은 하나님 지식에 대한 유비적인 것일 뿐이라는 견해에 관해서 다음과 같이 주장할 때, 나는 그가 옳다고 여기지 않을 수 없다 :

··· 만일 하나님도 아시고, 사람도 안다면, (그 지식들 간에는) 차이점들과 함께 최소한 한 점의 유사성은 있어야 한다. 왜냐하면, 아무런 유사점도 없다면, 그 두 경우에서 '지식'이라는 하나의 용어를 사용하는 것이 적절치 않게 될 것이다. ··· 만일 하나님께서 진리를 가지고 계시고, 사람은 그 유비(an analogy)만을 가진다면, 사람은 진리를 가지지 못한 것이 될 것이다("The Bible as Truth" *Bibliotheca Sacra* 〈April, 1957〉 pp. 163 이하).

또한,

··· 만일 우리가 무엇인가를 안다면, 우리가 아는 것은 하나님께서 아시는 것과 동일해야만 한다. 하나님께서는 모든 진리를 아시고, 우리가 하나님이 아시는 것 중 일부를 아는 것이 아니라면, 우리의 관념들은 참되지 않은 것이 될 것이다. 그러므로, 하나님의 정신과 우리 정신 사이에 일치의 영역(an area of coincidence)이 있다고 주장하는 것은 절대적으로 필수적인 것이다. 그 하나의 예를 들자면, ··· 다윗이 이스라엘의 왕이었다는 것은 하나님도 아시고, 우리도 참으로 아는 것이다(*The Philosophy of Gordon H. Clark*, pp. 76이하).

이점에서 그는 반틸에 대한 유익한 교정제라고 나는 생각한다. 그러나, 내가 클락과 동의하지 않는 두가지 관련된 영역들이 있다. 첫째로는 그가 '지식'을 그의 근본적 공리와 그로부터 이끌려 나올 수 있는 선하고 필연적인 귀결들에만 한정한다는 점이고, 둘째로는 그가 인간의 지식 획득에서의 감각 경험의 역할을 거부한다는 점이다.

첫째 문제와 관련하여, 클락은(나와의 개인적 대화에서) (그가 그리할 때 그는) 자기 교회의 신조적 표준에 일치하는 것일 뿐이라고 주장했다(cf, *Westminster Confession of Faith*, Ⅰ ： ⅵ). 그러나, 웨스트민스터 회의의 회원들이 '진리'나 '지식'을 성경과 그로부터의 추론되는 것에 제한하려는 의도에서 다음과 같이 말하였는지는 자명치 않다 : "하나님 자신의 영광과 인간의 구원, 신앙과 생활 — 이 모든 것들에 필요한 모든 것들에 관한 하나님의 전체 경륜은 성경 가운데 분명히 쓰여져 있든지, 아니면 선하고 필연적 추론으로 성경에서 이끌어 낼 수 있다. 그러므로 이 성경에다 … 아무 것도 그 어떤 때에든지 더 첨가할 수 없다." 나에게는 이 조항이 사람에 대한 종교적 권위(신앙과 실제의 규범)를 성경(본래적 권위)과 그로부터의 선하고 필연적인 연역(파생적 권위)에만 한정시키는 것으로 보이기 때문이다. 그것과 지식을 성경과 그로부터의 연역에만 제한시키는 것은 다른 일이다. 내가 보기엔 그것은 웨스트민스터 회원들이 말하지 않은 것을 확언하는듯 싶다. 즉, 이 신앙고백서가 확언하는 것과는 전적으로 다른 어떤 것을 말하는 것이다. 더 나아가서, 그것은 사람이 하나님의 법에 대한 자연적 의식과 그 양심으로부터 최소한 조금의 지식은 가진다는 것을(롬 2 : 15) 실질적으로 부인하는 것이다.

이런 인식론을 심각히 다루면, 이는 우리를 어디에로 인도하는가? 완전한 무지에로는 아닐찌라도 회의주의에로 인도하는가? 완전한 무지에로는 아닐찌라도 회의주의에로 인도한다고 말하고 싶다. 클락 자신이 인정하는 대로, 그는 다음과 같은 일련의 명제들(또는 의미들)로 어떤 이를 이해할 수 있다 : (a) "로버트 레이몬드(Robert L. Reymond)는 ~ 한 빛의 눈을 가지고 있다." (b) "그는 언약신학교에서 가르치고 있다" 등등. 더 나아가 **사람은 그 사람의 전 생활사를 이루는 이런 모든 명제들의 통합이다**(Clark, *Festschrift*, p. 412를 참조하라. 이는 라이프니쯔의 인용이다). 말하자면, 하나님의 섭리에 의해서 80년을 살도록 된 40세된 사람은 아직 하나님 이외엔 그 누구에게도 알려질 수 있는 사람이 아니다. 사실, 어떤 사람의 생활사(生活史)는 그의 미래 세상에서의 지위까지도 포함하는 것이기 때문이다. 결과적으로, 아직 모든 명제들이 나타나지 않았으므로, 로버트 레이몬드(Robert L. Reymond)는 하나님 이외에는 그 자신이나 그 밖의 그 누구에게도 알려진 이가 아닌 것이 된다. 다른 말로 하자면, 로버트 레이몬드의 눈의 색깔은 성경으로부터 추론될 수 있는 것이 아니므로, 클락 자신의 지식론에 따르면, 나 자신이나 그 누구도 내가 누구인지, 무엇인지 모르는 것이 된다. 만일 내가 '내가 누구인지, 무엇인지'를 모른다면, 나는 내가 사람인지 아닌지도 확실히 모르는 것이 된다. 그러나, 만일 내가 '내가 사람인지, 아닌지'를 모른다면, 나는 사람에 대한 성경의 '회개하고, 그리스도를 믿으라'는 명령이 나에게 대한 것인지도 모르는 것이 될 것이다. 사실, 모든 사물들과 사람들이 이처럼 그들을 정의하는 명제들의 총체로의 '생성'과정 중에 있으므로, 나는 아무 것도 모르는 것이 된다. 그런데도, 클락이 내가 최소한 근본적 공리와 그의 체계 내의 보조적 공리들은 안다고 주장한다면, 나는 여기서의 '나'란 문장 중의 앞서 알지 못하는 실체에 대한 대명사일 뿐이므로, 이 문장은 무의미하다고 반응할 것이다. 물론, 클락은 하나님께서는 모든 것을 규정하셨으므로, 나도 아신다고 확언한다 (*Festschrift*, p. 412). 그러나 그것도 나를 별로 돕지 못하니, 하나님께서는 성경 가운데서 나를 언급하지 않으셨기 때문이다. 그렇다면, 남은 것은 무엇인가? 그 어떤 확실한 지식은 하나도 없는 것이 된다! 그가 합리주의자들에게서 발견하는 결점은 조금만 보완하면 그에게도 있는 결점이 된다. 그는 그의 공리로부터 그 어떤 성경 밖의 역사적 개별자들(extra-biblical historical particularities)을 추론할 수 없는 것이다. 그러므로, 그것들은 그 어떤 사람도 모르는 것이고, 또 알 수도 없는 것이 된다!

나의 두번째 반론, 즉 감각 경험이 인식 과정에 있어서 그 어떤 타당성도 갖지 못한다는 클락의 부인에 대해서, 클락의 비평가들은 종종 그의 근본적 공리가(그의 보조적인 명제적 공리들과 함께) 한 책에서 찾아졌음을 지적한다. 내쉬(Nash)는 주장한다 : "클락은 모든 감각 경험을 지식의 원천으로 인정하지 않으므로, 우리는 하나님의 계시가 말하는 것 조차도 알 수 없는 것이 된다. 성경이 말하는 바를 알기 위해서, 나는 나의 눈으로 그것을 읽을 수 있고, 나의 귀로 그것을 들을 수 있으며, 또는 나의 손으로 점자를 읽을 수 있어야만 하는 것이다. 그러나 이것은 감각지각인 것이다"(*Festschrift*, p. 174). 이에 대한 클락의 반응은 무엇인가? 이 문제를 제기한 내쉬(Nash)와 마브로드(Mavrodes)에 대해서 (앞의 책 p. 174, 그리고 pp. 245~47), 클락은 그들이 경험론에 대한 클락 자신의 비판을 답하기까지 자신의 대답을 거부하고 있다(p. 415 와 pp. 446~47 를 참조하라). 감각을 신뢰할 수 없는 것으로 여겨

거부하게끔 하는 경험론에 대한 클락의 반론은 성경계시의 여러 보조적 공리들에 의해 대답될 수 있다고 여겨진다. 클락은 모순률의 타당성을 어떻게 정당화하는가? 그는 주장하기를, 모순률은 명제적 계시에 함축되어 있다고 한다. 왜냐하면, '다윗'이 무엇인가를 의미한다면, 그것은 동시에 '다윗이 아님'(non-David)을 의미해서는 안되기 때문이다. 그는 또한 2×2=4 라는 수학적 등식을 성경으로 부터 추론해 내는 것의 정당성을 증명하도록 요청하는 내쉬(Nash)에 대해 다음과 같이 답하고 있다 :

…성경은 사실 약간의 산수를 가르친다. 수(數), 더하기(+), 빼기(-)등이 나타나는 것이다. 예를 들자면, 유다가 자살한 후엔 열 한 제자만이 남았다. 곱하기도 나타나고, 5, 7, 10으로 나누는 것도 나타난다. 이렇게 산수가 논리적으로 그 원리들로부터 추론될 수 있다면, '선하고 필연적인 귀결'에 의해서 산수는 성경으로부터도 추론될 수 있는 것이다(Festschrift p. 468).

그가 논리의 정당성을 증명하는데 성경을 채용할 준비가 얼마나 잘 되어 있는가! 그러나, 그는 시식에 대한 감사경험의 타당성과 필요성에 대한 분명한 성경적 증언을 듣기에는, 성경을 사용하여 연역법을 정당화하기에 빠른 만큼이나, 아주 늦다. 이것은 너무나 안된 것이다. 왜냐하면, 성경은 그 어디서나 지식획득에 있어서의 감각경험의 중요성과 그 필수적 공헌을 아무 문제없이 전제하며, 받아들이고 있기 때문이다. 하나님의 계시가 사람들에게 온다는 사실 자체가 명제적으로 성경에서 하나님께서 창조하신 감각경험(출 4 : 11, 시 94 : 9, 잠 20 : 12)의 타당성과 필요성을 전제하고 있다는 것은 지적할 필요조차도 없다. 그렇지 않다면, 우리가 지적했던 대로, 그 누가 성경의 사실조차 의식할 수 있겠는가? 더 나아가, 성경 전체를 통해 말씀하시는 자증하시는 그리스도께서 지식 획득에서는 감각경험의 역할의 우선성을 가정하셨다는 것을 밝히기 위해 마태복음 11 : 4~6, 누가복음 24 : 39, 요한복음20 : 27, 베드로후서 1 : 16~18, 그리고 요한일서 1 : 1~3, 4 : 14 등을 자세히 주해할 필요도 없을 것이다. 나는 클락이 철학을 잘 안다는 것을 깊이 인정한다. 그는 희랍 회의론자들의 논증력(論證力)을 잘 알고 있는 것이다. 사실, 그는 그들의 논의가 경험론을 분쇄하였다고 주장하였다. 그들이 백지론의 인식론(a tabul a rosa epistemology)을 요청하고, 감각경험에서 시작해야만 '사실들'의 지식을 얻을 수 있다고 주장하는 철저한 경험론의 결함들을 지적하였다는 것에는 나도 동의한다. 또한 본유적인 자명한 진리들과 주어진 계시적 입각점(pou sto)이 없이는 지식을 정당화 할 수도 없다는 것에도 동의한다. 그러나 바로 내가 성경 가운데서 나에게 주어지는 그리스도의 말씀이라는 입각점과 성경이 인식론에 대해 가르치는 바를 받아들이기 때문에, 나는 감각경험이 인간의 지식획득에 있어서 하나님께서 계획하신 사역을 감당한다고 확언한다. 내가 보기에는 그렇게 확언하지 않는 것은 성경의 많은 구절들을, 그리고 객관적 명제적 말씀계시 자체의 사실을 제쳐놓는 것이라고 여겨진다.

따라서 내가 판단하기에 클락이 잘못된 점은 그의 중심적(기본) 공리에 따르는 부수적 명제적 공리들의 자명한 가르침을 거부하는데 있다고 여겨진다.

클락에게 있어서 인식론이 모든 통제적 결정들이 이루어지는 학문인 한(限) 나는 변증학도들에게 클락 기념논문집에 있는 내쉬(Nash)와 마브로드(Mavrodes)의 논문들과 이에 대한 클락의 답변을 읽어 보도록 권하고 싶다. 이 철학적 논의들에서 이 문제가 명확하게 되리라고 여겨지기 때문이다. 나로서는, 자신의 인식론에 대한 내쉬의 다음과 같은 반론에 대해 그가 참으로 성경적으로 대답하였다는 클락의 답변이 만족스럽지 않아 보인다 :

논의 Ⅰ : 클락은 주장한다.
    전제 1. 회의주의에로 이끄는 모든 명제는 거짓이다.
    전제 2. 경험론은 회의주의에로 이끈다.
    결론 1. 경험론은 거짓이다.

논의 Ⅱ : 더 나아가, 클락은 다음 같이 주장한다.
    전제 3. 사람은 그의 감각으로부터는 그 어떤 것도 알 수 없다(결론 1로부터).
    전제 4. 사람의 지식은 신적 계시(성경)의 내용에 제한된다.
    전제 5. 그러나 사람은 감각을 통하지 않고서는 성경의 내용을 알 수 없다[내쉬(Nash)의 주장].

결론 2. 그러므로, 사람은 하나님께서 성경 가운데서 계시하신 진리를 알 수 없다.

논의 Ⅲ :
전제 6. 사람에게 가능한 유일한 지식은 성경 가운데 포함되어 있는 것이다(전제 4로부터).
전제 7. 그러나, 클락에게 있어서, 사람은 이 지식을 얻을 수 없다 (결론 2로부터).
결론 3. 이는 결국 클락의 견해가 회의주의에로 인도한다는 결론을 낸다.
결론 4. 그러므로, 클락의 견해는 거짓이다(전제 1로부터)
(cf. *Festschrift*, pp. 174~75).

내가 보기에는, 클락은 다음 두 가지 주장으로 내쉬(Nash)의 논의에 반응하는 것 같다. 첫째로, 그는 내쉬와 다른 비평가들에게 "감각경험을 정의하고(to define sensation), 그로부터 보편적 명제들의 주장을 정당화 하라"고 도전한다(앞의 책, p. 415). 그는 이런 모든 노력들이 "내가 거부하는 인식론"에 근거한다고 선언한다(앞의 책). 그렇다면, 아주 자명하게, 그 어떤 반론도 그로 다른 입장을 취하게 할 수 없는 것이 된다. 간단히 말하자면, 클락은 내쉬의 논의 Ⅱ에 있는 전제 5를 거부하면서, "이것이 그 어떤 분명한 의미를 가지지 않는다고 밝혀질 수 있으면, 그 반론은 만족스럽게 퇴치된 것이다"고 주장한다. 물론, 지식획득에 있어서 감각경험의 역할을 인정하는 인식론에 근거한 그 어떤 논의도 클락에게는 의미가 없다. 물론 클락의 반박은 이론적으로는 군건한 것이다. 그러나 그의 입장은 실제적으로는 '이론적 이기주의'(a theoretical egoism)가 되지 않는가? 내가 앞에서 클락이 이중의 반응을 보인다고 선언했음을 상기해야 할 것이다. 결국, 클락은 그의 군건한 성채로부터 직접적으로 내쉬의 난점을 말하는 견해를 과감히 말하는 것이 된다. 내쉬에 대한 그의 반응 중에서 그는 사람이 감각 경험 없이 어떻게 하나님의 생각을 배울수 있는가를 설명하려고 한 부분이 있다. "그 안에서 우리가 살며, 기동하며, 있느니라"라는 사도행전 17 : 28을 인용하면서, 클락(Clark)은 확언하기를 "신약성경은 아주 분명히 말하기를, 우리가 하나님의 생각 안에서 살며, 움직이며, 우리의 존재를 갖는다고 한다". 그리고 이로부터 그는 "하나님의 생각 안에 있는 우리의 존재사실이 우리를 하나님의 생각 안에 있는 개념들과 연관되도록 한다"는 결론을 이끌어 내고 있다. 또한 고린도전서 2：16과 빌립보서 2：5을 인용하면서, 클락은 주장하기를, 이 구절들은 "우리의 생각과 그리스도의 생각이 겹치거나, 아니면 공동의 영역을 갖거나, 그것도 아니면 어떤 명제들에게 일치한다"는 것을 의미한다고 한다(앞의 책, pp. 406～407). 이것은 클락에게는 우리의 생각, 우리의 존재사실이 오직 하나님이 우리와 우리의 생각을 생각하신다는 의미에서만 참으로 있다는 것을 의미한다. 그러나 이것은 일종의 절대적 관념론이다. 위의 해석이 잘못된 주해에 근거하고 있다는 사실 외에도, 이런 견해는 객관적 피조계가 그에 대한 하나님의 생각과는 다른 어떤 것이라고, 즉 하나님에 대해, 하나님과는 다른 (그러나, 하나님에게서 자유로운 것은 아닌)공간을 점령하는 실체라고 묘사하고 있는 성경 저자들을 충분히 신중하게 다루지 못한 것이다.

이 모든 것은 클락의 특별한 종류의 합리주의적 관념론에서 파생하는 것이다. 그러나, 직접적으로는 아니더라도, 간접적으로 감각경험이 지식획득에 있어서 중요한 역할을 한다고 가르치는 성경 구절들이 많이 있다(예를 들자면, 마 12：3, 19：4, 21：16, 22：32, 막 12：10, 롬 10：14). 따라서 클락이 많은 그리스도인들에게 자신의 입장을 확신시키기 전에, "보다", "듣다(hear)", "읽다", "듣다(listen)" 등의 용어를 사용하고 있는 수많은 성경 구절들을 만족스럽게 설명해야만 한다고 생각한다. 나는 그가 지식 획득에 있어서 감각의 역할을 부인하는 것에서 성경과 일치하지 않는다고 확신한다. 그래서 그가 희랍의 회의론자들을 좀 덜 신중하게 여기고, 성경의 많은 '부수적 공리들의' 함의들을 좀 더 심각하게 생각해 주었으면 한다.

이제 이 장을 결론짓기로 하자. 반틸의 사상에서는 인간지식이 하나님의 지식에 대한 유비적 관계를 지닌다는 그의 주장과 진리가 인간이해에 역설로(그래 보이는 모순, seeming contradiction) 나타날 수 있는 가능성을 기꺼이 인정하는 점에서 어려움을 발견했다. 그리고 클락의 사상에서는 그가 지식을 그의 '공리'와 그로부터 연역될 수 있는 명제들에 한정시킨 것과 감각경험이 지식획득에 있어서 중요한 역할을 한다는 그 인식론적 정당성을 거부한 점에서 어려움을 느꼈다.

*　　*　　*

　개혁신앙은 죄된 인간이 이제까지 고백해 온 것들 중에서는 그래도 성경적 기독교에 가장 일치하는 표현이다.*⁾ 신앙을 전달하는 방법론, 그리고 그 신앙을 그 신앙과 일치하는 방식으로 변증하는 방법론은 모두가 이 시대가 절실히 요청하는 것이다. 내가 인정하는 바이지만, 앞 장들에서 나는 전달로서의 케리그마와 변증으로서의 변증학을 별로 구별하지 아니하였다. 왜냐하면 개혁신앙이 바르게 전달되었을 때, 그것은 같은 과정에 의해서 바르게 변증될 것이고, 그것이 바르게 변증되면, 그것은 같은 과정에 의해서 바르게 전달될 수 있다고 믿게 되었기 때문이다. 이는 이 앞에 제시된 대로의 개혁신앙은 그 선포에서나 변증에서나 성경의 자증하시는 그리스도께서 타락한 인간의 성품에 관하여 선언하는 모든 것을 신중하게 여긴다는 사실에 기인하는 것이다. 만일 사람이, 자연인으로서 그가 그의 죄와 범과 중에서 죽어서 그의 힘으로 복음의 부름에 응답할 수가 없어서, 그의 마음 안에서의 성령의 은혜로우신 사역에 앞서서 복음을 믿을 수는 없다면, 그리스도인들은 그에게 그가 믿기 이전에 성경의 진정성을 판단할 수 있는 권한을 줌으로써 마치 그가 (성령과 관계없이) 복음을 받아들일 수 있는 듯한 인상을 줄 권한이 없었기 때문이다. 자연인에게는 하나님의 성령의 일들이 어리석은 것으로 보이고, 따라서 그것을 이해할 수 없으니, 그것들은 성령의 사람에 의해서만 바르게 이해될 수 있겠기 때문이다. 다른 말로 하자면, 자연인은 단순히 유일하게 타당한 진리의 시금석, 즉 그리스도 자신의 진리를 소유하지 않은 것이다. 틸리히(Tillich)는 사람들에게 선포하기만 하는 듯이 보이는 이들에게 그들의 "사람들의 목에 바위를 던지고 있다"고 비난한다. 그럴 수도 있다. 만일 우리가 하는 일이 그런 것이라면, 우리는 기꺼이 그런 비난을 인정해야 한다. 우리 이전에 바울은 선언하기를, 하나님께서는 전도(preaching)의 미련한 것을 통해 믿는 이들을 구원하기를 기뻐하셨다고 한다. 그러므로, 우리는 연구하고 선포해야 한다. 사

---

　*⁾ (원문대조 : "The Reformed faith is the most consistent expression of biblical Christianity so far confessed by sinful men".)(p. 114).

람들 앞에서가 아니라, 하나님 앞에서 우리 자신들을 인정받은 자로 보이도록 하기 위해서 말이다. 그러므로, 사람을 기쁘게 하기 위해서가 아니라, 하나님을 기쁘시게 하기 위해서 우리는 연구하고, 선포한다.

우리의 사신(使信, message)이 도전받을 때, 우리는 그것을 변증하기 위해서 우리가 얻을 수 있는 모든 지식을 동원해야 한다. 그러나 그 변증에서 우리는 자연인들의 생각에 참된 걸림돌이 되는 그 사신을 희석화하지 않도록 해야 한다. 사람들이 우리의 사신이 그들의 배교와 하나님 앞에서의 부패, 그리고 그것에서 돌아서지 않으려함에 대한 그 주장에서 다른 것이 될 수 없음을 파악할 때에라도, 우리는 전능하신 하나님께서 사람들의 눈의 영적 비늘을 벗겨주시고, 그들로 하여금 그들의 자율성의 오류와 구주이신 왕의 아름다우심을 볼 수 있도록 해 주실 것이라고 확신할 수 있다. 회개와 믿음에서 그들은 하나님 앞에 그 머리를 조아리고, 그의 이름을 모든 이름 위에 높일 때, 우리는 우리의 증언이 사람의 지혜의 권하는 말이 되지 아니하고, 성령과 능력의 나타남이 되도록 하여, 그들의 믿음이 사람의 지혜에 있지 않고, 하나님의 능력에 근거하도록 하신 것에 대해 전능한 하나님을 찬양하고, 모든 영광을 그에게 돌린 것이다.

그리스도인의 삶은 하나님께 대한 하나의 커다란 송영이어야만 한다. 따라서 그의 지적인 삶도 그리스도의 주님 되심 아래서 사는 것이어야만 한다. 이 앞에서 제시한 그런 변증 방법론은 모든 은혜의 하나님 앞에서 살도록 성경이 권고하는 그 삶의 송영적 성격과 가장 일치하는 것이라고 여겨진다. 그것은 변증가로 하여금 성경의 그리스도의 행위와 말씀 계시의 자증적 성격을 신중히 여기도록 하며, 그 계시로써, 소위 '합리적 인간'의 자기 주관적 자율성을 도전하도록 하는 것이다. 그것은 '합리적 인간'이, 그 자신의 합리성을 구하기 위해서는, 그가 무엇이든지 알 수 있는 것은 그에 대한 그리스도의 인식론적 주님되심 때문이라고 여기고, 그를 통제하는 죄된 자율적 동기와 이 유신론적 우주 안에서의 모든 '증거적' 소여들의 분명한 계시적 성격을 인정해야만 할 것을 요구하는 것이다.

제 5 장

실증주의적 변증학
(경험론적 변증학)

그 전체 변증적 과제를 수행함에 있어서 기독교 유신론의 첫 원칙에 철저하게 헌신하는 것을 아주 신중하게 여기는 전제주의적 변증학에 대립하여 내가 실증주의적(경험론적) 변증학(empirical apologetics)이라고 부르는 변증의 험증적 / 역사적 방법(the evidential / historical methods of apologetics)이 있다. 경험론(empiricism)이란, 정의 상, 지식이란 결국 감각자료에 근거한다는 인식이론이다.

그러므로 경험론적 변증학(실증주의적 변증학 ; empilrical apologetics)은, 워필드가 했던 바와 같이, 기독교의 진리 주장을 과학적으로 증명 가능한, 또는 경험 가능한 토대들 위에 근거지우기를 추구한다. 그리 할 때, 실증주의적(경험론적) 변증학은 상당히 (변증가에 따라서 다르기는 하지만)자연신학의 형식을 띤다. 자연과 인간 이성 이외에는 그 어떤 종교적 지식의 권위와 원천을 찾지 않으려하는 자연종교(natural religion)나, 피조된 우주에 주어진 하나님의 비구속적 계시인 자연계시(natural revelation)와 혼동되어서는 안되는, 자연신학(natural theology)은 철학적 서론이 계시로부터 파생된 다른 신념들과 관계 맺게 되는 신학적 구성물이다. 이 관계에서 기독교 계시는 철학적 서론을 대신하거나, 그 근거로서 기능하려 하지 않고, 철학적 서론을 전제하고, 때로(거의가) 그것을 확언하며, 보충한다. 그러므로 자연신학으로서의 실증주의적(경험론적) 변증학은 경험적(실증적) "소여"(given)로부터의 귀납에 근거하여 특정한 기독교 진리에 대한 불신자들의 동의를 얻으려고 한다. 그리고 이 동의는 특별계시의 근거에서 기독교 신앙에로의 더 구체적인 헌신에로의 부름과 연관된다. 그러나, 이 장에서 밝혀질 것처럼, 실증주의적 (경험론적) 변증학은 그것이 처음에 시도하려고 한 바를 이룩하지 못한다. 더 나아가, 이는 사람이 그리스도를 떠나서도 그들 자신들의 자율적 입각점에 의해서, 모든 진리 주장을 판단할 수 있는 자신들의 주장하는 특권을 정당화할 수 있다는 것을 함의한다.

초대 교회로부터 일종의 자연신학은 공식적 신학적 표현으로 존재해 왔다. 예를 들자면, 져스틴 마터(Justin Martyr)는 그의 『변증』 *(Apology)* 에서 희랍 철학에 있는 기독교 교리에의 많은 유비들을 확언했던 것이다. 상당히 초기의 기독교 가르침에서는, 기독교에로의 개종하는 이가 자신이 희랍 철학에서 배운 하나님이 예수 그리스도 안에서 계시하신 그 하나님과 같은 하나님이라고 가정할 수 있다는 주장에서, 자연신학이 명확히 나타나고 있다. 이레니우스(Irenaeus), 알렉산드리아의 클레멘트

(Clement of Alexandria), 오리겐(Origen), 그리고 터틀리안(Tertullian)의 글에는 이와 같은 의미의 분명한 진술들이 가득차 있는 것이다. 어거스틴도, 아직 신플라톤주의의 영향 하에 있던 초기 작품에서는 기독교 교리 뿐만 아니라 모든 진리를 지식 자체를 논리에 근거시킴으로써 입증해 보려고 노력했던 것이다. 물론 여기에 기독교 진리의 근거로서의 합리주의적 서론(a rationalistic prolegomenon)이 있다. 이렇게 어거스틴이 이전 구조에 충실하는 한, 그의 신학은 합리주의적 편향이 있어도, 자연신학이었던 것이다. 안셈(Anselm)도 『왜 신이 인간이 되셨는가?』 *(Cur Deus Homo)* 와 『독백』 *(Proslogium)* 에서 합리주의적 자연신학에로 헌신한 분명한 표를 나타내 보이고 있는 것이다.

토마스 아퀴나스

그러다가 13세기에 최초의 규범적인 경험론적 자연신학이 교회 내에서 형성되었다. 그 앞 세기에 아라비아의 철학자요, 아리스토텔레스의 해석자인, 그리고 그 후계자들과 브라반트의 시거(Siger of Brabant)에 의해 그 사상이 더 발전된 아베로에스(Averroes)의 가르침에서 철학의 결론들과 신앙의 결론들이 서로 모순된다는 견해가 정교하게 나타났다. '이중 진리관'(the doctrine of twofold truth)이라고 알려진 이 가르침 ― 즉, 철학에서 참된 것은 신학에서 거짓된 것이어서 믿어야할 것이고, 그 역도 성립한다는 것을 토마스 아퀴나스는 받아들일 수 없었다. 그에게 있어서 진리는 하나였다. 두 가지 원천에서 파생된 진리들은 서로를 보충하는 것이다. 그래서 아퀴나스는 "자연의 진리들과 일관성을 가지지만 계시에서만 배울 수 있는 삼위일체의 진리와 같은 진리"와 "철학에 의해 파생되는 그러나 또한 그런 정신적 활동의 능력을 가지지 못한 사람들을 위해 계시되기도 하는 하나님의 존재사실과 같은 진리들"을 구별하였다. 아퀴나스에게 있어서 철학에 의해서 파악되는 마지막 최고의 진리요, 계시에 의해서 드러나는 최초의 낮은 수준의 진리는 하나님의 존재사실(the existence of God)이었다. 그러나 토마스의 사상을 이해하기 위해서는 토마스가 비록 항상 일관성 있지는 않았지만(그의 유신론적 증명은 선험주의적 요소를 포함하고 있다), 실증주의적(경험론적) 인식론에 헌신하고 있음을 분명히 명심해야만 할 것이다. 거듭 거듭해서 토마스는 다음 같은 말을 반복하고 있다. "먼저 감각에 있지 않았던 것은 지식 안에 없다"(Nihil est intellectu nisi prius fuerit in sensu) (*Summa* Ⅰ, 84, 6, 85, 1 ; *De Veritate* 10, 6). 그래서 그는 감각인상 이전에는 정산이 백지 (a tabula rosa)라고 주장했다. "타고난 개념들"이란 없다. 또한 자연적 경험영역에는 신적 영향력에 의해 정신에 주입된 개념들이란 없다" (*Essays in Thomism*, ed, by R. E. Brennan, p. 41). 그러나, 감각계에서 온 자료를 가지고 작업하면서, 토마스는 정신이 하나님의 존재사실 조차도 증명할 수 있다고 확신한다.

1. 그의 '다섯 가지 길들'

하나님의 존재사실의 문제가 유신론에는 아주 중요하고, 그가 감각 경험으로부터 하나님의 존재사실의 증명을 아주 높이 평가하기 때문에 하나님의 존재사실에 대한 토마스의 유명한 후험적(後驗的) 다섯 가지 증명들에 대한 설명이 기독교 변증학에는 아주 중요하다. 그의 유명한 '다섯 가지 길들'(Five Ways)은 그의 『신학대전』(Summa Theologica) 1장, 2장, 3장과 그의 『이방인 대전』(Summa Contra Geutiles), 1장, 13장에 나타난다.

첫째 방법(길)은 움직임으로부터의 논증이다. 움직임은 잠재성의 실현이라고 아리스토텔레스적인 의미로 이해하면서, 토마스는 모든 움직임은 잠재성 안에 내재한 것도 아니고, 실현된 것 안에 내재한 것도 아닌 설명적 원인(an explanatory cause)을 필요로 한다고 논의한다. 물론, 근인(近因, a proximate cause)은 원인(遠因, a more remote cause)의 결과일 수도 있다. 그러나, 그렇게 인과적 후퇴를 무한히 계속할 수는 없으므로(왜냐하면, 그런 경우에는 첫 동작자도 없고, 결국 움직임도 전혀 없을 것이기 때문이다), 토마스는 다음과 같이 결론 짓는다 : "그 자체로서는 다른 어떤 것에 의해 움직여지지 않는 첫 동자(動者)에 이르는 것이 필요하다. 그리고 모든 이는 그가 하나님이'l라고 이해한다."

둘째 방법(길)은 유효한 원인(efficient causation)으로부터의 논의이다. 결과가 있다는 것은 그 밖의 유효한 원인이 있다는 것인데, 역시 인과율의 역추론을 무한히 할 수 없으므로, 그 자체는 다른 것에 의한 결과가 아닌 첫 유효한 원인이 있어야만 하고, 이에 대하여 "모든 사람은 하나님이란 이름을 부여한다."

세째 방법(길)은 우연성(contingency)으로부터 첫 원인의 필요성을 밝히는 논의이다. 우리 주변의 모든 것들은 존재하지 않을 수 있는 것들이다. 그런데 단 한 순간이라도 아무 것도 존재하지 않던 때가 있었다면, 전혀 아무것도 존재할 수 없었을 것이다. 그러나 무엇인가가 존재하므로, 선험적 원인이 있는 것이다. 그런데 또 무한히 이 역추론을 할 수 없으므로, 토마스는 첫 필연적 존재 (a first necessary being)가 있어야할 필요성에 대해 논의하며, 이에 대해 토마스는 쓰기를 "모든 이가 하나님이라 말한다."고 했다.

네번째 방도(길)는 사물 안의 온전성의 정도로부터의 논증이다. 한 사물에서 관찰할 수 있는 온전성의 정도는 절대적 규범의 배경에서만 이해할 수 있는 것이다. 존재들이 제한된 온전들을 가지고서 존재한다는 사실은 그것들이 그 자체로서 온전한 존재에 의존함을 함의한다. 더구나, 만일 어떤 것이 제한된 온전성을 가지면, 그것은 그 온전성을 무조건적으로 제한없이 갖는 사물로부터 그 온전성을 받아야만 한다. 그런데 이 존재를 "우리는 하나님이라 부른다"고 토마스는 말한다.

다섯번째 방도(길)는 목적으로 부터의 논증이다. 실체들의 종국적 목적, 또는 목표는 모든 사물들을 그들의 자연적이고 목적적인 종국에로 이끄는 최고의 지성을 요구한다. 모든 목적이 지향하는 종국적 목적 또는 목표를 "우리는 하나님이라 부른다".

그렇게 보면, 하나님의 존재사실에 대한 다섯 가지 증명들은 다음 세 가지 개념들에 의존하는 것이다 : 감각지각의 신뢰성, 인과관계, 그리고 무한한 역추론에 대한 지성의 반발(the reliability of sense percaption, the cause‐and‐effect relationship, and the repugnance of infinite regress to the intellect).

이 다섯가지 증명들은 함께 관찰하면서 카르넬(Carnell)은 다음과 같은 7가지 뛰어난 지적을 하였다(*An Introduction to Christian Aplolgetics*, pp. 129∼134).

(1) 경험론은 회의주의로 끝난다. "만일 모든 정신이 외부 세계에서 진행되는 것을 정신에 보고하는 것으로서의 감각지각만 가지고 작업해야만 한다면, 보편적이고 필연적인 지식은 있을 수 없게 될 것이다. 왜냐하면 유동하는 것으로부터는 유동하는 것만이 나올 수 있기 때문이다." 백지 인식론(a tabul a

rosa epistemology)은 지식의 형성에 '상당한 장애물을 제시하는 것이다. 다른 말로 하자면, 본유적 신관념이나 본유개념 자체에 대한 부인은 영원히 토마스의 논의를 아무것도 증명할 수 없는 무능한 논의로 만들어 버리는 것이다.

(2) 경제원칙은 기독교적 신을 제거해버린다! 흄(Hume)은 이미 오래 전에 원인에 그 결과를 설명하기에 꼭 필요한 것 이상의 속성들을 돌리는 것은 논리적인 오류라고 지적하였다. 유한한 우주를 설명하기 위해 필요한 모든 것은 유한한 신일 뿐이다(Cf. *Hume, Inquiry, section.* XI).

(3) 하나님께서는 세상에 존재를 주심에 있어서 그의 속성을 모두 내 보이셨는가, 아니면 그 중 일부만을 부여하셨는가? 토마스(와 토마스주의자들)는 하나님께서 우주를 창조하셨을 때 그가 그의 능력들을 모두 다 쓰신 것은 아니라고 주장할 것이다. 그러나 경제 원칙을 피하기 위해 부여의 원칙(the principle of impartation)에 호소하는 것 역시 오류에 찬 것일 것이다. 물론 원인이 결과에 나타난 것부터 훨씬 더 많은 온전성들은 가졌으리라는 것은 인정하지만, 이 더한 온전성의 실체를 규정할 경험적 방도는 없는 것이다. 왜냐하면, 경험적 관점(실증적 관점)에서는 원인이 그 결과에 그 자신을 다 소진할 수도 있기 때문이다.

(4) 이 다섯 가지 증명들이 각기 인도하는 하나님이 같은 하나님이라고 확언하는 것은 실증적 증명을 할 수 없는 가정이다.

(5) 토마스는 그의 증명들이 지향하는 하나님을 성경의 하나님으로 선취(先取)하였으나, 이는 그가 이미 성경의 하나님께 헌신했기 때문이다. 비슷한 논증을 쓰면서도, 아리스토텔레스는 결코 그런 하나님의 존재사실을 증명하지 않았다. 그렇다면, 만일 그가 **계시의 영향력 하**에 있지 않았다면 토마스가 어떻게 그의 결론에 이를 수 있었을까?

(6) 하나님의 존재사실에 대한 실증적(경험론적)증명에의 노력은 기독교 유신론의 하나님에로가 아니라, 기껏해야 아리스토텔레스의 유한한 부동의 동자(不動衣 動者)에게로 이를 뿐이다. 만일 유신논증들이 타당하다면, 그것들은 기독교 유신론이 하나님의 비존재사실(non-existence)에 대한 강한 증명이 될 것이다(또한 Clark, *Three Types of Religious Philosophy,* p. 56을 참조하라).

(7) 비실증적인 (전제주의적)개념들과 함께 시작해야만, 증명들이 성공적인 것이 될 수 있는데, 이것 또한 실증적 관점에서는 문제를 파는 것이 될 뿐이

다.

더 구체적으로, 카르넬(Carnell)은 이 다섯가지 방법들이 각기 그 나름의 내재적 난점을 가지고 있음을 밝히고 있다.

(1) 움직임으로부터의 논증은 잠재성과 현실성의 인상들에 의존한다. 그러나 감각만으로는 인상들 간의 그 어떤 연관성도 제공할 수 없다. 그러므로 잠재성도 현실성도 없는 것이다.

(2) 유효한 원인으로부터의 논증은 인과관계를 가정한다. 그러나 감각지각은 이 연관성이 지성의 습관이나 인습이상의 것이라는 것을 증명할 수 없다. 그 외에도, "만일 하나님의 비원인적 상태에 그 어떤 이유도 주어질 필요가 없다면, 그 특권이 우주에게는 적용되지 않을 이유가 무엇인가?"

(3) 우연성(contingency)으로부터의 논증은 전 우주의 우연성을 주장한다. 그러나 전 우주가 우연적이라는 실증적(경험론적)증거는 어디에 있는가? 물론, 모든 관찰 가능한 사실들을 따진다면 그것들은 우연적인 것으로 보일 수가 있다. 그러나 그 부분들의 성격으로부터 전체에 대해서도 같은 본질적 성격을 돌린다는 것은 오류이다(또한 **현재**의 존재의 성질로부터 **미래**의 존재의 성질에 대해 귀납적 근거에서 극단적인 판단을 내린다는 것도 합당치 않다. 귀납법은 비우연적인 소여가 나오지 못하리라는 확신을 줄 수가 없는 것이다. 그 문제에 대해, 전 우주가 서로 연관된 우연성들로 이루어지지 않았을 논리적 이유도 없는 것이다 : 저자의 부언).

(4) 온전성의 정도와 단계들로부터의 논의는 경험론적(실증적)으로 빈약한 논의이니, "감각만으로는 선과 악, 완전성과 불완전성을 구별할 수 없기 때문이다." 더나아가, 만일 '선'이 비교적이고, 최상의 정도가 될 수 있는 것이라면, '악'도 그런 것이다. 따라서 절대적인 악인 악한 신이 온전성의 기준을 세워서, 우리가 '선'이라고 부르는 것이 사실은 '최악의 것'은 아니어도, 나쁜 것일 수 있다는 개념을 저버릴 실증적 근거도 없는 것이다.

(5) 목적으로부터의 논의도 악의 부인할 수 없는 존재사실에 의해서 그 효과가 완화될 수 있다. 부분적으로 선하고, 부분적으로 나쁜 세상이 어떻게 절대적으로 선하신 하나님을 지적할 수 있는가? 조각과 상에 있는 홈은 비평가들로 하여금 그 예술가를 열등한 예술가라고 판단하도록 한다. 목적론적 논의의 하나님은 온전 이하의 분이 아니지 않은가? 경험론자들은 (이에 대해)부정

적 반응을 피할 수 없다.

 유신론적 논증이 가진 두 가지 약점을 더 지적할 수 있다. 우주론적 논의는 세상이 원인을 필요로 하는 결과라는 관점에서 시작한다. 그런데 흄(Hume)이 부인하는 인과관계의 정당성을 가정할 때, 세상이 결과라는 것을 가정하는 것은 "문제를 파는 것"(heg the question)이니, 결과가 결과이라면 먼저 그것을 생성시킨 원인을 필요로 하는데, 바로 이것이 이 논의가 증명하고자 하는 요점이기 때문이다. 짧게 말해서, 결론은 전제를 무비판적으로 지지하도록 요청하는데, 그것은 또 다시 결론에로 돌아가도록 인도하는데 사용되기 때문이다. 더구나, 경험론적 증명은 무한한 역추론을 부인하니, 그리하지 않으면, 첫 원인이 배제되기 때문이다. 그러나 무한한 역추론(infinite regress)을 배제하는 논리적 이유는 없고, 따라서 그것을 배제하는 것도 다시 한번 문제를 파는 것이다(고오든 클락의 우주론적 증명에 대한 비판에 대해서 *Religion, Reason and Revelation*, pp. 35~39를 참조하라). 그러므로, 토마스의 논의들은 타당치 못한 것으로 판단되어야 하고, 하나님에 대한 증명으로서는 무용의 것이다.

2. 부정과 유비(Negation and analogy)

 토마스는 또한 하나님과 그의 속성에 대한 인간의 지식을 다룸에 있어서 ① 부정과 ② 유비의 방법을 사용한 것으로 중요시 된다. 부정의 방법이란 토마스가 신적 본질은 그 무변성(immensity)에 있어서 아무 도움을 받지 않은 인간의 지성이 미칠 수 있는 온갖 형태를 훨씬 초월하므로 우리는 부정의 방법을 통해서 하나님이 어떤 분이 아니신가를 규정함으로써 하나님에 관해 무엇인가를 알 수 있게 된다고 생각한 것을 뜻한다. 토마스의 이런 생각에 대한 클락의 설명은 도움이 될 것이다.

 지상적인 것에 대해서는 어떤 사물이 무엇인가에 대한 지식, 즉 어떤 사물의 정의가 그 류(類, genus)와 종차(種差, specific difference)를 말함으로써 표현되지만, 하나님은 어떤 류(類, genus)에 속하는 분도 아니고, 인간 지성이 파악할 수 있는 모든 것을 초월하시는 분이므로, 우리는 하나님이 어떤 분이신지 알 수 없다. - 우리는 그의 본질을 알 수 없는 것이다. 그러나, 하나님이 어떤 분이 아니신지는 알 수 있다. 그런 지식은 비록 불완전하기는 하지만, 어느 정도는 참된 것이다. 그러므로, 하나님께서 변하시지 않으신다. 따라서 시간적이지 않으시다. 따라서 영원하시다는 것은 참이다(그런데, 토마스는, 만일 그가 하나님이 어떤 분이신지 알지 못한다면 어떻게 이것을 알 수 있었을까?). 이와 비슷하게, 하나님은 피동적이지 않다. 왜냐하면, 잠재성은 우연성을 함의하고, 하나님은 우연적이지 않기 때문이다. 따라서 하나님은 순수 능동(행동)이다. 따라서 그는 물질이 아니시고, 따라서 부분을 가지지 않으시고, 순전하시다. 단순성(순전성, Simplicity)은 본질과 존재사실의 동일성을 포함한다. 그러나, 우리가 하나님은 영원하시다 또는 단순하시다고 할 때, 우리는 영원성이나 단순성의 개념을 가지지 않는다. 이 말들이 긍정적인 것, 지식인 것처럼 보이지만, 이것들은 경험할 수 있는 것을 지칭하는 것이 아니므로, 비록 참되기는 하지만, 부정적이고, 불완전하다(*Thales to Dewey*, p. 276).

유비(analogy)에 대해서는, 아리스토텔레스(Aristoteles)의 인도를 받으면서, 토마스가 주어진 술어(predicate)가 다른 주체들에 적용되었을 때의 정확한 의미에 대한 관심을 기울인다. 이 문제를 다룰 때(Summa, Ⅰ. 13, 5). 토마스는 일의론(一義論, univocism)과 다의론(多義論, equivocism)과 대립시켜 유비적 관계(類比的 關係, analogical relationship)를 제시하고 있다. 한 술어가 일의적으로 (univocally)*¹ 두개의 주어에 적용되는 것은 그 주어들이 정확히 동일한 의미에서 그 술어를 소유하고 있음을 지시한다. 내가 "해시계도 일종의 시계이다", 또 "손목시계도 일종의 시계이다"고 할 때, 나는 이 두 주어(해시계와 손목시계)가 모두 시간을 알리는 도구라는 것을 의미하는 것이다. 따라서 여기 이 두 문장의 '시계'란 말은 일의적(一義的, univocal)방식으로 사용된 것이다. 이와는 달리, 한 술어를 두 가지 주어에 다의적으로 연관시킬 수 있는데, 이때는 술어가 완전히 관련없는 의미로 사용된 것이다. 예를 들자면, "나무가 껍질(bark)을 가진다" 는 말과 "개가 짖는다"(a dog has a bark)는 말에서, 영어로 같은 철자를 가진 'bark'라는 말은 이 두 문장에서 다의적으로 사용된 것이다. 그런데 토마스는 하나님과 사람 모두에 대해 언급되는 그 어떤 것도 일의적이거나, 다의적일 수 없다고 확

---

*¹ (즉, 정확히 같은 뜻으로)

신했다. 예를 들어서, 하나님을 선하시다고 하고, 사람을 선하다고 할 때, 이 '선하다'는 말을 일의적으로 사용하는 것은, 토마스가 볼 때에는, 하나님과 인간의 본질의 차이를 무시하는 것이다(즉, 하나님의 본질은 그의 존재사실을 포함하나, 사람의 본질은 그의 존재사실을 포함하지 않는다는 것을 말이다). 그러나 그렇다고 해서 완전히 다의적으로 사용된 것도 아니니, 그렇다면 하나님과 그의 사역에 대하여 온전히 모호성이 주도하게 되고, 이는 인식론적 회의주의로 이끌어 갈 것이기 때문이다. 토마스는 이 둘 사이의 중용의 길(via media)이 비율의 길(the way of proportionalily), 또는 유비의 길(the way of analogy)이라고 보았다(analogia entis). 다른 말로 하자면, 하나님은 직접적으로는 알려질 수 없고, 단지, 비율적으로만 알려질 수 있다는 것이다. 한스 메이어(Hans Meyer)는 유비를 다음과 같이 설명한다. "다의성(多義性, equivocation)과 일의성(univocation)사이에 유비가 있다 … 그것은 비교와 비율에 근거한 관계이다. 둘 사이의 온전한 일치도, 온전한 불일치도 없을 때에만 얻어질 수 있는 관계란 말이다"(*The Philosophy of St Thomas Aquinas*, pp. 128～29). 그러므로, "하나님과 인간은 선하다"는 주장은 유비적 표현이라면 "사람이 사람에게 맞는 방식으로 선하듯이, 하나님도 하나님에게 맞는 방식으로 선하시다"는 뜻이 된다. 말하자면, 하나님의 선하심과 사람의 선함은 비율적으로 연관되어 있는 것이다 - 부분적으로는 같고, 부분적으로는 같지 않은(즉, 다른) 것이다. 그리고 토마스는 사람의 신지식을 유비적 지식에 한정시킨다.

이런 토마스 사상의 커다란 문제는, 카르넬(Carnell)이 강력하게 표현하는 것과 같이, 다음과 같은 것이다 :

> 토마스는 하나님과 피조계 사이에 존재하는 관계에 일의적(一義的)요소는 전혀 없다고 한다. 그러나 그는 우리를 전능자에게 인도하기 위해서 유비로 전향하는 것이다. 유비가 순전한 다의론(多義論)에 빠지는 것을 막는 것이 이 일의론적 요소(一義論的 要素, its univocal element)인데도 불구하고 말이다. … 그 어떤 유비의 성립 가능성도 그 사이의 일의적 요소의 강함에 달려 있다 … 반박의 두려움 없이 우리는 유비의 근거는 비유비성(non-analogical), 즉, 일의성(一義性, univocal)이라고 말할 수 있다(*Apologetics*, p. 147, 또한 J. Oliver Buswell. Jr., *Systematic Theology*, Ⅰ. pp. 29～30를 참조하라).

이를 부인하는 것은 하나님을 알 수 없게 하는 것이다. 더 나아가, 하나님에 대해 유비적 언어만을 사용하는 것은 (앞서 말한) '다섯 가지 길'(five ways)을 타당성 없는 것으로 만드는 것이니, 토마스가 감각 자료들의 존재사실로부터 하나님의 존재사실로 추론하여 나갔는데, 유비의 언급에서는 하나님의 '존재사실'과 감각 자료들의 '존재사실'은 서로 다른 것이기 때문이다. 그러므로, 토마스가 세상의 존재사실로부터 하나님의 존재사실로 논의해 갈 때, '존재사실'이란 용어를 두 가지 의미로 — 하나는 하나님께 타당한 의미요, 또 하나는 세상이 타당한 의미로 말이다 — 이해하면, 그는 다의성의 논리의 오류를 범하는 것이다.

이런 많은 방식으로 유신논증들이 타당성 없는 것으로 드러난다. 그러나 그것들이 타당성은 없을지라도, 최소한 유용하지는 않은가? 그러나 불행하게도, 그리스도인들의 이에 대한 의견은 여러가지로 분분하다. 어떤 학자들은 유신론증들을 무용(無用)한 것으로 여겨 버려 버린다. 또 어떤 이들은 그것들이 형식적으로는 타당성이 없다고 해도, 하나님의 존재사실에 대한 '증언들'로서는 유용하다고 주장한다. 여기서 우리는 매킨타이어(A. C. Macintyre)의 말을 생각하게 된다.

우리는 때때로 신학교수들이 비록 유신논증들이 신신앙(神信仰)에 대한 결정적인 근거를 제공해 주지는 않지만, 최소한 그것들이 지시자 안내자는 될 수 있다고 증언하는 말을 듣는다. 그러나 오류의 논증은 그 아무 것도 지시 할 수 없는 것이다(단지 그것을 받아들이는 편에의 논리적 정확성의 결여만을 지시할 뿐이다). 그리고 세 가지 오류의 논증도 그런 것 하나보다 더 나은 것이 아니다(*Difficulties in Christian Belief*, p. 63).

이 말에 나는 동의한다. 사실 유신논증들은 타당성이 없기만 한 것이 아니라, 그것들의 사용은 기독교 유신론의 최고 유익에 해도 되는 것이다. 만일 유신논증들이 타당한 것이었다면, 그것들은 기독교적 하나님의 존재사실을 증명하는 것이 아니라, 아리스토텔레스의 하나님을 지시할 것이기 때문이다. 하나님의 존재사실을 증명하려는 의도를 가지고서 이 논증들을 사용하는 것은 또한 사람이 그들 안에 신의식(神意識, seusus deitatis)을 이미 가지고 있지 않다는 것을 함의하는 것이기도 하다. 즉, 하나님의 자기계시가, 사람이 어디서나 하나님의 신임장을 볼 수 있을 정도로 그렇게 분명한 것이 아니라는 것을 함의하는 것이다. 마치 하나님의 우주 내의 모든 소여가 하나님의 존재사실을 명확히 드러내지 않는듯이 말이다! 또한 사람이 하나님은 기껏해야 개연적으로만 (only probably) 존재하실 수 있다고 결론지으면 사람은 그 증거들에 대해 충분히 공정한 것이라는 인상도 준다. 더나아가, 이 유신논증들은 사람들이 하나님은 존재하지 않는다고, 결론지을 충분한 이유를 가지고 있지 않다고 함으로써, 마치 사람들이 하나님의 존재사실 문제에 어떤 판단을 내릴 수 있는 위치에 있는 것처럼 만든다. 결국, 이 유신논증들의 사용은 타락한 사람의 입각점(pou sto)이 배교적 입장이 아니라 타당하고 정당성 있는 입장임을 인정하여, 그들이 종교적 문제에 있어서 권위를 가진 존재인 양 생각하도록 하는 것이다. 마지막으로, 유신논증들의 사용은 사람들을 그리스도께 돌이키게 하는 수단으로써는 아주 졸렬한 방법을 사용하는 것이다. 이제까지 이 논증들의 결점들을 지적 하였다. 겉으로만 그럴 것 같은 지적 가면으로써 사람들의 마음을 얻어보려고 하는 것은 의심스럽고, 심지어, 솔직하지 못하고, 우리의 입장을 불명예스러운 것으로 만드는 어떤 것이 아닌가? 듣는 이들이 그 논의의 결점들을 지적한 통찰력을 갖는다면 변증가 자신이 스스로를 어려움 중에 내 팽개치는 것이 아닌가? 이것은 결코 성경의 자증하시는 그리스도를 높이는 것일 수 없다. 그러나, 이 논증들이 사용하려고 하는 자료들이 계시의 영역 내로 들어와, 그것의 사용이 분명히 기독교 유신론을 전제하는 방식으로 사용된다면, 그 자료들은 가치있고, 계시적 지위를 갖는 것이 된다. 그러나 그때 기독교 변증가는 자신이 복음을 그것이 선포되어야 할 방식으로 선포하고 있는 것임을 발견할 것이다 — 즉, 권위적인 방식으로, 그 선포의 유효한 작용을 하나님의 성령의 주권적 작용에 맡기면서 말이다.

버스웰의 '유신논증의 귀납적 재형성'

버스웰(J. Oliver Buswell, Jr.)은 개혁주의 장로교 신학자이고, 따라서 그리스도의 신적 권위를 믿는다. 그럼에도 불구하고, 그는 수년 간 유신논증들이 기독교 신앙의 진리성에 대한 가치있는 증거가 된다고 주장하였다. 그는 논의하기를, 토마스의 유신논증의 진술은 "귀납적 개연성 추론들"(inductive probability reasonings)로 여겨져야만 하고(*Systematic Theology*, I, 75), "신학에서 귀납적 추론은, 그 어떤 영역에서의 귀납적 추론 만큼의 역할은 하므로, 그만큼은 믿을만 하다"고 하였다(앞의 책, I. 23).****** 그는 이렇게 말한다 : "유신논증들은 존재하는 것에 대한 모든 귀납논증들이 개연성 논증들이라는 법칙에 대한 예외가 아니다. 그것이 이 논증이 논증으로서 갈 수 있는 최대한이다"(앞의 책, I. 72). 그럼에도 불구하고, 내재적 선험성(inhorent a prioris)을 배제하고, 참으로 귀납적인 것이 되게끔 하기 위해서 그 논증을 진술함에 있어서 아주 신중해야 한다고 그는 주장한다. 그러나, 일단 이 요건이 갖추어지면, 이 귀납논증들은 "성경의 하나님에 대한 신앙을 위한 가정을 수립할 수 있다" (앞의 책, I. 100).

버스웰(Buswell)은 이런 입장을 취함으로써, 자신이 토마스에 대한 다른 개신교 해석자들과 그 의견을 달리한다고 하는 것을 잘 알고 있다. 예를 들자면, 클락은 다음과 같이 말했던 것이다 : "… 토마스 아퀴나스는 하나님의 존재사실에 대한 논증이 형식적으로 타당한 증명이 되어야만 한다고 하였다. 자연신학은 이를 요구하는것이다. 결론이 전제들로부터 필연적으로 노출되어야만 하는 것이다(*Religion, Reason and Revelation*, pp. 35 ~ 36, 강조점은 필자의 것임). 또한 카르넬(Carnell)은, "토마스가 그의 하나님에 대한 증명에 있어서 개연성 있는 귀납(probable induction) 이 아니라, 연역적 증명(deductive demonstration)을 지시하고 있음을 조심스럽게 살펴 보도록 하자고 하였다(*An Introduction to Christian Aplolgetics*, p. 127, n. 9). 반틸은 『이방인 대전』(Summa Contra Gentiles) (I. 3, 2)에서 토마스 사신의 나음과 같은 쥐지의 말을 인용하고 있다 : "… 자연이성(natural reason)이 이를 수 있는 진리들이 있다. 하나님이 존재하신다. 그는 한 분이시다와 같은 진리들이 그런 것이다. 사실, 하나님에 대한 그런 진리들은 자연적 이성의 빛에 의해 인도함 받는 철학자들에 의해서도 증명될 수 있는 것이다"(*A Christian Theory of Knowledge*, p. 170). 이에 반해서, 우리가 앞서 진술하였듯이, 버스웰(Buswell)은 토마스가 자신의 논증들은 "엄격한 귀납논리라는 의미에서 반박할 수 없다"고 여기

** (원문대조 : " inductive reasoning in theology carries us so far, and is as reliable, as inductive reasoning is, or claims to be, in any sphere ")(p. 126).

제5장 실증주의적 변증학(경험론적 변증학) 169

는 것이 아니라고 한다(*Systematic Theology* Ⅰ, p. 74, n. 6). 그는 다음과 같이 논의한다 :

(1) 토마스는 자신이 흔히 귀납적인 또는 후험적(後驗的) 논증이라고 불리우는 인과율 방식에 따른다고 여겼다.
(2) 토마스의 안셈에 대한, 또는 연역법적인(선험적인) 존재론적 증명에 대한 거부는 암묵리에 자신의 논증은 귀납 논증으로 분류되게끔 한다.
(3) 토마스가 '첫 운동자' '원래의 유효한 원인' '필연적 존재'가 성경의 하나님이라고 확언할 때 연역적 증명이라는 인상을 주지 않으므로, 그가 자신의 논증을 연역으로 보다는 귀납으로 여기고 있음이 분명히 시사된다.
(4) 토마스가 '증명'(demonstration)이라는 말을 사용하고 있다는 사실만으로는 그가 하나님의 존재사실을 논리적으로 무오하게 증명하려는 시도를 하는 것이라고 비난할 충분한 근거가 못된다. 토마스 자신은 ① 사물들의 본성에 선행하는 것들로부터의 증명과 ② 그 영향력들로부터 추론되는 우리 경험에서 앞서는 것들로부터의 증명을 구별하였다.***) 그리고 그가 의도한 것은 바로 후자의 것이다.

그래서 버스웰(Buswell)은 다음과 같이 결론짓는다 : "토마스 자신이 '연역적 증명'을 부인하는 것보다 더 분명한 것은 없다"(*Systematic Theology*, Ⅰ. 75 ~ 76). 이 의견의 차이에 대해 무엇이라 말 할 것인가? 클락(Clark)과 같은 전문적 철학자가 토마스의 의도를 잘못 보았다고 할 수 있을까? 아니면, 버스웰이 토마스를 잘못 해석한 것일까? 그 어떤 대답이든지 곤란한 것이다. 그러나, 나는 클락의 견해를 옹호하는 다음의 고려점들을 주장하고자 한다.
(1) 형식적으로는 토마스의 논증들이 결과로부터 원인에로의 귀납들인 것이 사실이지만(클락도 그 논증들의 후험적 형식을 인정할 것이다 ; *Thales to Dewey*, p. 285를 참조하라), 토마스의 논증들은 잠재성, 현실성 운동의 정의, 동자의 필요성, 부한 역추론의 반발 등과 같은 전제들에서

***) (이 두 가지 증명에 대한 원문은 다음과 같다. "(1) demonstration from that which is prior to the nature of things. ", "(2) demonstration from that which is prior in our experience to that which is inferred from these effects.")

시작하는데, 이는 모두 "일년의 긴 선험적 논증들로부터의 결론들이고, 물리학만이 아니라 주로 인식론에 관한 논의들과 관련된 것들이다" (Clark, *Thales to Dewey*, pp. 274 ~ 75). 결과적으로, **온전한 증명들이라기 보다는 증명들의 요약들인 것 같은** 그 논증들에서 드러나는 바와 같이, '영향'(혹, 결과 : effects)이요 개념들인 그 전제들은 토마스에게 다음과 같은 의미를 부여하는 선험적인 것이다. 즉, 그에게 있어서, 그 결론은 형식적으로 타당한 증명으로서 필연적으로 따른다*⁾ (토마스의 자연신학에 대한 클락의 논의 전체를 조심스럽게 읽어 보도록 촉구하는 바이다 : *Thales to Dewey*, pp. 272 ~ 78). 다른 말로 하자면, 이것은 토마스가 형식적으로 어떤 개념들로부터 하나님의 존재사실에로 논의하고자 했는데, 이때 사용된 개념들은 그의 논의에서 하나님의 존재사실을 이미 확신하고 있는 그런 내재적 의미를 가진 것이다. 그러므로, 버스웰(Buswell)이 토마스 논증의 형식이 후험적이라고 지적한 점에서는 절대적으로 옳지만, 그러므로 그것들이 토마스에게 있어서 단지 '개연성 논증들'(probability arguments)이기만 하다고 결론지은 것에서는 그가 잘못된 것이다. 왜냐하면, 토마스에 의해 이해된 '결과들'은 제한된 "원인"(cause)을 반드시 필요로 하기 때문이다. 이것은 결코 토마스에게 경험론이 없다고 말하는 것은 아니다. 아리스토텔레스(Aristoteles)에 의해서 영향받은 그의 인식론은 우리가 앞서 토마스를 논의하면서 지적했던 바와 같이 경험론을 벗어버리지 못한 체계로 남아있는 것이다("먼저 감각 안에 있지 않던 것이 지성에 있는 일은 없다"는 그의 자주 반복된 주장을 상기하라).

(2) 물론, 토마스가 안셀의 존재론적 논증을 거부하였다는 것은 사실이지만, 그러므로 토마스가 자신의 논증들을 '개연성 구조들'(probability constructs)로 여겼다는 결론을 내릴 수는 없다. 이것은 단지 토마스가 안셀적 논증에서 오류를 발견했다는 것, 즉 정신 내의 개념은 실재 존재사실과는 다른 어떤 것이라는 것을 지적했다는 것을 의미할 뿐이다.

---

*⁾ (원문대조 : " Consequently, as they appear in the arguments, which are not complete demonstrations but more like summaries of demonstrations, they, as "effects" and notions, are a priori freighted with such meaning for Thomas that, for him the conclusion follows ncessarily as a formally valid demonstration ")(pp. 127 f)

(3) 나는 토마스가 '첫 동자'(first mover) 등으로부터 기독교의 하나님으로 나아가려 한 것은, 우리가 앞서 시사한 바와 같이 계시의 영향 하에서의 결과들을 주장한 것 뿐이라고 믿는다. 그렇게 하기는 아주 쉬운 것이다.

(4) '증명'이란 말을 사용했다고 해서 그것이 반드시 '선험적'(a priovi)증명을 의미할 수는 없다고 한 데에 대해서는 버스웰 (Buswell)과 의견을 같이한다. 그러나, 만일 토마스가 자신의 논증들을 단지 후험적인 구조들(pure a posteriori constructs)을 가진 것으로 여겼다면, 왜 버스웰은 그 논증들을 철저히 귀납적인 것으로 재형성 하는 것이 아주 필요하다고 느꼈을까? (만일 그랬다면)그 자체로 이미 충분히 귀납적인 것이 아닌가! 그런데, 버스웰은 그 논증들의 선험적 비일관성(a priori inconsistencies)을 깊게 지적하고, 그 연역적 잔재들을 제거하기 위해 재형성하는 것이다(cf. *Systematic Theology*, Ⅰ, 81 ~ 101). 그리함으로써, 그는 이 논증들을 참된 "귀납적인 개연성 추론들"(true inductive probability reasonings)로 바꾼 것이다. 그런 것으로서 "그것들은 100% 증명이 될 수 있다고 주장하지는 않는다. 그러나 귀납 논증이 할 수 있는 한 최고의 것으로 주장할 수는 있다"(앞의 책, Ⅰ, 81). 이렇게 함으로써, 버스웰은 암묵리에 토마스가 제시한 대로의 이 논증들 안에 선험적 성격을 인정한 것으로 보인다

버스웰이 실증적 자료들로부터 귀납적으로 기독교 유신론을 위한 주장을 하려고 하였다는 것은 의심할 바 없다. 심지어 그는 토마스의 노력을 능가하는 데도 관심한다. 사실, 버스웰은 수 년 동안 일관성 있게 논의하기를, 성경 진술 중에는 우주론적이고 목적론적 논의가 그 근저에 놓여 있다. "만일 이들 논의들이 건전치 않은 것이라면, 성경의 이 말씀들이 거짓이라는 의미에서 말이다"(*Systematic Theology*, Ⅰ, 86). 그러나 그 어떤 성경 저자도 피조된 우주의 자료들을 하나님의 존재 사실에 대한 단지 개연성 있는 증거들로만 제시한 일은 없다는 것이 나의 주장이다. 성경 저자들은 항상 이 우주의 **모든** 사실은 "하나님의 존재 사실을 분명히 말한다고 주장하며 모든 곳의 모든 사람이 이를 자신들이 이해하듯이 이해해야만 한다고 주장한다. 물론, 버스웰이 "피조된 우주는 하나님의 영원한 능력과 신적 성격에 대한 충분한 증거이다"고 말할 때 그는 절대적으로 옳다. 그러나 그가 이를 말할 때는, 그도 성경저자들과

같이 우주의 **피조성**을 인정하면서 말하는 것이다. 따라서 버스웰은 "피조된 자료들"이 아마도 (개연성 있게만)그 창조주를 지적한 것이라고 시사해서는 안될 것이다. 반틸이 말하듯이, "당신님에 대한 하나님의 계시가 명료성을 결여하고 있어서 … 사람이 '하나님은 **아마도** 존재하실 것이다'고 말할 때, 하나님의 계시를 바로 대하고 있는 것이라고 말하는 것"은 분명히 살아계신 하나님께 대해 비성경적으로 생각하는 것이다(*A Christian Theory of Knowledge*, p. 291). 나는 그리스도인이 비그리스도인들과 논의하지 말아야 한다고 말하는 것이 아니고, 그리스도인들이 비그리스도인들로 하여금 현상계를 생각해 보도록 지적하지 말아야 한다고 말하는 것도 아니다(예를 들면, 바울도 이런 요청을 하는 것이다, 행 14 : 17). 단지 피조된 자료에 대한 우리의 표현이 비그리스도인들에게도 동일한 것이어야 한다고 주장하는 것 뿐이다(바울은 이 일도 하였다. 행 14 : 17). 나는 비그리스도인이 우주의 참된 성질을 이해하지 못하는 이유가 증거적 우주 자체 내의 온전하고 분명한 증언이 없기 때문이라고 생각하도록 허용하지 않는다. 오히려 그 이유는 그가 자신의 죄로 인해서 그 자료를 신성에 대한 계시적 자료로 인정하지 않으려고 하고, 그럴 수 있는 능력이 없다는 데 있다는 것이 항상 분명히 지적되어야만 한다. 그러나, 이것은 그 자료가 항상 계시계(the circle of revelation)로부터 관찰되고, 제시되어야만 한다고 말하는 것 뿐이다. 그렇게 되지 않으면, 그 자료들은 해석자의 정확성 정도에 따라서 "기독교적 하나님은 존재하지 않는다"든가, 아니면 "그런 하나님은 아마 개연적으로만 존재하신다"는 것 등으로 다양하게 재해석될 것이다. 그러나 그 어떤 해석도 주어진 증거에 충실하거나, 그에 대해 공정한 것이 아니다. 물론, 그 자료들이 귀납논증에서 사용되면 달리 어찌할 방도가 없는 것이다.   버스웰은 수년 동안의 경험을 가진 뛰어난 선생님으로서 조직신학 영역에서 참으로 유용한 공헌을 하였다. 하나님의 영원성에 대한 그의 논의나 로마서 7 : 14 ~ 25에서의 바울의 의도에 대한 논의가 그 대표적인 경우가 될 것이다(*Systematic Theology*, Ⅰ, 43 ~ 47 : Ⅱ, 115 ~ 117를 참조하라). 그러나, 내가 판단하기로는, 그가 하나님에 관한 귀납논증들의 정당성과 타당성을 말할 때에는 그가 마땅히 그래야 할 만큼 그의 개혁신학적 입장에 충실하지 못한 것 같다. 버스웰 사상 내에서 그 타당성에 불리한 영향을 미치는 토마스의 논증 내에도 같은 어려움들이 내재되어 있다.**)

카르넬의 '조직적 일관성'

또 한 사람의 개혁주의 신학자인 카르넬(Edward J. Carnell)은 수상작품인 『기독교 변증학 서론』 *(Introduction to Christian Apologetics)* 을 썼다. 이 책에서 그는 기독교적 헌신에서의 지혜를 밝혀보려고 시도하였다. 그 자신은 기독교 유신론의 하나님께 참으로 헌신하였고, 성경에 관해 참으로 높이 살만한 말을 많이 하였다 :

하나님께서 무엇에 대해 말씀하시면, 그것은 참이니, 하나님은 거짓말 하실 수 없기 때문이다. 그리고 사람이 하나님의 말씀을 신뢰할 때 그는 신앙을 가진 것이다. 만일 그가 진리인 그 말씀 안에 머무르기에 실패할 때 우리는 그가 신실치 못하다고 한다. 즉, 그 신실한 이가 아니라고 하는 것이다. 마음이 하나님의 말씀이 참되다는 것을 볼 수 있게 되는 것은 성령을 통해서이다. 그러므로, 하나님의 말씀은 자증적이고 권위가 있다(self-authenticating). 그것은 자체의 진리성에 대한 증거를 하며, 그 자체의 타당성을 확증한다. **만일 성경이 그 자체의 타당성에 대해 증거하는 것보다 더 확실한 어떤 말이 요구된다면, 그것은 더이상 하나님의 말씀이 안될 것이다. 만일 하나님이, 정의 상, 그보다 더 크신 분을 생각할 수 없는 분이시라면, 그의 말씀은 그보다 더 참된 것을 생각할 수 없는 말씀이 된다. 그 말씀은 신자들의 심정에 인치기 위해 성령 이상의 것이 요구된다고 생각하는 것은 계시의 유효성을 훼손하는 것이 될 것이다**
(*Introduction to Christian Apologetics*, p. 66, 강조점은 필자의 것임).

그리스도인인 카르넬에게 있어서는 그 어떤 사상가도 무엇인가를 알려면 하나님을 궁극적 준거점 (ultimate point of reference)으로 인정해야만 한다 그리스도인은 "사실들로부터 시작하여, 후에 하나님을 발견하는 대신에, 하나님으로 부터 시작하지 않으면, 하나님으로 마칠 수도 없고, (참된) 사실들에 이를 수도 없다"는 것을 조심스럽게 지적해야 한다 (클락을 우호적으로 인용하고 있는 글, 앞의 책 pp. 152~53). (그러므로) 성경을 단지 '또 다른 인간적 문서들'(another piece of human writ-

---

**) (원문대조 : "The same difficulties inherent within the arguments of Thomas militate against their propriety in Buswell's thought".)(p. 130).

ing)로 여기는 것은 비성경적이고, 따라서 비기독교적이라고 한다 :

> … 고등 비평학자의 근본적 전제는 성경이 또 다른 인간적 문서들일 뿐이라고 하는 것이다. 즉, 그에 대해 과학적 방법이 안전히 적용될 수 있는 책이라는 것이다. 이는 성경의 멧시지가 그 (과학적) 방법 자체에 대립하여 선다는 것을 인식하지 않는 것이다. 고등 비평가는 그가 구속적으로 파악된 기독교의 일관성을 불가능하게 하는 방식의 생활철학을 가지고 시작한다는 생각을 하지 않는다(앞의 책 pp. 193~94, 강조점은 필자의 것임. 또한 J. I. Packer, *'Fundamentalism' and the Word of God*, p. 112).

성경은 그 자체의 권위를 부여하는 것이다.

만일 우리가 성경 밖에서 발견한 선택의 원칙 (a principle of selectivity)을 가지고 성경에로 간다면, 우리는 성경을 쓸데없는 것이 되게 하는 것이다. 왜냐하면, 그렇게 되면 우리가 성경에로 갈 때 미리 가지고 있던 그 진리에 일치하는 것만을 받아들일 수 있게 되기 때문이다. 이런 경우에 우리는 성경을 전혀 필요로 하지 않게 된다. 우리가 필요로 하는 것은 오직 그 진리 뿐이고, 이는 이미 우리가 가진 것이다(앞의 책 p. 198).

마지막으로, 그리스도인들은 자신과 다른 모든 사람들의 차이가 결국은 궁극적 권위의 문제와 관련된다고 이해한다 :

> 보수주의자는 고등비평가의 성경관과 자신의 성경관을 구별사키는 문제가 단순히 어떤 객관적으로 검증 가능한 사실들의 지위 이상의 것이라고 확신한다. 오히려 두 가지 근본적 삶의 철학의 차이가 문제인 것이다. 즉, 보수주의자들은 실재를 초자연주의적으로 구속적으로 파악한다. 그러나 고등 비평가들은 실재를 자연주의적으로, 기계론적으로 파악한다. **그리스도인은 계시없이 실재를 알 수 있는 능력이 인간의 정신에는 없다고 한다.** 그러나 비그리스도인들은 그런 능력을 인정하는 것이다(앞의 책, p. 201, 강조점은 필자의 것임).

이제까지 말한 이 모든 것은 카르넬을 철저한 전제주의자로 보이게끔 할 것이다. 그러나 이 전제주의적 헌신으로 보이는 것은 카르넬이 그의

'논리적 출발점'이라고 지칭하는 것임이 곧 지적되어야만 한다. 그는 다음과 같이 설명한다.

논리적 출발점은 시, 공간적 우주의 많은 것에 존재와 의미를 부여하는 조정적 궁극(the coordinating ultimate)이다. 탈레스에게는 그것이 물이었다. 아낙시메네스에게는 공기였고, 플라톤에게는 선(善, the good)이었으며, 그리스도인들에게는 삼위일체인 것이다. 논리적 출발점은 어떤 이의 실재에 대한 해석에 통일성과 질서를 주는 것으로 도입시키는 최고 원리이다. 바로 그렇기 때문에 이를 논리적 출발점이라고 부른다. 그것은 개별자들은 통합하는 전반적 통합의 요소로 우리가 논리적으로 파악하는 것이다(앞의 책 p. 124).

그러나 "모든 논리적 궁극들은 검증되어야만 하는데 … 그 유일한 방법은 더 **기본적인 출발과정**을 추구해 보는 것이다(앞의 책, 강조점은 필자의 것임). 그리고 이 과정을 카르넬은 '공관적 출발점'(the synoptic starting point)이라고 부른다. "공관적 출발점을 … '논리적 출발점은 어떻게 증명할 수 있는가'에 대한 대답이다"(앞의 책 pp. 124이하). 그런데, 카르넬에게 있어서, 진리는 신적 계시이고 하나님의 정신이다. 카르넬은 말한다 : "그리스도인에게 있어서, 하나님은 모든 사실들과 의미의 저자이시므로, 하나님이 진리이시다"(앞의 책 p. 46). 그러나, 그는 다음과 같이 묻는다 : "우리가 어떻게 옳은 권위와 거짓된 것을 구별할 수 있는가? 베다(the vedas), 힌두교 성경인 쉐스트라(shastra), 공자의 글들, 코란, 몰몬경, 메리 베이커 에디(Mary Baker Eddy)의 작품들, 성경, 교황들이 교황직에서 권위있게한 선언들의 가치를 구별하기 위해서 사용된 말들의 수에 의존할 것인가"(앞의 책 p. 72). 이 질문에 대해서 카르넬은 그의 '조직적 일관성'(systematic consistency) 이론으로 대답하는 것이다.

'조직적 일관성'이란 무엇인가? 그것은 카르넬의 진리에 대한 시금석이다. 본능, 관습, 전통, 신념의 보편성, 감정, 감각, 통찰, 상응, 그리고 실용주위 ― 이 모두가 (진리에 대한 시금석으로서는) 부적절하다고 거부하고서, 카르넬은 '조직적 일관성'만이 진리를 판단할 수 있다고 한다. '일관성'(consistency)이란 말로써, 그는 '모순률에의 복종'을 의미한다. 이것은 수평적 시금석(the horizontal test)이다 : 진리 주장이 스스로 일관성을 가지고 있는가, 그 자체 내의 모순은 없는가? 카르넬은 "아리스토텔레스의 『형이상학』제 4권을 거부하는 신학은 그 어떤 것이든지 그 자체를 파멸시킬 요소를 가지고 있다"고 믿는다(앞의 책 pp. 56, 77 ~ 78, 108 ~ 109).

그러나 일관성만으로는 충분치 않다. 왜냐하면, 모순률이 "진리의 부재에 대한 분명한 시금석"이긴 하지만, 그것만으로는 진리의 '어떻게', '어디에', 또는 '왜'를 지적할 수 없기 때문이다. 그러므로, 참다운 일관성은 **조직적 일관성**(systematic consistency)이어야만 한다. 즉, 진리 주장은 내외의 우리 경험 전체로부터 온, 그 진리 주장에로 취해진 모든 자료들에 들어 맞아야만 하는 것이다. 다른 말로 하자면, 진리 주장은 "자연에 대해 참되어야"만 한다 — 이것은 수직적 시금석(the vertical test)이다(앞의 책, p. 109). 예를 들자면, 진리주장은 내적으로 자기 일관성을 가져야 하고(internally self-consistent), 외적으로는 역사, 고고학, 사회질서, 사람의 고대성, 우주발생론, 그리고 사람의 본성 등에 대해 참되어야 한다는 것이다. 이런 진리의 시금석을 가지고서 카르넬은 "우리가 '어떻게 계시로 자처하는 수많은 것들' 중에서 선택을 할 수 있는지의 문제"를 대담하게 풀어나간다. 이제 그의 대답을 들어 보기로 하자.

우리는 이에 대해 한 문장으로 대답할 수 있다 : 검토하여 보았을 때, 수평적으로는 자기 일관성을 가지고, 수직적으로는 역사의 사실들과 들어맞는 사상체계를 내는 그런 계시를 받아들이라! 성경을 보면서 그리스도인은 이렇게 말한다 : "나는 성경에서 일련의 자료들을 본다. 만일 여기에 제시된 대로의 체계를 받아들인다면, 수많은 문제들을 해결할 수 있다." 당신네들의 계시들을 가져오라! 그것들을 모순률과 역사의 사실들에 대조시켜 보라. 그래서 맞는 것은 합리적 사람의 동의를 받을 수 있게 될 것이다. 성경을 조심스레 검토하면, 성경이 최우등으로(summa cum laude)이 엄격한 시험들을 통과한다는 것을 알게 될 것이다(앞의 책 p. 178).

이제 이 모든 것을 전체적으로 취하여 살펴보면, 이는 아주 이상한 것이다! 한편으로, 나는 카르넬이 하나님의 말씀이 자기권위를 스스로 세우는 것이라고 말하는 것을 듣는다. 즉, 만일 성경이 그 타당성을 부여해 주는 성경 자체보다 훨씬 더 확실한 것을 요구하는 것이라면, 그것은 더 이상 하나님의 말씀일 수 없다는 말을 듣는다. 나는 그가 사람의 정신은 계시 없이도 실재를 알 수 있을 만큼 능력있는 것이 아니라고 말하는 것을 듣는다. 그러나 또 한편으로 나는 그가 모든 계시는 그것이 합리적 사람의 동의를 받기 전에 검증되어야 한다고 말하는 것을 듣는다. 그리고 그 시금석은 배교한 자율적 인간이 무엇이 가능하며, 가능치 않은지, 그리고 무엇이 참이며, 참이 아닌지를 결정하기 위해 창안한 것이며, 그 사실론에서는 순수 우연성을, 그 목표에서는 기껏해야 개연성만을 가질 수 있는 시금석인 것이다(앞의 책 p. 113을 참조하라). 내가 모순률의 타당성을 믿는다는 것을 아주 분명히 하고자 한다. 나는 앞의 여러 장에서 그리하는 이유들을 제시하였다. 이로써 나는 성경과의 다른 소위 계시라고 주장하는 것들 - 베다, 쉐스트라스, 공자의 글들, 코란, 몰몬경, 메리 베이케 에디의 글들, 교황의 교서들 - 이 거짓이라고 거부한다. 왜냐하면, 그것들은 성경의 자증하시는 그리스도의 진리와 불일치하며, 따라서 거짓이기 때문이다. 또한 나는 바울과 함께(행 24 : 14) 성경 계시가 사물들의 본성 - 역사, 모든 경험들에 대해 참되다고 믿음을 분명히 말하고자 한다(나는 모든 점에서 기독교 성경의 "조직적 일관성"을 과학적으로 규정하지 않는다는 것을 분명히 고백한다 - 그러나 카르넬은 그리한다. 그밖의 누가 그리 하였는지? - 그러나 나는 성경이 스스로 모순된다거나, 역사의 사실들과 일치하지 않는 것을 발견할 수 없다. 또한 그 누구도 그럴 수 없다고 확신한다). 그러나 나는 '합리적 사람'으로 하여금 소위 '계시들'을 모두 자세히 검토해 보도록 하는 노력에 대해서는 저항한다. 왜냐하면, 사람은 이 일을 다 하지 못하고 죽을 것이기 때문이다. 더구나 나는 합리적 사람으로 하여금 그들 자신의 가능성과 불가능성에 대한 이해에 따라서 기독교 성경을 판단해 보도록 요청하는 노력에 저항할 것이다. 이는 그의 논리가 나의 논리와 종류에 있어서 달라서가 아니라(우리가 모두 모순률을 사용한다), 그가 그에 입각하여 추론하는 그 입각점이 하나님으로부터, 독립하려는 자율적인 것이기 때문이다. 그는 이미 기독교 유신론의 하나님이 없이도 그가 자신과 다른 모든 것들을 자신에게 지적으로 설명할 수 있다고 믿는 것이다. 만일 자율적인 사람이 그의 인식론적 입각점과 일치하는 방식으로 성경을 판단하도록 요청받으면, 그는 성경이 참될 수 없다고 결론지을 것이다. 성경은 그리스도인들 조차도 쉽게 이해하고 파악할 수 없는 내용을 담고 있다(롬 11 : 33). 하나님의 성령의 일들을 알 수 없는 '합리적 사람'은 얼마나 더 할 것인가(고전 2 : 14)! 그러나 나는 그로 하여금 그가 거기서 그를 죽음의 무덤에서 불러내시는 성자의 자증하시는 목소리를 들을 수 있도록 성경을 읽도록 촉구할 것이다. 그리고 나는 역사, 고고학, 소위 모순들, 성경적 우주발생론 등에 관한 그의 질문들에 내가 할 수 있는 한 답하려 할 것이다. 그러나 그러는 동안 줄곧 성령께서 그에게 보고, 들을 수 있는 눈과 귀를 주시도록 기도할 것이다. 나는 또한 그가 자신의 입각점에 성경의 자증하시는 말씀을 놓기까지 그의 입장을 스스로 볼 수 있도록 그와 함께 그의 입장을 취할 것이다. 즉, "묻고, 대답하는 전체 노력이 의미를 가지지 않고, 그보다 더한 것으로 어린양의 진노하에 있는 그의 입각점"을 바라기까지 말이다(*Van Til, Jerusalem and Athens*, p. 366).

이렇게 접근함으로써 나는 카르넬이 제기한 소위 '계시들'(alleged revelation)에 대한 변증적 질문을 무시해 버린 것일까? 결코 그렇지 않다. 나의 교회의 신조와 함께 나는 "그 내용의 천상성(the heavenliness of the matter), 그 교리의 유효성(the efficacy of the doctrine), 그 장엄한 문체(the majesty of the style), 그 모든 부분의 내용상의 일치(the consent of all the parts), (모든 영광을 하나님께 드리려는) 광범함(the scope of the whole), 사람의 구원을 위한 유일한 길을 밝혀주는 충분한 내용전개, 다른 모든 비교할 수 없이 뛰어난 점들, 그리고 성경의 전체적 온전성들이 성경이 하나님의 말씀이라는 것을 충분히 증언하는 논증들"이라고 기꺼이 인정한다. 그러나 또한 나의 교회의 신조와 함께, "(그렇지만, 그럼에도 불구하고) 성경의 무오한 진리성과 그 신적 권위를 충분히 납득하고 확신하게 되는 것은 우리의 심령 속에서 말씀에 의해 말씀을 가지고 증언하시는 성령의 내적사역에 의해서"라고 주장한다(*Westminster Confession of Faith* Ⅰ/Ⅴ). 물론, 카르넬도 이것을 믿는다. 따라서 나는 그가 그 자신의 입각점에 좀 더 충실해 주었으면 하고 바란다. 나는 그가 사실들을 그 의미와 구별하지 않았었으면 하고 바라는 것이다(*Introduction*, p. 213). 그러나 이 구별의 오류는 그로 하여금 개인적이고 과학적인 수준에서는, 신자들과 불신자들이 사물을 바라보는 방식의 차이가 없다고 주장하게끔 하였다. 이들 영역에서는 타락한 사람의 자율성이 받아들여지고, 사실들에게 자신들의 의미를 부여하도록 허용된다는 것이다. 또 이런 영역에서는 우주에 의미를 부여함에 있어서 '창조적으로 구성적으로' 작업한다는 것이다. 그러나, 물론, 사람이 계시에 동의하기 전에 그 모든 계시주장을 검토하고 검증하도록 촉구되는 것도 이 과학적 영역에서의 '합리적 사람'으로서이다. 따라서 그는 성경이 과연 그것에 주목해야 할 권위를 가지고 있는지를 결정할 권리가 자신에게 있다고 확실히 믿는다. 물론, 그는 우리가 그의 타당성을 인정했다는 근거에서, 성경이 과연 권위를 가지고 있는지 확신할 수 없다고 결론지을 것이다. 그래서 나는 카르넬이 그가 "형이상학적 궁극"이라고 말하는 것의 수준에서만 '공통적 근거'가 존재하지 않게 된다고 느낀 것에 대해 안타깝게 여긴다. 카르넬은 이 "형이상학적 궁극"의 수준에서만 합리적 사람의 자율성을 부인하려 하였지만, 그러나 이는 "합리적 사람"이 이미 성경은 하나님의 계시일 수 없다고 결론지은 후인 것이다. 카르넬은 그가 성경에 대해 그런 판단을 내릴 수 있는 위치에 있지 않다고, 아니면 적어도 그가 틀렸다고 말했어야만 하는 것이다. 그러므로 그런(카르넬의 것과 같은) 변증적 체계는 기독교 자체를 양보하는 것이다. 나는 카르넬의 변증방법이 그 변증적 과제 전체를 통해서 자증하시는 그리스도께 헌신치 않은 것을 안타깝게 여긴다. 만일 철저히 그리스도께 헌신한 체제였다면, 바로 그의 자율성 때문에 잃어진 "합리적 사람"은 그의 자율성을 버리도록, 그리고 아버지의 집으로 되돌아 오도록 도전받았을 것이다.

　카르넬(Carnell)은 또 다른 아주 매력적인 책들을 썼다. 그 모든 책들에서 카르넬은 기독교와 문화 간의 접촉점을 추구하였다. 그가 『사랑의 나라와 생(生)의 자랑』 *(The Kingdom of Love and the Pride of Life)* 에서 쓴 바와 같이 :

　나는 복음과 문화사이의 몇 가지 유용한 접촉점을 구성해 보려고 끊임 없이 추구하였다. 『기독교 변증학 서론』 *(An Introduction to Christian Apologetics)* 에서는 '모순률'에 호소하였고, 『기독 종교의 철학』 *(A philosophy of the Christian Religion)* 에서는 가치들에, 그리고 『기독교적 헌신』 *(Christian Commitment)* 에서는 법적 정조(法的 情操, the judicial sentiment)에 호소했던 것이다. 그리고 이 책에서는 '사랑의 법칙'에 호소해 본다(p. 6).

　이런 작품들에서 카르넬은 계속해서 "합리적 사람"에게 호소하고 있는데, 단지 이제는 그를 "도덕적 사람"으로 여겨 호소하며, 그로 하여금 여러가지 종교적 대안들 중에서 "전인(全人)이 최소한으로 후회하게 될 것"을 선택하도록 촉구하는 것이다(*A philosophy of the christian Religion*, p. 229). 그러나 이렇게 함으로써, 카르넬은 사람들에게 그가 가장 적절히 "전인"(全人)을 성취할 수 있다고 솔직히 결론지을 수 있는 것들에 근거하여 그의 생의 헌신을 선택할 자유를 부여하면서 있는 그대로의 사람(man as he is)에게 호소하는 것이다. 이렇게 다시 한 번 자연인이 기독교의 진리주장을 검토 할 수 있는 시금석을 규정할 권리를 부여받은 것이다. 그러므로 나는 카르넬이 죄인들로 하여금 그들의 거짓된 자율성 주장을 포기하고서, 그의 '중립성'에 내재한 배교성을 고백하도록 죄인들을 충분히 도전하는 일에서 실패하였다고 결론짓지 않을 수 없다.

쉐이퍼의 복음전도적 "변증"

개혁주의 장로교 목사요, 라브리(L'Abri)의 창설자인 프란시스 쉐이퍼(Francis Schaeffer)는 20세기를 성경적 기독교와 참으로 만나게 하는데에 깊이 관심한다. 현대문화에 대한 그의 분석은 스스로를 그리고 자신들이 살고 있는 이 20세기 후반을 이해하고자 하는 그야말로 수천명의 대학생들에게 큰 도움이 되었다. 쉐이퍼는 기독교 변증가가 그의 시대를 이해하고서, 그 시대에 의미있게 의사전달을 하는 방법을 찾아내기 까지는, 그의 동시대인들에 관한 한, 단순히 '하나님 말씀들'만을 사용할 위험성이 있다고 깊이 확신한다.

쉐이퍼에 의하면, 현대인에게는, 죄 가운데서의 잃어졌음은 제쳐놓고, 그의 어두운 운명이 실망과 무의미의 원천이다. 사람들이 어떻게 이 깊이에까지 이르게 되었는지를 설명하는 것이 쉐이퍼의 문화분석의 과제였고, 그가 그의 분석에서 이끌어낸 결론들이 주로 그가 효과적인 복음전도적(evangelistic) 방법이라고 생각하는 형태를 결정한다(이 '복음전도적'이라는 말은 실제적으로 '변증적'이란 말과 동의어이다).

쉐이퍼는 헤겔 이전의 전체 철학자를 ① 합리적, ② 합리주의적, 그리고 ③ 낙관주의적인 것이라고 묘사함으로써 시작한다. 쉐이퍼가 이 용어들로 무엇을 나타냈느냐는 것을 이해하는 것은 아주 중요하다. '합리적'(rational)이라는 말로 쉐이퍼는 '논리적'(logical)이라는 의미를 나타

낸다(*The God Who Is There*, p. 17). 세상의 철학자들은 합리적인 사람들이다. 즉, 그들은 일반적으로 대립의 용어로 사유한다(대립적 사유", antithetical thinking) — A는 非A(non-A)가 아니다. 그러므로, 지식과 윤리에서 절대적인 것들의 가능성이 있다(보편을 발견하기만 한다면 말이다. "만일 A가 참이면, 非A는 거짓이다). 또 '합리주의적'(rationalistic)이란 말로써 쉐이퍼는 그 대부분이 중생치 않은 사람들의 인간주의적 노력으로써, 자신들로부터 시작해서, 그 어떤 외적인 도움(신적 도움)도 거부해 버리고, 대립적 사유로서 개별자들에게 의미를 부여하는 보편적 개념들과 관념들을 발견하기 위해 우주의 개별자들을 충분히 검토할 수 있다고 하는 철학적 입장과 그 역사를 뜻한다(앞의 책). (합리주의에 대한 이 정의는 철학사를 인간주의적 입각점에서 정의하며, 따라서 인간주의 내의 인식이론들인 합리론과 경험론 모두를 포괄한다는 것에 주목하라). 그리고 쉐이퍼가 '낙관주의적'(optimistic)이란 말로써 의미한 바를 이해하기 위해서는 철학사가 한 철학자가 통일된 지식의 영역의 원을 그리려는 노력을 하고, 그 뒤에 다른 이가 그 원을 지워버리고서 자기 나름의 원을 그리고, 또 다른 철학자가 이 두번째 원을 거부하고 또 자기나름의 원을 그리고 하는 이 일이 무한히(ad infinitum) 계속되는 역사였다는 것을 상기해야만 한다. 그러므로, 쉐이퍼가 낙관주의라고 지칭하는 것은 철학자들이 자신들의 작업을 하는 그 확신(the confident spirit)이다 — 즉, 우주의 모든 개별자들을 통일된 지식의 영역에 포괄할 수 있는 원을 조만간에 사람이 그려낼 수 있으리라, 그래서 지식의 근거를 놓고, 자신과 모든 것을 설명할 수 있으리라는 그 분명한 확신인 것이다(앞의 책).

그러나, 쉐이퍼는 합리주의자들인 철학자들에게 열려있던 여러 대안들이 헤겔(1770 ~ 1831)의 때에는 다 고갈되었다고 확언한다(물론, 쉐이퍼는 아주 옳게 지적하기를, 소위 이 대안들 중 그 어느 것도 성공의 최소한의 기회도 얻지 못했다고 한다. 그것들은 오직 합리주의적 관점에서의 대안들일 뿐이다). 결과적으로, 헤겔과 함께, "철학자들은 그들이 이 통일된 합리주의적 원을 찾지 못하리라는 것을 자각하기에 이르렀고, 그래서 전통적인 반립의 방법론(사유할 수 있는 유일한 '합리적'방법)을 떠나서, 진리의 개념을 바꾸어 버렸다. 그리하여 현대인이 탄생한 것이다"(*The God Who Is There* p. 18).

이런 전통적 반립(classical antithesis)으로부터 헤겔적 반립, 그리고는 키에르케고르적인 반립에로의 전환과 함께, 철학자들은 언젠가는 지식을 통합하고, 그 근거를 놓을 수 있는 "한 가지 원을 그릴 수 있다"는 희망을 잃었고, 그래서 자신들의 낙관론을 버리고, "절망의 선 아래로 내려갔다"고 쉐이퍼는 주장한다.

그렇다면, "이 절망의 선 아래서 산다"는 표현으로 쉐이퍼가 의미하는 바는 무엇인가? 거기에 사는 사람이 합리성에 근거한 의미있는 실존에 이르려는 희망을 버리고서, 비관론 중에서 그의 운명은 "나뉘어진 지식의 영역"(a divided field of Knowledge)에서 사는 것이라고 결정해 버린 것이라는 것이다. 그 '아래층'은 현대인들이 수학, 과학, 기술 등과 함께 사는 합리적 영역이다. 그러나 이 어느 것도 생(生)에 의미와 목적을 부여하지 못한다(그리고 그 아래층과 결코 관련성을 갖지 못하는 그 "상층"은 현대인들이 목적과 의미와 사랑까지도 줄 수 있으리라고 선택하는 비합리적 영역이다. 현대인들은 의미없는 하층으로부터 비합리주의적, 실존적 신앙의 비약으로 의미의 상층으로 나아가려고 한다. 비록 그것이 궁극에는 자신을 죽이는 완전히 비합리주의적 도약일지라도 현대인은 그의 생에 의미를 줄 수 있는 가능성을 붙잡아 나가려고 비약하는 것이다). 합리적 행위 가운데서 그 어떤 의미를 찾아 보려는 희망을 포기한 것이다.

쉐이퍼는 철학의 영역에서 사람들에게 있어 신앙과 의미는 이성과 아무런 관계도 없다고 한 키에르케고르의 주장과 함께 처음으로 절망의 선 아래로 내려갔다고 한다. 그의 주장에서는 진리란 모순, 또는 역설이요, 신앙은 비합리주의적 비약이기 때문이다. 그 후에 이 현대의 비관론은 미술, 음악, 그리고 문화일반(소설, 연극, 시, 영화), 그리고 마침내는 신학에도 그 영향을 미치게 되었다고 한다. 그래서 오늘날 20세기의 지적 분위기와 문화적 분위기의 특성은 나뉘어진 지식의 영역(a divided field of knowledge)개념을 통합하는 요소이다. 의미를 찾기 위해서 현대인은 그의 합리성을 버려 버리고서 신비가가 된 것이다. 이것은 이성의 시대가 아니고, 오히려 신비주의의 시대라고 쉐이퍼는 주장한다.

한 마디로 쉐이퍼는 인간의 현재 참상과 그가 어떻게 여기에 이르게 되었는지를 다음과 같이 요약하고 있다 : 1800년 경의 사람들은 다음과 같은 선택을 할 수 있었다. 즉, 그의 인간주의적 합리주의를 포기하든가, 그들의 합리성을 보유하고 지식획득의 선조건들(the prerequisites)을 가지면서 초월적 계시적 입각점이라는 외적 도움을 받아들이든가 하는 그 선택에 직면했었다. 그러나 의미를 발견하려는 그들의 노력은 합리성을 저버릴 것을 요구하는 새로운 진리개념에 맞추고 말았다는 것이다. 그들의 배교와 부패성 가운데서 사람들은 자신들의 합리주의를 유지하기 위해 "이성으로부터의 도피"를 선택한 것이라는 말이다. 그 결과, 현대인은 합리주의적이지만, 생의 의미를 찾으려는 그 노력에 있어서는 더 이상 합리적이지 않게 되었다고 한다(앞의 책 p. 18).

그러므로, 이런 사람에 대한 증언에서는 전제에 대해 말하려고 하는 변증학만이 효과가 있는 것이라고 쉐이퍼는 주장한다. 현대인은 한때 서구문화에 만연하였던 기독교적 일치에 의해 영향을 받았던 그런 진리 개념을 더 이상 공유하고 있지 않다. 그 결과, 부주의한 기독교 변증가는 그의 증언에서 "오직 하나님 말씀만을 말할 수"도 있다. 그가 "예수를 믿으시오"라고 할 때, 그 상대가 비합리주의적 신앙의 비약 가운데서의 첫 경험을 하도록 말이다. 그래서 우리가 현대인에게 우리가 참 진리에 대해서 하나님 앞에서의 참된 죄책에 관하여, 그리고 시, 공간적 역사 가운데서 일어난 구속에 관하여 말하는 것임을 전달해 주어야만 하는 것이다(앞의 책 p. 127). 물론, 쉐이퍼의 복음전도적 변증은 이를 수행하는 것이다. 그는 이 주제를 그의 책 『존재하시는 하나님』 *(The God Who Is There)*의 제 4부 "역사적 기독교를 20세기에 전함"(Speaking Historic Christianity Into the Twentieth Century Climate)에서 발전시키고 있다. 간단히 말하자면, 그것은 다음과 같다 : 쉐이퍼는 ① 기독교 변증가가 가정적으로(presuppositionally)비그리스도인이 처한 위치를 찾음으로써 그의 증언을 시작해야 한다고 시사한다(그 위치는 실재 세계와 그의 비기독교적 전제의 논리적 결론들 사이의 어딘가이다). ② 그 뒤에는, 불신자가 실재 세계에서 살기 위하여 중간에서 멈추어 버린 자신의 전제의 논리적 결국을 향해 나아가도록 시도해야만 한다. 그렇게 함으로써, 비그리스도인은 참된 외적 세계 앞에서와 그의 참된 모습 앞에서 자신의 일관성 없음을 직시하도록 도전 받을 것이다. ③ 그가 그의 "무시무시한 어두움"(horrible darkness)을 인정하려고 하자마자, 변증가는 하나님, 사람, 죄 그리스도, 그리고 구원에 대한 성경의 진리를 그에게 제시해야 한다. 하나님의 은혜의 신께서 그의 마음과 정신을 밝혀주시기를 기도하면서 말이다.

쉐이퍼의 작은 책, 『존재하시며 말씀하시는 하나님』 *(He Is There and He Is Not Silent)* 은 기독교 변증가에게 적절한 책이 되기를 의도한 책이다. 그는 그 "서론"(pp. ix ~ x)에서 다음과 같은 시사를 하고 있다 : "이 책은 모든 문제들 가운데서 가장 근본적인 문제 중의 하나, 즉 우리는 어떻게 아는가(how we know), 그리고 우리가 안다는 것을 어떻게 아는가(how we know we know)에 대한 문제를 다루는 책이다. 우리의 인식론이 옳지 않다면, 모든 것이 잘못될 것이기 때문이다." 그리고 이 책의 본문에서 쉐이퍼는 기독교 유신론의 하나님의 ① 형이상학적, ② 도덕적, 그리고 ③ 인식론적 필요성을 밝히고 있다.

제 1 장에서 그는 하나님의 형이상학적 필요성(필연성, the metaphysical necessity) 문제를 다룬다. 한마디로, 사람과 사물들이 있다는 사실, 다른 말로 하자면 존재의 문제를 어떻게 설명할 수 있는가가 여기서의 질문이다.

쉐이퍼는 이 존재의 문제에 대해서는 다음 같은 세 가지 근본적인 대답만이 가능할 뿐이라고 한다 : ① 존재하는 모든 것은 **절대적으로 무** (無)에서 나온 것이다. ② 존재하는 모든 것은 비인격적 시작 (그것이 물질〈mass〉이든, 에너지 〈energy〉이든, 아니면 움직임〈motion〉이든지 간에)과 시간, 그리고 우연의 합성에 의해 나온 것이다. 그리고 ③ 존재하는 모든 것은 한분의 인격적 기원에게서 나온 것이다. 쉐이퍼는 첫 대답의 이론적 가능성을 받아들이면서, 이를 다음 같은 한마디 말로 기각해 버린다 : "나는 이런 논의가 끝까지 성립되어본 일이 있다는 말을 들어 본 일이 없다. 왜냐하면 현재 존재하는 모든 것이 전적인 무(utter nothing)로부터 왔다는 것을 생각할 수 없는 것이기 때문이다"(p. 8). 또한 그는 두번째 대답도 거부하는데, 그 주된 논리는, 이 대답은 (a) 외적 세상의 복잡한 '형상과 질서'를 설명할 수 없거나(p. 5), 또는 (b)사람의 인격성을 설명할 수 없기 때문이라는 것이다(p. 10). 그래서 그는 세번째 대답을 가능한 대답으로 받아들이는데, 이는 이것이 쉐이퍼가 어디서나 볼 수 있는 형상과 질서를 그리고 사람의 인격성 ㅡ "인간됨"(mannishness)을 설명할 수 있기 때문이다. 그런데 이 인격적 출발점이 사물들에도 의미를 부여할 수 있을 정도로 그렇게 충분히 큰 것이기 위해서, 쉐이퍼는 우리가 인격적으로 무한한 출발점(a personal infinite beginning)을 필요로 한다고 확언한다(pp. 12 ~ 13). 더나아가 쉐이퍼는 주장하기를, 만일 이 무한한 인격적 출발점이 사랑하고 자기를 전달하기 위해서 반드시 창조를 해야만 하는 위치에 있지 않도록 하려면, 그것은 그 자신 안에 통일성과 아울러 다양성을 가져야만 한다고 한다(pp. 13 ~ 16). 그런데 이들 '형이상학적 요구들'을 충족시켜 주는 신을 가진 종교가 있는지 둘러 보면, 신구약 성경에서 주어진 '하나님'이란 말에 대한 유대 — 기독교적 내용이 존재하는 것들의 필요를 충족시킴을 발견하게 된다(p. 14). 사실, 그가 어떻게 삼위일체 하나님에 대한 기독교적 개념을 받아들일 수 있는지에 대한 대답에 대한 반응으로 쉐이퍼는 대답하기를, 그런 신개념이 없이는 그가 지금까지 불가지론자였을 것이니, "(그 밖에는 이에 대해서) 아무런 대답이 있을 수 없겠기 때문이다"라고 한다(p. 14).

둘째 장에서 쉐이퍼는 이전 장에서의 그의 논의와 아주 가까운 방식으로 하나님의 도덕적 필요성을 논의한다. 그는 어떤 이가 비인격적 출발점에서 시작하면, 옳고 그름에 대한 말에 아무런 의미도 없을 것이라고 주장한다. 그는 때때로 대다수의 의견에 의해 규정된 법을 통해 말들에 의미를 부여할 수 있고, 또 그렇게 해왔다는 것을 인정하지만, 이런 상황에서는 "무엇이 **참으로** 옳은 것인지, 무엇이 **참으로** 그른 것인지에 대해 말할 수 없다고 한다(p. 23) 그러나 인격적 출발점을 요청함으로써, 우리는 형이상학과 도덕을 구분할 수 있을 뿐만 아니라, 사람들이 도덕적 피조물들임을 정당히 주장할 수 있다. 물론, 사람이 지금은 이전의 그가 아니다. 그리고 사람이 스스로를 변화시켰다고 주장하지 않는다면, 그 인격적 출발점(하나님)이 악(evil)일 것이니, 사람이 (현재) 잔혹하기 때문이다. 그러나 사실은 바로 그와 같았다고 쉐이퍼는 말한다***) 역사의 어느 특정한 순간에(여기서 쉐이퍼는 창세기 3장에 기록된 타락을 말하고 있는 것이다) 사람은, 자기 스스로의 선택에 의하여, 스스로를 변화시켰고, 그 이후로 도덕적으로 비정상적인 존재가 되어버렸다. 쉐이퍼는 결코 하나님께서 사람을 변화시킨 것이 아니라고 주장한다. 왜냐하면, 그랬다면 그는 나쁜 하나님이었겠기 때문이다(p. 30). 오히려, "지금대로의 사람이 자기 자신의 선택에 의하여 자신의 본래적인 모습이 아닌 존재가 된 것이다"(앞의 책) : "로보트와는 다른 피조

***) (즉, 사람들이 스스로를 변화시켰다, 타락했다는 말이다.)

물이 반역하여서, 현재의 선악의 이원론을 가져오게 하였다"(앞의 책, p. 35).

하나님의 인식론적 필연성에 대한 문제를 제기하고 답하는 마지막 두 장에 대한 언급은 지금까지 제시하고(요약한) 논의를 검토한 후에 살펴 보도록 하겠다.

물론, 우리의 쉐이퍼 사상에 대한 개관은 아주 간단한 것이다. 따라서 변증가와 변증학도는 스스로가 그의 삼부작인 『존재하시는 하나님』 (The God Who Is There), 『이성으로 부터의 도피』 (Escape From Reason), 그리고 『존재하시며, 말씀하시는 하나님』 (He Is There and He Is Not Silent) 을 읽어 보기를 원할 것이다. 그러나, 나로서는 비록 쉐이퍼를 존경하고, 흠모하고, 라브리 사역을 통해 주님께 드린 그의 '사랑의 역사'(役事)를 높이 평가하면서도, 그가 하나님의 선하신 손길 아래서 수천명의 대학인들로 하여금 그리스도의 주장을 심각하게 생각해 보도록 도전할 수 있었던 그 성공이 이 책들에 제시된 "방법론적 이론의 옳음"때문이라고는 생각지 않는다. 나의 비판은 주로 이 책들에 **이론적으로** 제시된 그의 방법론 중에서 배교한 사람에게 양보한 것이라고 생각되는 것을 중심으로하여 진행될 것이다.

쉐이퍼는 전제주의적 변증가로 선언하고, 실제로 주장하기를 전제주의적 변증이 바로 이 시대의 요청이라고 한다. 그러나, 내가 그를 이해하기로는, 그는 이 용어로(즉, '전제주의적 변증'이란 용어로) 성경이 하나님, 인간, 그리고 그들간의 관계에 대하여 성경이 가르치는 모든 것을 그 자증하는 '첫 원칙'으로 아주 신중하게 여기는 변증방법을*⁾ 의미하는 것이 아니다. 오히려 그는 이 말로써 오늘날의 복음전도자는 진리 개념이 대립(antithesis)으로부터 종합(synthesis, 헤겔)과 변증법(dialectic, 키에르케고르)으로 변화한 사실을 효과적으로 다룰 수 있어야만 한다는 것을 의미한 듯하다. "… 우리가 진리와 지식에 이르는 방법 개념의 이 변화는 오늘날 기독교가 직면한 가장 중요한 문제이다"라고 쉐이퍼

---

*⁾ (이 바른 변증방법에 대한 Reymond 의 입장을 명확히 하기 위해 영문을 부기한다 : "an apologetic method that takes with radical seriousness as its self-attesting "first principle" all that the Scriptures teach about God, man, and the relationship between them")

는 말한다(*God who is There* p. 13). 아마도 쉐이퍼는 불신자가, 그의 추론 방식과는 상관없이, 본성 상(중생한 입각점, the palingenetic pou sto 과는 대립되는) 배교적 입각점에서 움직이고 있다는 사실을 충분히 깊이있게 여기지 않은 것 같다. 왜냐하면, 그는 19세기말과 20세기 초에 있었던 진리 개념의 전환 이전에는 "모든 사람들이 … 그 인식론 영역에서나 방법론 영역에서 … 모두 같은 전제들 위에서 작용한 듯하다"고 말하기 때문이다. 그것의 근본적인 것의 하나는 절대의 가능성을 받아들인다는 것이다 : "30년 전이나 그 이전에는 '이것은 참이다,'또는 '이것은 옳다'와 같은 말을 할 수 있었고, 모든 사람들이 같은 태도를 취했을 것이다"(앞의 책, p. 14).**) 쉐이퍼는 이 전환 이전의 전통적 변증학("증거주의" 또는 "험증주의", 또는 "실증주의")이 효과있었다고 하면서, 만일 이 전환이 이루어지지 않았다면, 그것은 아직도 유효할 것이라고 시사하고 있다. 다음과 같은 말에서 말이다 : "이 전환이 일어나기 이전에 전통적(고전적) 변증학의 사용은 유효한 것이었으니, 비그리스도인들도 표면상으로는 (그리스도인들과) 같은 전제들에서 기능하였기 때문이다. 그러나 이제는 사람들이 진리에 대해 달리 생각하므로, "이제는 이전보다도 더 전제주의적 변증이 필수적이다"(앞의 책, p. 15). 따라서 다음과 같은 누슨(Knudson)의 비판은 정당화 될 수 있을 것이다 : 쉐이퍼는 배교적 철학이 어째서 변증법적 논리를 채용하기를 배우기 이전에 더 나은 것이었는지를 설명하지 않고 … 놓아 두었다". 또한 누슨은 이렇게 말하고 있다. :"쉐이퍼는 배중률(排中律)을 거부하고, 변증법적 방법을 채용하는 철학들에서 작용하고 있는 그 배교적 동기들이 또한 참된 것과 거짓된 것을 분명히 구별하는 철학들에서도 작용하고 있는지의 여부를 묻지 않는다. 그는 단순히 그 구별을 회복하려고 노력할 뿐이다"(*Jerusalem and Athens*, p. 290). 왜냐하면, 일단 쉐이퍼가 현대인들의 사유 속에 반립(antithesis)개념을 회복시킬 수 있다면(이를 그는 "전 – 전도"〈pre-evangelism〉라 부른다), 그는 이제 '합리적'이 된 사람들로 하여금 성경의 진리주장을 그 일관성(consistency)과 시공간적 증거(the space-time evidence)를 가지고서 검토해 보도록, 신앙에 이르기 전에 그리하

**) (마지막 문장은 원문에 *Italic* 으로 된 것인데, 의역하였다 : " you would have been on everybodys wavelength ")

도록 초청하는 것이다(이는 카르넬을 상기시킨다). (*God Who is There*, pp. 94, 109, 141). 쉐이퍼는 이렇게 말한다 :

> … 과학적 증명, 철학적 증명, 그리고 종교적 증명은 같은 법칙들을 따른다. 우리는 우리가 해결하기 원하는 그 어떤 문제라도 우리 앞에 놓을 수 있다. 그것은 화학적 반응이나 사람의 의미에 관한 것일 수도 있다. 그러나 일단 문제가 확실히 정의된 후에는 각각의 증명은 다음 두 단계를 거치게 된다 :
>
> a. 이론은 반드시 모순되지 말아야 하며, 문제되는 현상에 대해 대답을 해 줄 수 있어야만 한다.
> b. 우리는 그 이론과 일관성 있게 지낼 수 있어야만 한다. 예를 들자면, 화학적 반응에 대해 주어진 대답은 우리가 시험관에서 **관찰하는 것**과 일치해야만 하는 것이다. 사람과 그의 '사람됨'(mannishness)에 대해서 주어진 대답은 사람과 그의 행위에 대한 광범한 고려에서 **우리가 관찰할 수 있는 것**과 일치해야만 하는 것이다.
>
> 특별히 사람에 대한 문제와 관련해서, 그리스도인은 있는 그대로의 사람에 관해 **우리가 관찰하는 것**과 일치하고, 그것을 설명하는 대답을 할 수 있는가? (앞의 책, p. 109, 강조점은 필자의 것임).

여기서 "우리가 관찰하는 것"이란 표현에 유의하라. 분명히 쉐이퍼는 사람이 관찰하는 것은 그의 종교적 입각점에 의존하는 것이라는 것을 의식하고 있다. 쉐이퍼가 관찰하는 것은 다른 사람이 관찰하는 것과 전혀 같은 것이 아닐 것이다. 그런데도 쉐이퍼는, 카르넬과 함께, 불신자로 하여금 배교적 인식론을 가지고서 기독교를 판단해 보도록 초청하고 있다. 훼손된 책에 대한 그의 예증(His illustration of the mutilated book)은 이를 분명히 나타내 준다(앞의 책, p. 108). 그는 우리로 하여금 그 모든 페이지가 떨어져 나가서, 매 페이지에 각기 일인치의 인쇄만이 남은 책을 상상해 보라고 한다. 그런데 만일 그 떨어져 나간 페이지들이 되찾아지면, 그 부분이 과연 그 책에 속해있는지, 그래서 그 전체를 이해하는데 필요한 인쇄물을 제공해 주는지는 아직도 원래 책에 남아 있는 일인치의 인쇄물에 의해서 검증될 수 있지 않겠느냐는 것이다. 이 예증에 대한 그의 설명에서 그 책에 아직도 남아 있는 일인치의 인쇄물은 우주와 사람의 '사람됨'(mannishness)에 해당하고, 그 떨어진 면들은 성경을 지칭하는 것이다. 그러므로, 성경이 참된 것인가 아닌가에 대한 검토나 증명은 그것이 우주와 사람을 설명하느냐, 아니냐에 달려 있다는 것이다. 그러나, 우리가 성경이 우주와 사람의 본성을 설명하는가 여부에 대한 그의 의견에 근거하여 성경이 참된지 그른지를 불신자로 하여금 판단하도록 허용할 수 있는가? 그의 관점에서는 그것은 (성경이 참되다는 것은) 그가 받아들일 수 있는 최후의 해석일 것이다. 왜냐하면, 그는 쉐이퍼가 그것들을 '관찰하듯이' 그것들을 관찰하지 않기 때문이다. 아니면, 쉐이퍼의 예증을 계속하자면, 그는 아직도 그 책에 남아 있는 "일인치의 인쇄"가 말하는 바에 대해 쉐이퍼와 의견을 달리할 것이기 때문이다. 결과적으로, 쉐이퍼가 그에게 허용한 것에 근거하여, 그는 성경이 거짓이라고 결론지을 수 있을 것이다. 그러나, 더 심각한 것은, 쉐이퍼가 그리스도인이라 할지라도, "'하나님은 존재하시는가?'와 같은 문제들에 대해 개방된 태도로 살려는 순전성(integrity)을 가져야만 한다"고 기꺼이 인정하려는 것이다(앞의 책 p. 131).[1] 분명히, 쉐이퍼에게 기독교 성경의 진리성은 심지어 그리스도인에 의해서도 결코 종국적으로 해결된 문제로 여겨져서는 안되는 것이다. 성경을 그와 같은 것으로 여기는 것은 순수한 행위가 아니라는 것이다! 이런 양보의 빛에서 볼 때, "… 시공간적 증거에 근거하여 (그리스도가 하나님의 아들이시라는 것이) 참된 것의 여부에 관한 질문에 답하고서야 믿으라는 말을 듣게 된다"는 쉐이퍼의 말(앞의 책, p. 14)은 (참된) 기독교적 복음전도와는 서로 엇갈린 행동을 하는 것으로 보인다. 만일 내가 기독교 신앙 내용의 진리성에 관한 문제에 대해 항상 개방적이어야만 한다면, 나는 결코 그것을 믿지 않을 것이기 때문이다!

---

1) 쉐이퍼 박사와의 개인적인 대화에서, 나는 그가 이 진술로서 단순히 그리스도인들이 이런 문제들에 관한 다른 이들의 질문 제기를 기꺼이 받아들여야 한다는 것을 의미하는가, 아니면 그리스도인들 자신들이 항상 진지하게 그가 자신의 기독교적 헌신으로 받아들인 것의 잘못될 가능성에 대해 이 문제들을 재검토하려고 해야만 한다는 것을 의미하는가고 물은 일이 있다. 그는 대답하기를 자신의 『진정한 영성』 *(True Spirituality)* 의 서론에서 그가 서술한 자신의 경험을 언급하면서, 후자를 의미하는 것이라고 하였다.

쉐이퍼의 『존재하시며, 말씀하시는 하나님』 *(He Is There and He is Not Silent)* 에 나타난 하나님의 필요성(필연성)에 대한 철학적 논의도 역시 타당성이 없다. 쉐이퍼가 이 책에서 발전시키고 있는 논의 방식에서 볼 때, 쉐이퍼는 기독교적 틀(frame work) 내에서 '하나님'이란 말이 가지고 있는 독특한 내용이 그의 삶에서의 심리적 필요를 충족시키기 때문에 그리스도인인 것으로 보인다("만일 삼위일체가 없었다면, 나는 아직도 불가지론자였을 것이다"는 그의 말을 참조하라, p. 14). 다음 사실들에서 분명히 나타나듯이, 그의 책은 하나님의 필연성을 증명하는데 있어서 "문제를 파고 있을 뿐이다"(beg the whole question: 따라서 논의로서는 타당성을 갖지 못한다 — 補譯).

1. 그는 우주와 사람이 특정한 성격을 가진 것으로 설명된다는 것이 주어진 것으로 여긴다. 그러나 그들의 그 특정한 성격(particular character)은 단지 우연히 기독교 성경에 의해서 묘사된 성격을 갖게되었다고 한다. *)
2. 그 자신의 결론이 존재에 대해 필연적인 대답 (the necessary answer)이 된다는 이유는 그것만이 (그가 보는 대로) 외적 세계 내의 형상과 질서를 설명할 수 있고, 사람의 인격성을 정의할 수 있기 때문이다. 그러나 그 무엇에 근거해서 쉐이퍼는 세상과 사람에 대한 그의 견해를 이끌어 내었는가? 의심할 바 없이 그는 실재로 객관적으로 존재하는 세상으로부터라고 대답할 것이다. 그러나 나는 세상이 쉐이퍼가 보듯이 그렇게 자명한 세상인지 확신할 수 없다. 오히려, "객관적으로 존재하는 세상"이 기독교 유신론의 하나님을 필요로 한다고 보는 것은 성경의 가르침에 의해 밝혀진 정신이 아닌가? 만일 우리의 세상과 우리 자신에 대한 이해가 성경에서 나온 것이 아니라면, 우리는 우주론적 논증의 온갖 오류 속에 우리를 여는 것이 될 것이다. 또 만일 그것이 성경으로부터 나온 것이라면, 우리는 우리 하나님의 형이상학적 필연성을 밝히려는 논의에

---

*) (원문대조 : " He assumes as the 'given' to be explained a universe and man, both of a particular character, but their 'particular character' just happens to be the character described by the Christian Scriptures ".)(p. 144).

서 "문제를 파는 것"이 될 것이다. 쉐이퍼가 여기서 하고 있는 것은, 내가 보기로는, 기독교 유신론의 하나님의 존재사실을 전제하면서 (그러나 그가 그리한다는 것을 많은 말로 인정하지는 않는다), 그런 하나님과 "그가 보는 사물론"의 양립 가능성을 증명해 보려고 시도하는 것이다. "그가 보는 대로의 사물들"이 또한 "성경이 보는 대로의 사물들"임을 (무비판적으로) 지적하지 못한 채 말이다. 예를 들자면, 성경을 떠나서는 사람의 사람됨이 기독교의 하나님을 필연적이게 하는 방식으로 이를 정의할 수는 없는 것이다. 쉐이퍼 자신은 많은 사람들에게 있어서 (사람을 포함한) 세상은 무질서하고, 비합리적이며, 부조리한 것임을 인정한다 (p. 5). 이들에게 있어서는 기독교 유신론의 하나님에 대한 "형이상학적 필연성"이란 없다. 왜냐하면, 그들에게는 하나님을 요청하는 것으로 그들이 의식하는 우주적 질서나 "사람됨"이란 없기 때문이다. 특정한 종류의 원인을 필연적이게 하는 것은 오직 특정한 종류의 결과들 뿐이다. 그러나 기독교 유신론적 계시를 전제하지 않고서는 어떻게 이 '우주적 결과'의 그 특정한 성질이 기독교 유신론의 '첫 원인'의 존재 사실을 충분히 필연적이게 하도록 할 수 있겠는가? 유한한 세상을 설명하기 위해서는 오직 유한한 신이 필요할 뿐이라는 것을 흄(Hume)이 논리적으로 밝히지 않았던가? 결국 쉐이퍼의 논증은 새로운 옷을 입은 토마스의 옛 우주론적 논증일 뿐이다. 그러나 쉐이퍼는 토마스보다 더 지나쳐 버렸다. 적어도 토마스는 관찰된 결과들로부터 신성 내의 위격적 다양성을 추론하려고 하지는 않았는데 비해서, 쉐이퍼는 관찰된 결과들 (예를 들자면, 사람의 사랑) 만에 근거해서도 **인격적** 하나님의 필연성 뿐만 아니라, 그 인격적 통일성과 **다양성** 가운데서 본체론적으로 존재하시는 **무한한** 인격적 하나님의 필연성도 증명하려 하였던 것이다. 말할 필요도 없지만, 나는 이 점이 믿을 수 없다고 여긴다. 물론, 쉐이퍼가 삼위일체의 고도의 질서에 계신 무한히 인격적이신 하나님께 대한 믿음을 고백하였다고 하는 면에서는 그가 절대적으로 옳다. 그러나 그에게 그런 하나님을 알려줄 수 있는 것은 세상의 관찰된 현상이 아니라, 오직 성경뿐이며, 그는 마땅히 자신의 확언이 '실재 세계'와 '인간의 사람됨'(mannishness of man)에 대한 자신의 성찰의 결과가 아니라, 기독교적 헌신의 산물임을 인정했어야만 했다. 물론 나는 이 실재 세계가 기독교 유신론의 하나님을 필연적으로 요구한다는 것을 기쁘게 인정한다. 그러나 이는 나의 특정한 '사물관'즉 성경에 의해서 가르침받고 고백적으로 가진 관점 때문에 있을 수 있는 말이다.

3. 물론, 쉐이퍼는 비인격적 출발점과 시간과 우연이 합해서 인간성을 설명할 수 있다는 대안을 거부한 것은 성경적이었으나, 그가 비인격적 출발점과 시간과 우연이 이 지구 위의 다양한 생명 형태의 지극한 복잡성을 왜 생성해 낼 수 없었는지는 설명해 주고 있지 않다. 쉐이퍼는 이렇게 말한다 : "이제까지 그 누구도 시간과 우연과 함께 비인격적인 출발점이 사람의 인격성을 고사하고라도 우주의 이 복잡성을 어떻게 생성해 낼 수 있었는지를 증명해 낸 일이 없다(p. 9). 또한, "… 그 누구도 비인격적 원천들로부터 인격성을 도출하는 방식을 생각해 본 일이 없다"(*God Who Is There*, p. 88). 그러나 분명히 쉐이퍼는 수십만의 진화론적 과학자들이 사람의 인격성이 나온 것은 순전히 진화적 과정에 의한 것이라는 충분한 증거가 있다고 확신하고 있음을 알고 있다. 쉐이퍼의 말은 단순히 가치판단이나 열정적 웅변의 말이지, 실재 세계의 사실적 상황과 조화되는 것이 아니다"

『존재하시며, 말씀하시는 하나님』 *(He Is There and He is Not Silent)* 의 제 2장에서 쉐이퍼는 기독교적 하나님의 도덕적 필연성을 다루고 있다. 이는 하나님에 대한 도덕적 논증으로서, 우주론적 논증이 직면한 같은 난점들로 가득차 있다. 단지 이는 사람의 악의 전체적 질문을 얘기할 뿐이다. 만일, 논의를 계속하기 위해서, 우리가 사람이 도덕적 피조물로서 하나님에 의해서 피조되었다고 인정한다면, 사람에게 있는 그 잔혹한 행위들과 비인간성을 어떻게 설명할 수 있을까? 물론, 쉐이퍼가 창세기 3장의 시공간 내에서의 타락을 인간이 비정상적이게 된 역사적 시점으로 여기는 것은 아주 옳다. 그러나 그가 사람의 타락이 순전히 사람의 선택에 기인한 것이다(pp. 30, 35)고 하며, 사람이 그 언제고 예정되지 않은 존재였다(man was and is not a programmed man)고 함의할 때, 그는 성경전체의 가르침을 제시하는 것일까? 그는 타락의 이유를 전적으로 사람에게 돌림으로써 기독교적 하나님의 선하심을 변증한다. 그러나, 쉐이퍼는 개혁주의 장로교 목사로서, 하나님께서 장래에 일어날 모든 것에 대해서 불변적으로, 결정적으로 작정하셨으며, 하나님의 섭리는 그의 모든 피조물들과 그들의 모든 행위들을 보존하고 통치하심에 있어서 가장 거룩하고, 현명하며, 강력하고, 이 섭리는 사람의 타락과 사람들과 천사들의 모든 죄들에까지도 미치는 것으로 묘사하는 신조에 동의한다고 선언하는 것이다. 쉐이퍼의 고백에 의하면, 사람은 어떤 의미로는 최소한 '작정되어 있고'(programmed) 그 의미는 아주 중요한 것이어서 그 누구도 하나님의 주권적 의지에서 자유롭지 아니한 것이다. 나는 만일 대학인들이 쉐이퍼가 신적 결정론을 믿는다는 것을 알면, 그것이 화학적 결정론보다 더 인기있을 수 있을까 여부에 대해 놀라지 아니할 수 없다. 나는 사람들의 결정이 중요하다는 것을 강조하려는 쉐이퍼의 관심을 높이 평가한다. 그러나 사람을 '프로그램되지 않은 피조물'(the non‐programmed creature)로 묘사하는 것이 쉐이퍼에게 있어서 성경적 조화를 유지하는 것인지가 의심스럽다.

『존재하시며, 말씀하시는 하나님』 *(He Is There and He Is Not Silent)* 의 그 뒤에 따라나와 전체를 결론짓는, 직접 인식론에 대한 논의를 하는 마지막 두 장은 그 방법론에 있어서 그 앞 장들보다는 더 명백하게 전제주의적이라고 주장할 수 있다. 그러나 쉐이퍼가 아주 기꺼이 ① 진리관에서의 전환이 이루어지기 전에는 구원얻는 자나 잃어진 자가 모두 같은 전제들에서 작업했다는 것을 용인하며, ② 진리에 대한 경험론적 검증 기준을 호의를 가지고 받아들이는 것은 그리하지 않았으며 긍정적인 유익으로 여겨질 수 있는 것을 타협해 버리는 것이다(쉐이퍼가 이런 검증을 요청하는 문맥을 참조하라. *The God Who Is There*, pp. 109, 141 : *He Is There and He Is Not Silent*, pp. 94, 100).

마지막으로 한 가지 문제를 더 제기해야만 하겠다. 그는 합리주의를 "그것에 의해서 사람이, 절대적으로 스스로 시작하여, 사람만을 통합점(integration point)으로 하고, 스스로로부터 모든 지식, 의미 그리고 가치를 찾도록 합리적으로 구성해 나가기를 추구해 나가는 체계"라고 정의한다(*The God Who Is There*, p. 17).**) 여기서 "합리적으로"란 말에 주목하라. 그리고 이 정의의 각 부분이 정의된 용어와 밀접한 관련이 있어야만 한다는 것을 유념하라. 그런데, 쉐이퍼에 의하면, 합리주의가 그 **합리성**

을 유지할 것인가 아니면, 어떤 의미로는 쉐이퍼에 의해 설명되지 않은 그 합리주의를 유지할 것인가 하는 선택에 직면했을 때, 합리주의를 그렇게 정의하는 한 가지 주된 요소를 버렸을지라도 그것은 여전히 합리주의일 수 있다고 한다. 그러나 그렇게 정의된 합리주의가 어떻게 그 합리성을 포기하고서도 합리주의일 수 있을 것인가? 그것은 비합리주의가 되지 않는가? 어떤 이는 그렇게 생각할 것이다. 사실 나는 키에르케고르까지 거슬러 올라가는 철학적 실존주의와 신학적 실존주의 안에 그런 비합리주의의 특성이 크게 자리잡고 있다고 믿는다.

그의 책의 후기 판들에는, 내가 이제 분명히 지적하고자 하는, 모순들이 있는 것이다. 예를 들자면:

…신앙의 신비적 비약을 감행하지 않는 또 다른 가능한 대답은 다음과 같은 성질의 것이다:

1. 비인격적 출발점과 시간, 그리고 우연이 인격적 사람을 만들어 내었다. 그러나 이 이론은 모든 경험에 배치되며, 따라서 이 이론의 옹호자들은 대개 **신앙의 비약으로 끝난다**(*The God Who Is There* p. 110, 강조점은 필자의 것임).

부정확한 정의와 개념의 분명치 않은 규정 때문에, 나는 그의 책들이 이해하기 어렵다고 생각한다. 그러나 나의 주된 비판은 쉐이퍼가 때때로는 전제주의적 방법론으로 보이는 것을 요청하면서(*GWT.* p. 93), 또 동시에 성경이 어떠하다고 주장하는(시 119:142, 151, 단 10:21, 요 16:13, 17:17, 딤후 2:15), 그리고 웨스트민스터 표준문서들이 고백하는 진리에 대한 자증적 검토(the self-authenticating test) 대신에 배교한 사람에 의해서 만들어지고, 그들이 받아들일 만한 진리에 대한 검증을 요청하는 그(무비판적인?) 변증법에 관한 것이다. 나는 여기서 쉐이퍼 사상의 진정한 긴장이 있음을 발견하며, 아주 신실하게 희망하기

**) (이 정의의 원문을 밝힌다: " the system whereby man, beginning absoliutely by himself, tries rationally to build out from himself, having only man as his integration point, to find all knowledge, meaning and value ")(p. 147.)

를 그가 앞으로 나오는 출판물들에서는 이런 문제들에 관심을 기울여 주기를 원한다. 쉐이퍼의 방법론에 대한 더 깊이 있는 논의를 위해서는 다음 글들을 참조하라. "『The God Who Is There』에 대한 서평" in *The Westminster Theological Journal*, ⅩⅩⅩⅡ/1 (Nov, 1969), pp. 114~116 : Cornelius Van Til, *"The Apologetic Methodology of Francis Schaeffer"* (미출판 강의용 고안) : 그리고 주의 깊고 깊이있는 연구서인 Thomas V. Morris, *Francis Schaeffers Apologetic:A Critique*.

몽고메리의 그리스도 주장에 대한 역사적 변증

존 왈윅 몽고메리(John Warwick Montgomery)는 루터파 교회사가(敎會史家)이다. 그는 사람들과의 대면 초반부터 그들을 성경 안에서 말씀하시는 자증하시는 그리스도와 대면시켜, 그들을 도전하려고 하지 않는다. "히즈"(His)라는 잡지의 1966년 2월호에서, 그는 그렇게 하는 사람들을 "오도된 정통주의"(a misguided arthodoxy)에 집착하는 이들이라고 이름하였다(p. 11). 그가 보기에, 그 접근법은 "현대주의, 신정통주의, 그리고 불트만의 실존주의의 반변증적 관점들" 보다도 더 참된 기독교적 변증(학)에 반(反)하는 것이라고 한다(p. 12). 그의 책, 『역사와 기독교』 *(History and Christianity)* 에서 몽고메리는 변증가가 어떻게 그의 작업을 하려고 해야하는지를 예를 들어 설명하고 있다. 그는 자신의 방법이 옳다고 확신하는데, 이는 이것이 하나님 나라를 도입하는 방식이기 때문이다. 그것은 어떻게 하는 것인가? 그는 이렇게 말한다 : "예수의 주장 대신의 역사적 증거로 하는 것이다"(p. 13). 그래서 그는 신약성경 기록의 영감이나, 무오성을 순진하게 가정하므로 시작하지 않는다. 오히려 그는 그것들을 "단지 문서들(사료들)로서 여기며, 따라서 그것들을 다른 사료들을 다루듯이 다룰 것"이라고 말한다(pp. 25~26). 그는, 성경 자체가 그 자체의 영감이나 무오성을 선언한다는 사실에도 불구하고 그리하는 것이며, 이 사실이 이미 성경 자료의 한 가지 주장을 배제하는 것이라는 것을 인정하지 않는다. 그러나 몽고메리는 주장하기를 달리 하는 것은 순환논증을 하는 잘못을 범하는 것이며, 그 외에도 그는 다음과 같이 말하고 싶다고 한다 : "나는 지금 '신학화' (theologizing)하는 것이 아니라, 증언하고 있을 뿐이다"(마치 우리의 증언함이 건전한 신학의 반영이어서는 안되는 듯이 말이다).

  앞에 (사료로서의) 문서를 놓고서, 몽고메리는 일반 역사기술 (historiography)과 문헌 비평(literary criticism)에서 활용되는 문헌적, 내적 그리고 외적 비평을 그 문서들에 적용하는 것이다. 문헌적 비평이란 말로써 그는 "그 문서가 우리에게까지 이르게된 본문 전승에 대한 분석"을 의미한다(p. 26). 즉, 그는 본문이 예수가 무엇이라고 증언하셨다고 말하는 지를 보기 위해서 그 본문을 재구성하려고 하는 것이다. 물론, 몽고메리는 그런 재구성이 본문 비평에 의해서 가능하다고 확신한다. 내적 비평(internal test)에서는 "분석하는 문서의 주장을 들어야만 하고, 그 저자가 모순과 부정확함에 의해서 자격이 없지 않은 한 사기를 한다거나 오류를 범한다고 가정해서는 안된다"는 것이다(p. 29). 그러나 내가 보기에는 몽고메리가 이 비평(inner test)을 소박한 방식으로 다룬다고 여겨진다. 왜냐하면, 그는 저자들이 자신들이 보고하는 자료의 목격자임을 주장하는 몇 가지 경우들을 언급하고서는 선언하기를, 그런 고려들이 "신약 문서들이 믿을만한 역사적 자료들임을 주장할 강력한 근거를 제공할 수 있다"고 선언한다(p. 31). 내가 보기에는 클락의 내증이 함의하는 것을 더 바르게 파악하고 있다고 여겨진다.

  …몽고메리 박사의 실제(변증) 과정은 그의 실증적 이론보다(교의적으로) 훨씬 더 낫다는 것을 생각해 보면 아주 흥미롭다…몽고메리 박사는 이렇게 말한다 : "우리는 적어도 가정적으로 방금 인용한 구절(벧후 1 : 16)이 어떤 역사적 사건에 대한 좋은 증명을 이룰 수 있다고 가정할 수 있다." 여기서 몽고메리 박사는 베드로의 진정성(veracity)에 호소하고 있다. 적어도 필자는 그가(그의 체계와는 일관성이 없어도) 이 호소를 하기를 바란다. 왜냐하면 이것은 바른 기독교적 (변증)과정일 수 있기 때문이다. 그것은 신적 계시에 호소하는 것이다. 방금 인용한 구절은 몽고메리 박사 이론에 일치하는 것 이상의 더한 것을 의미할수 있다는 것은 아주 옳은 말이다. 이 문장은 베드로 후서의 이 구절이 그 어떤 세속 역사가에 의해서도 "그 어떤 역사적 사건에 대한 좋은 증명"이라고 말한다. 그러나, 필자는 이 구절에 대한 호소가 세속역사가가 사용하는 종류의 증명이라고 믿지 않는다. 그 구절을 그런 것으로 여기려면, 이를 말한 것이 베드로이며, **그가 진리를 말했다**는 것을 증명하기 위해서 수많은 증거들, 고고학적 증거들, 2세기의 증거들, 그리고 성경 외적 증거들

을 찾아야만 할 것이다. 그 증거가 이것이 제 1세기의 문서이며, 사도가 그 저자라는 것을 수립해야 할 것임에 유의하라. 그러나 또한 그것은 사도가 진리를 말했다는 것도 수립해야만 할 것이다. 그러므로 세속적 가정들은 우리로 하여금 사도들의 진정성을 믿지 않도록 한다. 각 구절들에 대하여 각기 증명되어야만 하는 것이다. 이 세속적 과정은 결코 베드로의 진정성에 타당하게 이르게 할 수 없다. 사실 그것은 그 어떤 것에도 타당하게 이를 수 없는 것이다(*Three Types of Religious Philosophy*, pp. 177 이하, 강조점은 필자의 것임).

이 인용문은 충분히 비판적이고, 따라서 더 이상 어떤 논평을 필요로 하지 않는다. 그러면, 더 나아가 보자. 외적 비평은 다음과 같은 질문을 하는 것이다 : 다른 역사적 자료들이 문서들 자체에 의해서 제공되는 내적 증언을 확언하는가, 아니면 부인하는가? 물론, 몽고메리는 모든 역사적 증인이 (성경의)내적 증언을 확언한다고 확신한다. 그러나 나는 다시 한번 이런 몽고메리의 주장에 대한("이것은 그 어떤 점에서도 가정될 수 없고, **모든** 점에서 검토되어야만 한다"는) 클락의 언급을 제시하고자 한다. 그럼에도 불구하고, 몽고메리는 그의 논의의 이 부분에서 다음과 같이 결론짓는다 : "그렇다면, 역사가가 예수 그리스도에 대해서 아는 것은 무엇인가? 그는 무엇보다도 먼저 신약의 문서는 그에 대한 정확한 초상을 제공한다고 믿을 수 있다는 것을 안다"(p. 40).

몽고메리의 방법의 둘째 단계는 신약문서가 그리스도에 대하여 무엇을 가르치는지를 결정하는 탐구이다. 이것 자체는 무엇보다도 주해(exegesis)를 요구하며, 수행하는 거대한 작업이다. 그러나 몽고메리는 이 영역을 쉽게 가로질러가 버리고서는 다음과 같이 결론짓는다 : "우리는 역사 문서들(the historical documents)의 [즉 성경의]예수를 좋아하지 않을 수도 있다. 그러나 그를 좋아하든지 않든지 간에 우리는 거기서 (성경에서) 그를 그에게 우리의 개인적 운명이 의존하는 신적 존재로 만나게 되는 것이다"(p. 58). 물론, 몽고메리가 성경의 예수가 신적이라고 하는 것은 아주 옳다. 그러나 나는, 몽고메리가 참으로 주해적 증거에만 근거하여 그런 결론에 이르게 되었다고 생각하는지에 대해 의심스러워하지 않을 수 없다. 주해를 하는 이는 누구나 쉽게 알 수 있듯이, 결단이 이루어지는 모든 방식이 종종 아주 주관적일 수 있다. 물론, 그런 결단이 문법적, 역사적 용법에 대한 지식과 '성경의 유비'에 의해 통제받도록 할 수 있지만, 그렇다고 할지라도, 때때로 주관적 근거에서 선택이 이루어지는 것이다. 예를 들자면, 로마서 9 : 5에 관련된 문제와 같은 경우들에 대해서 말이다. '중립적'역사가는 어떻게 하는가? 물론, 의심의 유익을 저자에게 주라고 몽고메리는 단언한다(p. 29). 그러나 저자의 입장은 무엇인가? 그것이 바로 주해적 노력이 찾아보려고 하는 바가 아닌가? 내가 여기서 지적하고자 하는 점은 주석가는 그가 도달한 결론에서 그 자신의 학문적 한계, 편견들, 그리고 자기이익 등에 의해 조건화지워진다는 점이다. 그렇다면 몽고메리가 그리스도에 대한 그의 결론에 이른 것이 주해적 근거에서만이 아니고, 그가 그리하기로 선택했기 때문이라고 말할 수도 있지 않을까? 만일 그가 그런 결론이 그가 죄가운데서 선택할 수 있는 마지막 (최후의) 결론이라고 대답한다면, 하나님의 성령이 그로하여금 그런 결론을 선택하도록 "권고하고, 선택할 수 있는 능력을 주시지" 않으신다고 확신할 수 있을까? 그가 실증적 근거(empirical grounds)에서, 이 신적 요소가 그에게 미친 영향력이 아니라고 증명할 수 있을까? 나는 그렇게 생각하지 않는다. 사실, 성경의 증언을(시 65 : 4, 요 6 : 44 ~ 45, 65) 믿지 않는 이는 바르게 판단할 수 없고, 이는 성령이 이를 가능케 하시지 않기 때문이라고 하고 있기 때문이다.

이렇게 오랫동안 생각해 보아야할 충분한 난제가 제기되었음에도 불구하고, 몽고메리는 그의 변증학에서 다음 단계로의 진행을 해 나간다. 그가 여전히 경험적으로(실증적으로, empirically) 충분한 근거를 가지고 있다고 생각하고서, 그는 그 다음 단계의 성질을 제시하는 것이다 — 그것이 '제거의 과정'(process of elimination)이다. 그는 신약성서의 자료가 예수께 대해 신성을 주장한다는 것을 과학적으로 결정했다 : 그런데 이제 "만일 예수가 신적인 존재가 아니라면, 우리는 신약 성경 자료에 대해 다음과 같은 세 가지 해석을 할 수 있을 뿐이다 : ① 예수는 하나님의 아들이라고 주장하였으나, 그가 그런 존재가 아님을 알고 있었다. ② 예수는 그가 하나님의 아들이라고 생각하였으나, 사실은 그렇지 않았다. 그렇다면, 그는 미치광이이다. ③ 예수는 결코 자신이 하나님의 아들이라고 실제로 주장한 일이 없다. 단지 그의 제자들이 이런 주장을 그의 것으로 돌려 그의 입에서 나온 것으로 만들었을 뿐이다. 그렇다면 제자들이 사기꾼이요, 미치광이요, 단순한 허풍쟁이였을 것이다"(p.

61). 몽고메리는 이제 '제거의 과정'(혹, 소거의 과정, process of elimination)을 통해서, 주장으로서만이 아니라 **사실로서의** 예수의 신성을 확언하게 된다고 주장한다(앞의 책). 이렇게 역사적 증거만으로도 우리를 예수 그리스도의 신성을 확언하게끔 인도한다는 것이다.

몽고메리가 첫째 대안을 기각한 이유는 예수와 같이 그렇게 고상한 윤리를 가르친 교사가 그의 전 생애와 가르침을 거짓된 주장에 근거할 정도로 그렇게 무법했으리라고 생각하는 것은 불가능하기 때문이다. 그러나, 나는 윤리 교사가 그렇게 무법할 수도 있다고 말할 수 있다. 물론, 나는 예수가 그랬다고는 생각지 않지만 말이다. 그는 또한 둘째 대안을 다음 같은 근거에서 기각한다 : "예수의 가르침의 아주 건전함을 볼 때에, 이런 정신도착의 개념을 믿을 수 있는 이는 아주 적으리라" (pp. 64 ~ 65). 그러나, 몽고메리가 인정하듯이, 어떤 전문가들은 이를 믿는 것이다. 또한 그가 세번째 대안을 거부하는 세가지 이유는 다음과 같다 :

첫째로, 그 당시의 온갖 형태의 유대적 메시야에 대한 사변은 예수께서 스스로 그려내신 메시야 상과는 (아주) 다르다. 그러므로, 예수가 신격화 되었다고 하기는 어렵다. 둘째로, 사도들과 복음전도자들은 심리적으로, 윤리적으로, 그리고 종교적으로 그런 신격화를 수행할 수 없는 이들이다. 세째로, 신성에 대한 예수 자신의 주장에 대해 웅변적인 증언사건이 되는 그리스도의 부활에 대한 역사적 증거들은 결코 만들어질 수 없는 것이다(pp. 66 ~ 67).

그는 에덜샤임(Edersheim), 바론(Baron), 버로우(Burrows), 부르스(Bruce), 그리고 헤르포드(Herford)를 인용하여 자신의 첫째주장을 뒷받침한다. 그러나 그는 같은 태도를 즉, 현대의 권위자들에게 의존하는 태도를 — 항상 유지하는 것은 아니니 — 스토롤(Stroll)을 비난하기도 했기 때문이다(pp. 67 ~ 72 : p. 17을 참조하라). 그는 자신의 둘째 주장을 제자들이 신약문서들에서 실제적이고, 일반적이며, 회의적이기 쉬운 지상적인 무리로 묘사되기도 하였다는 것을 근거로 하여 뒷받침한다. 그러나 이것은, 물론, 신약문서들이 제자들을 교활하지 않은 사람들로 묘사하고 있을 때, 그들의 참된 성격을 어떤 방식으로라도 왜곡하지 않을 신빙성 있는 문서로 여기는 가정에 근거한 것이다. 예수의 신성에 대한 주장이 죽음으로부터의 부활에 의해서 증언된다는 그의 세째 요점은, 종종 그리되듯이, 다음과 같은 것들에 의해 변증된다. ― ① 예수의 죽음과 장사 후에 무엇이 일어났는가에 대한 대답으로 제출될 수 있는 다른 대안들의 믿을 수 없음을 밝힘으로써, 그리고 ② 우리들의 우주에서 비일상적(unusual) 사건들이 일어날 수 있는 가능성이 '자연 법칙들'에 근거하여 이제는 배제될 수 없으니, '원인'이란 개념이 "독특하고, 비체계적이며, 오류에 찬 것일 수 있기 때문이다"는 현대의 개념에 호소함으로써 말이다(pp. 72 ~ 78).

몽고메리의 이런 논의에 대하여서 세 가지를 지적해야 하겠다. **첫째로**, 몽고메리 자신이 이와같이 말한다 : 어떤 사건이 일어날 수 있는가를 알 수있는 **유일한** 방법은 그 사건이 **실제로 일어났는가를** 보는 일이다 (p. 75, 강조점은 필자의 것임). 그렇다면, 몽고메리는 그의 추론으로 부활이 실제로 일어났다는 것을 아무 의혹의 여지가 없이 증명하였는가? 아니다! 그 자신도 주장하기를 이런 그의 논의로부터 자신은 그리스도 부활의 개연성(probability) 만을 주장할 뿐이라고 한다(p. 79). 그렇다면, 우리는 부활이 실제로 일어났는지를 확실히는 알 수 없다는 것이 된다. 이 결론은 제자들 자신들로부터의 증거를 포함하는 증거로부터 도출된 것이니 말이다. **둘째로** 현대의 불확정성(indeterminacy) 개념에 호소하여 그리스도의 부활 가능성을 뒷받침하는 것은 우연에 의해서 통제되는, 따라서 자료에 대한 그 어떤 해석도 궁극적인 것일 수 없는 현대적 우주관에 정당성을 부여하는 것이 된다. 이와 같은 우주에서 만일 부활이 일어났다 한들, 그것이 어떤 의미를 가질 수 있겠는가? 결코 그 어떤 의미도 갖지 못하리라! 현대인은 그가 사는 우주가 분명히 신비적이고, 그 어떤 것도 일어날 수 있는 우주라고 결론지을 수는 있을 것이다. 그러나 제 1 세기의 부활과 같은 우연적인 사건들이 ― 특별히 몽고메리가 생각하는 그런 의미를 ― 신앙과 생활에 대해 가질 수 있는지는 몽고메리 자신의 근거에서는 증명할 수 없는 것이다. **세째로 사실**, 몽고메리가 주장한 것과 비슷한 근거에서 예수가 죽음에서 부활하셨다고 확신하기는 하지만, 그러면서도 그 역사적 사건에서 칼케톤회의에서 고전적으로 이해한 그런 신성(deity)을 예수께서 주장하셨다는 것에 대한 필요한 확증을 얻지 못할 수도 있는 것이다. 판넨베르그(Wolfhart Pannenberg)「예수 ― 하나님과 인간」(*Jesus - God and Man*) 은 바로 그런 현대적인 예이다. 빈 무덤과 많은 부활 이후의 현현들이라는 이중의 증거들로부터 판넨베르그는 예수가 죽음으로부터 부활하셨다는 것을 확실한 말로 주장하지 않는다. 그러나 그는 이 "역사적으로 증언된 사실"(historically attested fact)로부터 다음과 같은 결론은 내리고 있다 : ① 하나님께서 사람 예수의 하나님께 대한 온전한 헌신을 다 이루게 하셨다. 그리고 ② 예수를 하나님과 연합시키는 것은 하나님께 대한 이 온전한 헌신이었다. 즉, 그 온전한 헌신이 인간 예수의 '신성'을 이루었다. 판넨베르그에게는 예수의 부활로 말미암아 수립된 예수의 '신성'이 예수께 존재적으로 소급적인 영향력을 갖는 것이지만, 그것이 판넨베르그에게 정통주의의 존재론적 삼위일체가 말하는 예수의 제 2위로서의 영원한 존재적 선재를 확증해 주는 것은 아니다.

이와 같은 세 가지 사실은 몽고메리가 오직 역사적 근거에서만 기독교 유신론을 위한 주장을 하지도 않았고, 할 수도 없었다는 것을 보여준다.

우리는 이제까지 예수의 주장의 참됨에 관한 실증적(역사적) 자료에 근거한 몽고메리의 긴 논의를 따라가면서 그것을 살펴 보았다. 그는 증거에 근거해서 그리고 소거(제거)의 과정을 통해서 자신이 사람들에게 예수의 신성을 사실로 확언하도록 했다고 주장한다. 이 주장은 그 누구도 성령에 의해 가르침을 받지 않고서는 예수의 주되심을 확언할 수 없다는 바울의 확언에도 불구하고 이루어지고 있다(고전 12 : 3 ; 하지의 고린도전서 주석, p. 24를 참조하라). 물론, 그가 확증한 것도 아니다. 기껏해야, 그는, 우리가 앞서 워필드(Warfield), 부스웰 (Buswell), 그리고 카르넬(Carnell)의 변증적 노력을 살피면서 주목한 바와 같은 그런 온갖 문제점을 내포하고 있는 개연성 논의만을 했을 따름이다. 우연에 의해서 통제되는 세상에서 개연적으로만 참된 입장이 무엇을 의미하겠는가?

몽고메리는 경험론자이다. 그는 역사적 증거에 근거하여 그의 논의를 한다. 물론, 그는 멜랑톤주의자이기도 하다. 그는 예수의 주장의 타당성을 의심하기 때문에 "(그리스도와의) 인격적 관계에 들어가기를 꺼려하는" 사람들을 "소위 지적 회의라는 장막 밑에 그리스도께 대한 고의적 대적행위를 교묘하게 숨기려고 노력하는 솔직하지 못한 사람들로" 여기지 않는다("The place of Reason, *His*, March, 1966, 14). 물론, 칼빈주의자는 그런 사람을 그리스께 고의로 대립하는 이로 여긴다. 그러나 몽고메리는 "의심하는 도마"를 구원 이전에 그리스도의 주장을 솔직하고 진지하게 회의하는 대표적 예(key example)로 여기는 것이다. 몽고메리는 도마를 비그리스도인으로 여기고 있다. 그렇지 않으면, 그는 그 구원받지 않은 이를 실증적 증거를 통해 구원에 이르도록 섬길 수 없을 것이기 때문이다. 몽고메리에게는 요한복음 20 : 25에 비추어 보았을 때 도마가 구원받지 않는 것이 분명하다. "부활에 대한 믿음이 복음에서 본질적인 것이기 때문이다"(앞의 책). 그러나 만일 이런 주해가 참되다면, '다락방' 경험 이전에는 그 어떤 제자도 그리스도인일 수 없었다는 결론이 된다. 왜냐하면, 그 누구도 그 이전에 부활이 일어나리라고 기대하지 않았기 때문이다. 그 누구도 그리스도께서 여러번 말씀하신 부활의 약속을 이해하지 못했다. 그러나 제자들이 그리스도의 부활을 의심했으므로, 다락방 경험 이전에는 제자들이 그리스도인이 아니었다는 결론을 내리는 주해가들은 거의 없다. 이것은, 몽고메리의 입장에서는, 부활과 오순절 이전에 제자들이 처해 있었던 '구원사'(salvation history)에서의 독특한 입장을 바로 파악하지 않은 것이다. 나는 도마가 이런 상황에서의 신앙없음 때문에 주께서 낮아지셔서(특별히) 은혜롭게 다루어 주신 그리스도인 제자를 예증하는 것이라고 말하고 싶다. 몽고메리의 주해는 이점에서 빈약한 것이다. 그러나, 내가 앞서 시사했듯이, 이점에서의 주해는 어려운 것이다. 그 누구나 자기이해(self - interest)로 주해를 물들이기 쉬운 것이다.

이 논문에서 몽고메리는 "솔직한 지적인 회의를 하는" 불신자의 또 다른 예로 사도행전 17장의 마르스 언덕에 있는 스토아주의자들을 들고 있다. 몽고메리가 말하듯이, 스토아주의자들은 에피큐리안들 보다는 윤리적으로 더 예민했음에 틀림이 없다. 그러나 이것 만으로 그들이, 비그리스도인들로서 그 누구 하나도 의로운 이가 없고, 그 누구 하나도 하나님을 찾아 가지 않은 것이라고(롬 3 : 10 ~ 11) 바울이 묘사하는 죄인의 범주에서 벗어날 수 있는가? 나는 그렇게 생각하지 않고, 또 몽고메리도 나와 같이 생각해 주기를 원한다. 더나아가, 몽고메리가, 아무런 제한적 진술 없이, 바울이 알지 못하는 신을 언급하며, 시인 클레안테스(Cleanthes)와 아라투스(Aratus)의 시를 인용하였을 때 바울이 자신을 불신자들의 준거틀(frame of reference)에 자신을 위치시켰다고 말하는 것은 무책임한 주해라고 생각한다. 왜냐하면, 바울은 한편으로는 그리 하였으나, 또 한편으로는 그리하지 않았기 때문이다. 만일 어떤 이가 바울이 이런 용어들을 사용했을 때, 그가 이교적 신개념을 가정하려고 한 것이라고 한다면, 바울도 마치 웨스트민스터 신학자들이 하나님을 '첫 원인'이라고 말했을 때(*Confession of Faith*, Ⅴ/ⅱ), 아리스토텔레스 형이상학의 준거틀에 자신들을 놓은 것이라고 할 수 없는 것과 같다는 것을 명백히 지적해야 한다. 반면, 만일 어떤 이가 바울은 자신의 메시지를 전달하는 문학적 수단(literary vehicle)으로 이런 이교 시인들에게서 몇 구절을 채용하였다고 한다면, 바울이 자신을 이교적 준거틀 내에 위치시켰다는 것이 아주 명백해진다. 그러나 이것은 무엇을 의미하는가? 첫째로, 그리스도인들과 비그리스도인들이 같은 용어를 사용할 수 있다는 것을 의미한다. 그리고 둘째로 이것은 형식적으로, 즉 어떤 표현의 문학적 형식에 있어서는 바울이 자신을 이교 철학자들의 준거틀 내에 위치시킬 수 있지만, 내용적으로, 즉 **신학적 내용, 의도 그리고 의미**와 관련해서는 바울이 주장하기를 이교도가, 비록 자신은 그 사실을 모른다 해도,[2] **실제로는 바울의 준거틀 내에 있다는 것이다! 그들이 명확히 의식하지 못하고 인정하는 것이 바로 바울의 하나님이란 것이다!** 그에 의해 사람들이 살며, 움직이며, 그 존재를 가지는 것이 바로 바울의 하나님이다. 비록 사람들은 그것은 명확히 의식하고 있지 않지만 말이다! 모든 사람들이 신의식(神義識, sensus deitatis)을 가진 것이다. 그런데 사람들이 이 사실을 의식하지 못한다면, 그 어디에 접촉점이 있는가, 또는 어떻게 바울이 실제로 그들과 의사소통을 할 수 있는가고 어떤 이가 묻는다면, 나는 그들이 그 말씀을 들을 수 있게 된 것은 바울이 그들의 내용적 준거틀을 채용해서가 아니라, 이 사람들이 실제로 바울의 내용적 준

---

[2] 바울의 말들과 그의 말을 듣는 이들의 **정신간의 심리적 수준에서의 접촉점**은 그들이 바울의 하나님을 모른다는 것을 인정한다는 점이다(17 : 23). 물론, 바울은 이 무지가 그들이 (스스로) 생각하는 것보다는 훨씬 더 무서운 성격의 것이라고 이해하고 있다 — 그들에게 있어서는 참 종교의 표현이요 징표인 것이 바울이 볼 때는 참된 종교적 무지의 고백인 것이다. 그러므로, 바울의 설교 전체에 흐르는 그의 목적은 아테네 사람들과의 공통적인 출발점을 가정하는 것이 아니고, 아테네인들로 하여금 그들이 고백하는 무지로부터의 급진적 변개(radical conversion)를 하도록 그들을 부르는 것이다.

거틀 내에 서있을 수 있게 성령께서 역사 하셨기 때문이라고 대답할 것이다 ! (바울의 마르스 언덕에서의 설교에 대한 부가적 주석을 위해서는 Van Til, *Paul at Athens* 를 참조하라).

우리가 그의 변증방법에 대한 분석의 서두에서 말한 바와 같이, 몽고메리는 사람들을 자증하시는 그리스도와 대면시키기를 원치 않는다. 그것은 순환논증이 될 것이기 때문이다. 그래서 그는 증거로부터의 논의를 애호했다. 그렇지 않았더라면, 그는 전제주의자가 되었을 것이다. 스탠포드 라이드(W. Stanford Reid)는 그의 논문 "역사적 이해에서의 주관성과 객관성"(Subjectivity or objectivity in Historical Understanding?, *Jerusalem and Athens*, pp. 404 ~ 19)에서 분명히 밝히기를, 몽고메리는 역사가로서 실재의 성질에 관한 그 나름의 전제를 가지고 있다고 하면서, 사람들로 하여금 타당한 기독교적 결론에 이르게 하는데 있어서 성령의 사역에 의존하는 것을 회피하려한다고 혹평하기까지도 한다. 나는 라이드의 이 비평이 근본적으로 건전하다고 느끼면서, 그의 논문에 전심의 동의를 표한다. 클락(clarak) 역시도 몽고메리가 실증적 증거에 관해서 그 나름의 전제들을 가지고 있다고 주장한다. 그가 증거로서 채택하는 유일한 증거는 그 증거의 성질이 어떤 것이어야 한다는 그의 전제와 일치하는 것 뿐이다. 이처럼, 몽고메리는 그 나름의 '첫 원리'를 가진 것이다. 클락은 다음과 같은 옳은 지적을 하고 있다 :

(몽고메리는) 감각경험이 신적으로 주어진 계시보다 더 믿을만 하다고 주장하고 있음에 틀림이 없다. 그는 감각이 자증적(self-authenticating)이며, 성경은 자증적이지 않다고 믿고있음에 틀림이 없다… 경험론자는 감각에 대해서는 철저한 그리스도인이 계시에 대해 그리하듯 철저하게 신뢰하므로, 몽고메리 박사도 그 자신의 첫 원리에 대해 그 어떤 증거도 제공할 수 없는 것이다… 따라서 그가 전제주의자들에게 대해 제기하는 반론들은 그에게도 동일하게 적용된다(*Three Types of Religious Philosophy*, p. 117).

누군가가, 그리고 모든 사람이 (어차피)전제들을 가지고 시작해야 한다면 몽고메리처럼, 그 어떤 진리주장도 정당화할 수 없는 실증적 변증(학)의 '부쉬진 용기'를 가지고 시작하는 것보다는, 성경의 권위있는 그리스도로 시작하는 것이 얼마나 더 나은 일인가 !

피녹의 증거적 방법론(험증적 방법론)

이와 비슷한 주장을 우리는 몽고메리의 방법론과 아주 비슷한 방법론인 클락 피녹(Clark Pinnock)의 방법론에 대해서도 던질 수 있다. 그의 대중적이고 인기있는 소책자인 『당신의 주장을 펴라』 *(Set Forth your Case)* 와 그의 연구서인 『성경 계시 — 기독교 신학의 기초』 *(Biblical Revelation — The Foundation of Christian Theology)* 에 제시되어 있다. 특히 『성경계시』에서는 그가 "신앙지상 주의자들"(fideists)이라고 부르는 죤 칼빈(John Calvin), 아브라함 카이퍼(Abraham Kuyper), 헤르만 바빙크 (Herman Bavinck), 에드워드 영 (Edward J. Young), 죤 머리(John Murray), 코넬리우스 반틸 (Cornelius Van Til), 그리고 고오든 H. 클락(Gordon H. Clark)을 공격하고 있다. 왜냐하면 이들이 모두 "성경 자체의 증언이 그 영감성을 수립하기에 충분하다"고 공통적으로 확언하기 때문이다(p. 40). 또한 그는 주장하기를 "바로 이것이 정확히 바르트의 입장이기도 하다"(p. 42)고 한다. 그는 이 사람들의 입장(성경의 영감과 권위가 성경의 자증하시는 그리스도의 증언에 의존한다고 주장하는 이들의 입장)과 그가 '주관적 종교 경험'이라고 여기는 것과를 같이 보고 있다(앞의 책). 영감에 대한 그런 근거를 그는 영감주장에 대한 '취약한 근거'라고 여긴다. 이와는 달리 복음은 역사적 자료에 의해 주장되어져야만 한다고 피녹은 주장한다. 그렇지 않고서는 "결코 주장되고, 유지될 수 없다"고 한다(p. 45). "기독교 유신론의 타당성은 역사적 신임장들에 근거한다"(앞의 책). 물론, 피녹은 기독교 유신론에 대한 역사적 증거들이 기독교가 참이라는 것을 확실히 증명하지는 못한다는 것을 인정한다. — 사실, "예수가 화성인, 사기꾼, 아니면 미친 사람이라는 것도 가능하다"고 그는 선언한다(p. 50). 그러나 그는 "우리가 사실의 영역에 들어가면, 우리는 개연성들만을 다룬다"고 확신한다. 사실, 개연성이 "종교적 진리의 안내자이다 "라는 것이다(p. 46). 그래서 그는 결론짓기를, "(예수가)이들 중 하나였다는 개연성이 없다"고 한다(p. 50). 그는 "그 진실성에 대한 증거를 검토하기 전에 먼저 복음에 대한 헌신을 요구하는 것은 결코 성공할 수 없는 변증이다"고 논의한다(pp. 44 ~ 45).

그는 요한일서 4 : 1 ~ 6("영들을 다 믿지말고, 영들을…시험하라")에 호소함으로써 자신의 증거적(험증적, evidentialist) 변증을 뒷받침 한다(p. 37). 그러나, 이 구절의 명령은 실제로 사도적 가르침이라는 정당한 근거 위에 있는 그리스도인들에게 주어진 것이다 — "예수 그리스도께서 육체로 오신 것을 시인하는 영마다 하나님께 속한 것이요, 예수를 시인하지 아니하는 영마다 하나님께 속한 것이 아니니"(2 ~ 3절).

그는 또한 독자들로 하여금, 앞서 언급한, "신학에서는 정확히 수학적이고, 과학적인 의미의 증명이 있을 수 없다"(p. 48)는 데에 동의하는 판넨베르그(Pannenberg)의 자기현혹에 속지 말도록 촉구하고 있다. "왜냐하면, 신앙은 역사적 진실과 관련되어 있으므로, 이는 역사적 개연성들과의 관련을…피할 수도 없고, 피해서도 안된다"고 확언한다(p. 51). 피녹은 성경의 자증하시는 그리스도의 확실하고 의심할 바 없는 권위를 양보하는 방식으로 기독교 신앙에 대한 그의 변증을 하고 있음에 분명하다. 그는 심지어 자신이 다른 문맥에서 확언했던 바, 즉 '변개' (變改, conversion) 이전에 자연인은 '많은 것들을 보거나 관찰할 수 없고, 눈은 열려 있으나, 아무 것도 듣지 못한다'는 것도 철저히 고수하지 못하고 있다(p. 215). 만일 그렇다면, 어떻게 불신자가 기독교 유신론의 역사적 사건들의 진리와 의미를 바르게 평가할 수 있겠는가? 이런 (변증)과정 중 그 어디에 그 사고 뒤에 작용하는 배교적 동기를 도전하는 것이 있는가? 불신자는 오직 그 자신의 배교적 진리검증의 입장에서 기독교 유신론의 주장을 판단할 수 있을 뿐이다. 그리고 이로써 기독교 유신론의 진리는 그 핵심에서 양보되는 것이다.

맥도웰의 험증적 방법론

대학생 선교회(Campus Crusade for Christ)에 의해 발행된 책자, 『판단을 요구하는 증거』 *(Evidence That Demands A verdict)* 에서 조쉬 맥도웰(Josh McDowell)은 기독교의 진리주장을 뒷받침하는 여러 종류의 상당한 자료들을 모아 놓았다. 그러나 그 역시도 불신자들을 지배하는 배교적 동기를 다루는데 실패하여서, 그들의 하나님에 대한 참된 반역을 충분히 도전하지 못하였다. 오히려, 그는 "증거들에 비추어서" 그리스도가 거짓말장이인가, 미친 사람인가, 아니면 주님인가(제 7장), 그의 부활이 사기인가, 아니면 역사인가를(제 10장) 스스로 판단해 보도록 '합리적 사람'에게 호소하는 편을 택하고 있다. 나는 그가 기독교 신앙의 참됨을 보여

주기 위해서 사실들을 성취된 예언들로 제시하며, 호소하는 그의 논의 (제 9장, 11장)에서는 어떤 잘못을 발견하지 않는다(비록, 이 점에서 어떤 해석에 대해서는 그와 의견을 달리하더라도 말이다). 왜냐하면 그런 호소로써 그는 타락한 사람들과 성경의 권위를 대면시키기 때문이다. 그러나, 그가 '개연성 논의'를 따를 때는, 그가 제시하는 기독교가 어떤 것에 대한 참된 언급을 위한 유일한 기반이 되기를 그쳐버린다. 타락한 사람이, 그리스도의 진리를 떠나서, 그 자신이 인식론적 입각점(pou sto) 에 근거해서 이미 많은 것들을 알고 있었다고 결론짓게 허용하기 때문이다. 그들로 하여금 거짓된 진리 주장을 버리도록 부르기 보다는, 맥도웰의 방법은 지식 주장들을 정당화하는 그들의 노력이 지적으로 무익하다고 정죄한다.*) 물론 나는 맥도웰이 선포하는 복음이 수만명의 대학인들에게 들려졌다는 것을 알며, 그 중 많은 영혼을 구원에 이르도록 하였다고 믿는다. 그러나 그가 전하는 복음은 그가 채용하는 개연성 변증 (the probability apologetic)에 의해 양보되어지고, 절충되어진 것이다.

*　　*　　*

이로써 실증적(경험적) 변증학에 대한 우리의 분석이 마쳐졌다. 이 장에서 다룬 귀납적 변증방법들이 불신앙에 양보하고, 성경의 권위를 약화시켜 묘사하는 것으로부터 그리스도의 권위를 온전히 신중하게 여기는 변증방법만이 우리가 믿고 변증하는 믿음과 일관성을 가진다는 것이 명백해 졌을 것이다. 오직 그런 변증만이 타락한 사람의 자율성을 그 배교의 뿌리에서부터 참으로 도전할 수 있다. 오직 그런 권위만이 인간 지식 주장의 근거가 될 수 있는 것이다.

독자들의 지루해짐에 대해 양해를 구하면서, 나는 다시 한번 '창조적으로 구성적인 사실'(a creatively constructive fact)을 가지고서 시작하는 기독교에 대한 논의는 그 어떤 것이든, 기껏해야, 사람들로 하여금 실제로 하나님께서 계시하신 자료를 버리고서도 충분히 솔직한 사람 ─ 그들

---

*) (원문대조 : " Rather than calling him to repudiate his false claim to truth, McDowell's method condemns him to intellectual futility in his effort to justify his knowledge claims ".)(p. 158).

자신의 최고의 통찰에 걸맞는 사람일 수 있다고 믿도록 하는 '개연성 논의'이기만 할 뿐이라는 것을 명백히 해야 한다고 말하고 싶다. 최악의 경우에는, 그 논의는 우연에 의해서 지배되는 우주를 요청하는 논의가 되고 만다. 그 안에서는 그리스도의 부활까지를 포함하여 모든 사건이 순전한 우연성을 가질 뿐이므로, 그 어떤 진리도 있을 수 없는 그런 우주를 말이다. 따라서 다음과 같은 패커(J. I. Packer)의 말을 신중히 들어야만 한다 :

"복음을 '죄된 사람들의 지혜'에 조화되게 하여(그들에게) 아첨함으로써 돌아오는 자들을 많이 모아보려고 하는 변증 전략은 이미 19세기 이전에 바울에 의해서 정죄되었고, 지난 수백년간은 이 파산을 분명히 보여주는 예증들을 제시해 주고 있다"(*Fundementalism' and the Word of God*, p. 168). 교회가 불신자들의 자율성에 맞추려는 모든 시도를 버려 버리고서, 개혁주의 복음의 선포(the proclamation of the Reformed gospel)와 함께, 성경의 자증하시는 그리스도의 말씀이 인간의 진리 주장들을 정당화 할 수 있는 유일한 근거라고 주장하기 전에는 교회는 그 복음전도적 노력에 대한 하나님의 충만한 축복을 알 수 있으리라고 기대할 수 없다. 그리고 그리스도의 말씀이 권위 있는 것으로 인정되고, 주어진 인간 지식 체계의 근거에 놓여졌을 때에야만, 인간의 지식 체계는 정당화되고, 그 안에 진리 주장이 의미를 갖는 것으로 밝혀질 수 있다.

찾아보기

개별자와 보편의 관계	109 ~ 116
과학	
— 두 가지 통제 원리	119 ~ 121
— 두 종류의 과학	126
교회론	54 ~ 55
구원론	53 ~ 54
구 — 프린스톤 변증신학	85 ~ 86
그리스도	
— 로고스이신 그리스도	108 ~ 109
— 에 관한 교리(기독교)	47, 53
— 와 성경과의 관계	47 ~ 48
— 왕이신 그리스도	53
— 의 구속활동	44 ~ 45
— 의 자증	48
— 의 제사장되심	52 ~ 53
— 의 직무	47 ~ 53
— 합리성의 원천으로서의 로고스이신 그리스도	107
기독교 신앙	
— 내용	26 ~ 54
— 성경과의 관계	26
— 인식론적 '첫 원리'	102
기독교 존재론	58 ~ 61
논리의 법칙	122
누가복음의 서언	44 ~ 45

단일론(Monism)	58~59
말스(Mars) 언덕에서의 설교	56~57
맥도웰(Mc Dowell)	202~204
몽고메리(Montgomery)	195~204
무지	111~112
반틸	
— 개연성 논증에 대하여	87, 171
— 변증학과 신학 분류학에 관계	11~13
— '빌어온 자산'에 관하여	121~122
— 사람의 타락에 관하여	31~34
— 역설에 대하여	139~140
— 인간의 유비적 지식에 대하여	132~139
— 의 존재론	61
— 하나님의 존재 사실에 대하여	29
— 하나님의 지식과 인간 지식의 관계에 대하여	64~65
버스웰(Buswell)	86, 165, 167~172
변증 방법론	
— 맥도웰의 —	206~207
— 몽고메리의 —	195~204
— 반틸의 —	132~140
— 버스웰의 —	167~172
— 쉐이퍼의 —	180~195
— 워필드의 —	70~97
— 카르넬의 —	173~180
— 클락의 —	141~152
— 피녹의 —	205~207
변증학	
— 신학 분류학과 변증학	12~13
— 의 관심분야	16~17
— 의 정의	9, 23~24
— 의 주된 문제	16~17
변증활동, 사도행전의	55~58

본유관념 107～108
사실
  — "brute fact" 63
  — 사실관 38
  — 사실과 의미 63
  — 하나님의 계획과의 관계 63～64
사람
  — 두 종류의 사람들 126
  — 에 대한 교리(인간론) 29～47
  — 인류의 부패 37～38
  — 의 무능력 38
  — 의 부패 39～44
  — 의 영적 죽음 42～43
  — 의 이해가 어두워짐 37～38
  — 의 타락
    — 변증 방법에의 함의 33
    — 타락의 성질 31～33
  — 자율적인 사람 32～33
성경
  — 명료성 38～39
  — 그리스도와의 관계 47～48
  — 정경성의 전제들 49
선신의 증언 82, 88～90, 91～92, 177～178
순환논증 28～29, 96, 162～163
쉐이퍼(Schaeffer) 180～185
신앙
  — 정의 85～87
  — 버스웰의 신앙론 86
  — 패커의 신앙론 87
  — 피녹의 신앙론 205～206
실증적(경험적, empirical) 157～208
언약의 성질 30～31

역사적/험증적 변증학
　－그 방법론　　　　　　　　　　　　　　　　16～17
　－몽고메리의 견해　　　　　　　　　　　　　195～197
　－클락의 견해　　　　　　　　　　　　　　　195, 204
역설　　　　　　　　　　　　　　　　　　　　　　140
워필드(Warfield)
　－'기독교적 확실성'에 대해　　　　　　　　　　81～85
　－변증과제관　　　　　　　　　　　　　　　　75～81
　－영감론　　　　　　　　　　　　　　　　　　70～75
유비적 지식(類比的 知識, analogical knowledge)
　－반틸의 －　　　　　　　　　　　　　　　132～140
　－성경의 －　　　　　　　　　　　　　　　137～138
　－카르넬의 －　　　　　　　　　　　　　　165～166
　－클락의 －　　　　　　　　　　　　134, 144～145
　－토마스의 －　　　　　　　　　　　　　　132～140
cf. 일의적 지식(univocal knowlege)
유신논증
　－버스웰의 －　　　　　　　　　　　　　　167～172
　－쉐이퍼의 －　　　　　　　　　　　　　　183～185
　－카르넬의 －　　　　　　　　　　　　　　160～162
　－클락의 －　　　　　　　　　　　141～142, 169～171
　－토마스의 －　　　　　　　　　　　　　　159～160
　－비판　　　　　　　　　　　　　　　　　166～167
인간의 감각　　　　　　　　　　　　　　　　　106～107
　－성경　　　　　　　　　　　　　106, 148～149, 151
　－클락　　　　　　　　　　　　　　　　　143～144
인식론
　－기독교 인식론　　　　　　　　　　　　　　61～65
　－의 약사(略史)　　　　　　　　　　　　　102～106
　－의 주요관심사　　　　　　　　　　　　　103～117
일반은총　　　　　　　　　　　　　　　　　　　　45
일의적 지식(一義的 知識, univocal knowlege)　133～135, 144～145, 164～165

입각점(puo sto)
 — 정의   45 ~ 46
 — 초월적 입각점의 필요성   110 ~
자연 계시   40 ~ 42
자연 신학   157
자연 종교   157
전제주의적 변증학
 — 정의   17
 — 설명   101 ~ 153
 — 쉐이퍼적인 —   186 ~ 188
정경성
 — 칼빈의 —   50
 — 패커의 —   51 ~ 52
존직적 일관성(Systematic Consistency)
 — 카라넬의   175 ~ 177
존재론   58
종말론   54
주된 변증체계들   17 : 18
중생
 — 성경을 구원적으로 이해하기 위해 필요함   39
 — 의 인지적 영향   125 ~ 126
죄
 — 아담의 죄의 전가   35 ~ 36
 — 의 본질   34
 — 의 인진적 영향   37, 45 ~ 46, 117 ~ 125
증거
 — 개연성있는 증거   82 ~ 84, 85 , 88, 93 ~ 95
 — 전제주의에서의 증거   95 ~ 96
 — 증명 불가능성   123, 141 ~ 143
지식
 — 기독교 지식론   61 ~ 65
 — 사람의 지식   63 ~ 65

― 필요 조건	106 ~ 117
― 하나님의 지식과의 관계	64
― 하나님의 지식	
― 사람의 지식에의 의미	64
창조론	30
카르넬(Carnell)	161 ~ 163, 173 ~ 180
클락(Clark)	141 ~ 152
피녹(Pinnock)	205 ~ 206
하나님	
― 만물의 원인	109 ~ 110
― 에 관한 교리(신조)	26 ~ 30
― 의 자기 계시	27 ~ 28
― 의 자증성	28
― 의 자충족성	27
― 의 지식의 본질	62 ~ 63
― 의 진노	41
현대 문화에 대한 쉐이퍼의 분석	180 ~ 182
형이상학적 관념론	58
형이상학적 유물론	58
확실성(워필드의 견해)	81 ~ 84
희랍철학의 단일론적 성격	59 ~ 61

역자 후기

이 책은 미국 미주리(Missouri)주, 세인트 루이스(Saint Louis)에 소재한 언약신학교(Covenant Theological Seminary)의 조직신학과 변증학 담당 교수로 있는 로버트 레이몬드 박사(Dr. Robert L. Reymond)의 *The Justification of Knowledge : An Introductory Study In Christian Apologetic Methodology* (phillipsburg : presbyterian and Reformed Pub. Co, 1976, 1979)을 전부 우리말로 옮긴 것이다.

이 책은 전제주의적 변증학 (pressppositional apologetics)이 왜 성경에 더 충실한 것이며, 개혁신학을 하는 이들은 그 변증학에서까지도 왜 개혁주의적인, 따라서 전제주의적인 입장을 취해야 하는지를, 전통적 변증 방법론(그것은 결국 암묵리에 알미니안적 변증 방법론이 된다는 것이 전제주의자들의 입장이다)과의 비교 가운데서 명확히 밝혀주고 있는 책이다. 따라서 이를 『개혁주의 변증학』의 교과서로 써도 될 것이고, 사실 이는 레이몬드 박사의 변증학 강의안에서 발전한 책이기도 하다. 이렇게 전제주의적 변증을 하여야 한다고, 그 방법론을 밝히는 책이므로, 전제주의 방법론의 선구자인 Cornelius Van Til 의 저작들과 함께 읽으면 큰 유익이 있을 것이다.

그러나 Reymond는 Van Til 의 입장에 대해서도 몇몇 부분에서 비판적이며, 역시 비슷한 입장을 견지하는 Gordon H. Clark 의 입장에 좀 더 가까이 간 위치에 서 있다. Van Til은 Clark 을 합리주의자 (christian rationalist)라고 비판하거니와, 이 비판을 알면서도 Clark 쪽으로 기울어진 전제주의를 말하는 Reymond는 인간지식이 유비적 지식이라고 하는 Van Til 을 비판하면서, '역설'을 인정하는 Van Til은 결국, 그가 평생 그에 대해 싸웠던, Karl Barth와 비슷한 입장에 처하지 않았는가를 묻는다. 그러나 옮긴이는 Reymond의 그 논구에도 불구하고 Van Til적인 의미의 '유비성'을 더 깊이 생각해 보아야 하며, 그것이 Thomas Aquinas 적인 의미의 '존재의 유비'(analogia entis) 와도 다르고, Barth 적인 의미의 '신앙의 유비'(analogia fidei) 와도 다른, 독특한 의미를 지닌, 기독교 인식론의 참된 근거가 될 수 있는 것이라고 말하지 않을 수 없다. 그러므로, Van Til이 Clark을 참된 전제주의자인가고 묻듯이 Reymond 박사에 대해서도 그리할 수 있다는 생각을 하면서, 그러나 Reymond의 개혁주의적이고자 하는 그 노력을 생각하며, 앞으로 넓은 의미의 전제주의자들(개혁주의의 변증신학적 표현!?)만의 좀 더 활발한 논의가 있을 수 있게 되기를 바란다. 이 번역서가 한국의 전제주의자들에게도 그런 논의의 바람을 일으켜 주었으면 하는 마음이 간절하다.

마지막으로 이 책의 우리말 출판을 담당해 주시는 기독교 문서 선교회의 박영호목사님과 여러 직원들께 깊은 감사를 드린다.

1987. 8. 22.
영국으로의 두번째 출발을 앞두고
옮긴이

CHRISTIAN LITERATURE CRUSADE

기독교문서선교회는 청교도적 복음주의신학과 신앙을 선포하는 국제적, 초교파적, 비영리 문서선교기관입니다.

기독교문서선교회는 한국교회를 위한 교육, 전도, 교화에 힘쓰고 있습니다.

만일 당신이 예수 그리스도와 그리스도인의 생활에 대하여 알기를 원하시면 지체말고 서신연락을 주십시요. 주 안에서 기쁜 마음으로 도움을 드리겠습니다.

서울 서초구 방배동 983-2
Tel. 586-8761~3

기독교 문서선교회

개혁주의 변증학

The Justification of Knowledge

1999년 10월 15일 초판 발행
2016년 2월 29일 초판 3쇄 발행

지 은 이 | 로버트 L. 레이몬드
옮 긴 이 | 이승구

펴 낸 곳 | 사)기독교문서선교회
등   록 | 제16-25호(1980. 1. 18)
주   소 | 서울시 서초구 방배로 68
전   화 | 02) 586-8761~3(본사) 031) 942-8761(영업부)
팩   스 | 02) 523-0131(본사)   031) 942-8763(영업부)
홈페이지 | www.clcbook.com
이 메 일 | clckor@gmail.com
온 라 인 | 기업은행 073-000308-04-020, 국민은행 043-01-0379-646
          예금주: 사)기독교문서선교회

ISBN 89-341-0294-2 (93230)

※ 낙장·파본은 교환해 드립니다.

The Defence of the Faith

변증학

CLC 도서안내

코넬리우스 반틸 지음 | 신국원 옮김 | 신국판 | 376면

본서는 코넬리우스 반틸 박사의 저서 중 가장 중요한 책 가운데 하나로서 조직신학에 대한 변증, 성경의 권위에 대한 변증, 그리스도교의 변증, 철학에 대한 변증의 접근과 그 방법론을 전개하고 있다.

기독교문서선교회

기독교의 변증

The Defence of the Christianity

CLC 도서안내

박아론 지음 | 신국판 양장 | 376면

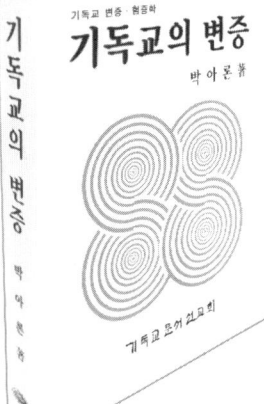

본서는 헤르만 도이빌드와 코넬리우스 반틸(제1부), 하나님의 변증(제2부), 기독교의 변증(제3부)을 다루고 있다. 이러한 본서는 전제주의 입장의 변증서로서 철저한 칼빈주의 신학자의 저서이다.

기독교문서선교회

The Defence of the Christianity Philosophical

CLC 도서안내

기독교철학 변증론

김호식 지음 | 신국판 양장 | 480면

개신교의 특성은 첫째로 신앙과 행위 전반에 걸친 절대적이고 유일한 권위가 성경에 있고, 둘째로는 만인 제사장론과 영혼의 자유에 있다는 것이다. 본서에서 저자는 모든 세상 학문도 궁극적으로는 성경에 그 권위를 두어 연구해야 한다고 주장한다.

기독교문서선교회